당신은 너무
잘 살려고 한다

일러두기

● 책 제목은 《 》로, 영화 제목 · 방송 프로그램명 · 유튜브 채널명은 〈 〉로 묶었습니다.
● 본문은 국립국어원의 한글 맞춤법 규정을 따르되, 저자의 말투와 표현은 규정과 다르더라도 입말을 살렸습니다.

당신은 너무
잘 살려고 한다

불안, 우울, 후회, 무기력에
흔들리지 않는 멘탈 관리법

래릿(손명재) 지음

RHK
알에이치코리아

"엄마, 나 죽고 싶어."

　홀로 떠난 유학 생활에 끝내 적응하지 못하고 가까스로 꺼낸 한마디였다. 수화기 너머로 떨리는 목소리를 억누르며 침착함을 유지하려고 애쓰는 엄마의 목소리가 고스란히 전해졌다.

　"그래, 엄마가 항공편 바로 알아볼게. 조금만 견뎌보자, 우리."

　그렇게 내 삶이라는 기록부에 처음으로 '실패'라는 꼬리표가 붙었다. 시간이 꽤 흐른 뒤에도 주변 사람들이 "왜 하필 고3 때 한국으로 돌아왔어요?"라고 물으면, "집이 힘들어져서…"라며 그럴듯한 핑계를 대곤 했지만, 사실은 그냥 중도에 낙오된

부적응자였을 뿐이었다.

유학을 그만둔 게 뭐 그리 호들갑 떨 일인가 싶겠지만, 아직 열아홉도 되지 않은 어리고 여린 당시의 나에게는 마치 세상이 무너져버린 듯한 큰일이었다. 해외에서 대학을 나와 능력 있는 외교관이 되길 바랐던 엄마의 부푼 기대도 그렇게 함께 부서졌다. 사회에 나오기도 전에 '이미 내 인생은 실패했다'는 생각에 단 하루도 편히 잠들 수가 없었다. 아들의 꿈을 위해 뼈빠지게 일하셨던 부모님에 대한 죄책감은 이내 화장실을 못 가는 상황으로까지 이어졌다. 전학 간 학교에서는 수업 시간 내내 진땀을 흘리며 소변을 참아야 했고, 쉬는 시간이 되어서야 마침내 화장실을 가면 이상하게 변이 나오지 않았다.

"아무 문제가 없습니다. 아마 심리적인 요인이 큰 것 같네요. 정신과를 한번 가보는 건 어떠실지…."

걱정스러운 목소리로 조심스레 진단을 내린 비뇨기과 의사의 한마디에 심장이 덜컹 내려앉았다.

'이제 갈 데까지 갔구나.'

지금은 문턱이 비교적 낮아졌지만, 당시만 해도 정신과에 대한 사회적 분위기나 인식이 그리 좋지 않았다. 무엇보다 기록에 남는다는 게 무척이나 두려웠다. 아직 제대로 된 시작조차 하지 않았는데 벌써 '망한 인생'이라고 낙인이 찍히는 듯했고, 스스로가 한없이 모자라고 초라하게 느껴졌다. 성인도 되지 않은, 겨우 열아홉 살짜리가 벌써 정신과라니(물론 지금은 절대 부끄러운 일이라고 생각하지 않는다).

그렇게 정신과를 방문하게 됐고, 다행히 증상은 호전됐다. 하지만 남들은 다 쉽게 적응하고 즐겁게 보낸다던 유학 생활을 제대로 끝내지 못했다는 패배감, 엄마를 제외한 그 누구에게도 차마 털어놓지 못했던 정신과를 다녀왔다는 수치심, 이 치욕적인 감정들은 성인이 된 후 삼십 대에 접어들어서도 끊임없이 나를 괴롭혔다.

'한심한 새끼. 사내 녀석이 그거 하나 못 이겨내 가지고….'

그래서 이 악물고 열심히 살았던 것 같다. 조금이라도 만회하고 싶어서. 그때의 약해 빠진 내가 너무 꼴 보기 싫어서. 허망하게 포기해버렸다는 사실을 결코 인정하고 싶지 않아서. 부모님과 형에게 떳떳한 아들이자 동생이 되고 싶어서.

제대 후 복학하면서부터 내 대학 생활은 오직 '성공'만 생각하며 뛰어다닌 시간이었다. 조금이라도 늦게 일어나거나 게으름을 피우는 나를 발견하면, 한심해하고 자책하며 스스로를 더 세차게 몰아붙였다. 공부할 땐 늘 조급했고, 놀 때조차 불안했다. 당시 친구들로부터 "와, 넌 진짜 열심히 사는 것 같아", "넌 어떻게든 성공하겠다"라는 이야기를 들었지만, 정작 내 일상은 확신과 자신감 대신 의심과 초조함의 연속이었다. 종일 날이 곤두서 있었고 날카로워진 신경만큼이나 몸도 마음도 점점 더 예민해졌다. 잦은 두통과 복통으로 일주일에 최소 두 번 이상은 체하고 설사를 했다. 새벽 다섯 시까지 잠 못 이루던 불면증은 이제 너무 익숙해져서 오후 내내 졸린 상태는 대수롭지 않게 느껴질 정도였다. 이 모든 것들은 "엄마, 나 죽고 싶어"라는 차마 부모에겐 해서는 안 될 금기어를 내뱉고 말았던, 어린 나이에 정신과 상담을 받은 이력을 어떻게든 숨기고 싶었던, 그 나약하고 수치스러운 과거의 실패를 조금이나마 바로잡기 위해 노력했던 치열한 몸부림이었다.

물론 이 발악이 꼭 나쁜 것만은 아니었다. 덕분에 꽤 많은 걸 이뤄냈으니까. 취업 대신 창업의 길을 택하면서 이십 대부터 많은 경험을 했고, 이후에는 영어 강사와 유튜브 활동을 하면서 당시 이름만 대면 누구나 알 만한 유명한 업체와도 함께 일하게 되었다. 물론 중간중간 크고 작은 위기도 있었지만, 모든 게 비교적 순탄하게 흘러갔다.

하지만 그렇게 모든 일이 잘 풀려가던 어느 날, 극심한 우울감과 무기력이 찾아왔다. 정말 열심히 달려왔다고 생각했는데, 그 누구보다 열정적으로 살아왔는데… 왜 나에게 갑자기 이런 일이 일어난 걸까? 일이 잘되어갈수록 이상하게 하루하루가 점점 더 벅차고 무겁게만 느껴졌다. 사소한 일 하나하나가 버거웠고 누군가의 별 뜻 없는 한마디에 뾰족하게 반응하게 되고, 일어나지도 않은 일을 미리 걱정하느라 매일 새벽마다 공포감에 짓눌렸다. 당신도 한번쯤 그런 적이 있지 않은가. 한참을 뒤척이다 겨우 잠든 후, 다음 날 눈을 떴을 때 한숨으로 시작되는 아침을 맞이한 적이.

'오늘 하루는 또 얼마나 끔찍할까. 어떻게 해야 금방 지나가버릴까. 아니, 그냥 아침이 두 번 다시 찾아오지 않았으면 좋겠다.'

이러다 진짜 죽을 것만 같아서, 결국 나름대로 잘되어가고 있던 모든 일을 그만두었다. 과감한 결단이 아니라 도저히 버텨낼 자신이 없어서 어쩔 수 없이 두손 두발 다 든 기권패였다. 덕분에 근 2년간 수익이 거의 없다시피 했다(당시 데이트 비용의 상당수를 기꺼이 지불해줬던 옛 여자친구이자 지금의 아내에게 다시 한번 사랑한다고 말해주고 싶다. 참고로 이 글을 쓰고 있는 오늘은 결혼기념일이다).

그렇게 '진짜 나를 찾아 떠나는 여행'이 시작됐다. 여행이라는 표현이 참 진부하고 추상적이라는 걸 잘 알지만, 단언컨대 이 여정은 내 인생 최고의 시간이었다. 요즘 흔히 하는 밸런스게임에서 100억을 준다 한들 절대로 맞바꾸고 싶지 않을 만큼 소중한. 헛되이 낭비된 시간이 아닌, 겉바속촉처럼 부드러움과 단단함을 아우르는 외유내강한 존재로 나를 만들어준 날들이었달까(좋은 단어는 다 갖다 붙였다).

참 신기하게도, 그렇게 모든 걸 다 내려놓고 힘을 쭉 빼자 오히려 만사가 잘 풀리기 시작했다. 일도, 돈도, 건강도, 관계도, 그리고 무엇보다 가장 중요한 내 마음도. 잘하려고, 잘 살아보겠다고 이 악물고 버티고 견디고 쥐어짰을 때보다 신기할 정도로 훨씬 더 인생이 순탄해졌다. 체계적이지만 인공적으로 다듬어진 '가짜 나'가 아니라 다소 흐트러지고 무질서하지만, 대신 평온함을 지닌 본연의 '진짜 나'로 되돌아온 느낌이었다. 이제부터 그 이야기를 해보려고 한다.

이 책은 그토록 예민하고 불안정하고 완벽주의자였던 내가 어떻게 편안함이라는 중심을 유지하면서 동시에 많은 일들을 해낼 수 있는 추진력을 갖게 되었는지, 그 과정을 세세히 담은 기록이다. 혹시 당신도 과거의 나처럼 아무리 기를 쓰고 발버둥 치며 노력해도 '대체 내 인생은 왜 이럴까'라는 말이 끊이지 않을 만큼 삶이 힘들다면, 괴롭고 지친 상태로 하루하루를 그저 버텨내고만 있다면, 그럴 때는 좀 '대충' 살아도 된다고, 아니, 마음을 다해 대충 살아야만 한다고, 그렇게 열심히 하지 않아도 나름 행복한 순간들을 마주하게 될 거라고 힘주어 말

하는 글이다. 그걸 어떻게 장담하느냐고? 내가 지금 그런 삶을
살고 있기에 장담할 수 있다. 정확히 어떤 일들이 일어났는지
에 대해서는 이 책에서 차근차근 풀어나갈 예정이다.

이 책은 구름 한 점 없는 어느 맑은 날, 한적한 카페의 야외
테라스에서 나와 당신 단둘이 느긋하게 앉아 실컷 수다를 떠
는 마음으로, 그렇게 써 내려갔다. 진지하지만 무겁지는 않게,
그렇다고 또 마냥 가볍지만은 않게. 그러니 당신도 마음을 비
우고 편하게 읽어주었으면 좋겠다.

차례

1장

마음을 다해
대충 살기로 했다

잘 살려고 하지 말고
'그냥' 살자

인생에서 일어나는 대부분의 문제는 '잘 살려고' 하면서부터 시작된다. 앞서 이야기했듯, 나는 늘 뭐든 '잘'해내고 싶었다. 취업을 '잘'해서 부모님에게 자랑스러운 아들이 되고 싶었고, 하루하루를 '잘' 보내는 성실한 사람이 되고 싶었고, 사업을 '잘'해내서 유능한 어른으로 성공하고 싶었다. 그렇게 애쓰는 사이 점점 불행해졌다. 잘 살고 싶어서 부단히 노력했는데, 정작 내가 바라던 삶과 멀어져 버렸다.

잘 살고 싶은 마음이 당연하다고 생각한다면, 꼭 그렇지만 은 않다. '슈드비 콤플렉스$_{Should\ Be\ Complex}$'라는 개념을 들어봤는가? 이는 독일의 정신분석학자 카렌 호나이가 제시한 개념으로, 항상 무언가를 하고 있지 않으면 극심한 불안감을 느끼는 강박관념을 의미한다. '해야 한다'라는 의무감의 기저에는 '잘하고 싶다'는 절박함이 있다. 살면서 모든 일을 매번 잘 수행할 필요는 없는데도 우리는 마치 자신이 신이라도 된 것처럼 모든 걸 완벽하게 해내려고 한다. 직장에서도, 관계에서도, 심지어 가볍게 즐겨도 되는 취미조차 생산적이어야 한다는 생각에 사로잡혀 있는 듯하다. 노는 것도 효율성을 따지는 시대가 되었다고 해야 할까. 늘 발전하고 성장해야만 하고, 겉으로 드러나는 성과나 지표가 뚜렷해야만 그제야 성취감과 만족감을 느낀다.

결과를 지향하는 태도가 꼭 나쁜 것만은 아니다. 문제는 그 일(또는 취미)을 제대로 해내지 못했을 때 자책하고 좌절하기 쉽다는 점이다. 내가 그랬다. 이십 대를 돌이켜보면, 나는 모든 행동을 '효율과 결과'라는 척도로만 평가했다. 좋은 결과가 나오면 그건 대단하고 훌륭한 것이고, 나쁜 결과가 나오면 반드시 고쳐야 하는 것으로 여겼다. 얼핏 보면 지극히 자연스럽고 건강한 태도로 보이지만, 문제는 원치 않는 결과를 맞닥뜨릴 때였다. 부단히 노력했던 흔적들의 마침표가 실수와 실패로 기록되는 걸 도저히 바라볼 자신이 없었다. 매일 잠자리에 들 때마다 스스로를 자책하며 비관적인 생각에 빠져 뜬눈으로 밤을 지새우곤 했다.

그렇게 점점 나를 잃어가기 시작했다. 정말 아무것도 할 수가 없었다. 침대에서 일어나는 그 간단한 일조차 버거워서 화장실에 갈 때만 빼고는 온종일 누워 있었다. 먹는 걸 인생 최고의 즐거움으로 여기던 내가, 일주일 내내 밥 한 끼도 제대로 먹지 못했다. 하루의 대부분을 이불 속에서만 보내며 머릿속으로 수없이 많은 영화를 찍어댔다. 상상 속 시나리오의 장르와 장면은 제각기 달랐지만, 결말은 늘 같았다. '숱한 좌절 끝에 드디어 세상 밖으로 나온 주인공. 다시 용기를 내어 마침내 꿈을 이루다.'

하지만 긴 상영 시간이 끝나면, 나는 다시 암울한 현실 세계로 되돌아왔다. 세상 밖은커녕, 5평 남짓한 작은 공간에서조차 벗어나지 못하는 한심한 내 모습을 적나라하게 마주해야만 했다. 이런 내 모습이 정말 역겨울 정도로 싫었다. 한 유튜브 영상의 섬네일에서 "내가 더럽게 싫은 그 기분"이라는 문장을 본 적이 있다. 당시 내 상태가 딱 그랬다. 아무리 의지를 다지고 긍정 회로를 돌려봐도, 결국 돌아오는 건 끊임없는 자책과 후회뿐이었다. 그러다 문득 이런 생각이 들었다.

'아, 이러다 정말 죽을 수도 있겠다⋯.'

'어떻게든 살아야 하지 않겠나'라는 생각이 들면서 베개 속에만 파묻혀 지낸 탓에 흐리멍덩해진 눈을 비비며 방문 밖을 바라보았다. 그때 현관 신발장 사이로 살짝 삐져나온 줄넘기 하나가 보였다.

'그래, 저거다.'

누구나 집에 하나쯤은 갖고 있는 평범한 줄넘기였지만, 그 당시 내 눈에는 마치 하늘에서 내려온 '동아줄'처럼 보였다(눈을 더 비벼야 했다). 그렇게 일주일 만에 처음으로 집 밖을 나와 어릴 적 체육대회 때 곧잘 하던 줄넘기를 해보기 시작했다. 너무 오랜만에 몸을 움직인 탓인지, 몇 개 하지도 못하고 연신 줄에 발이 걸렸다.

'휴, 정말 되는 일이 하나도 없네. 내가 그러면 그렇지.'

또 괜한 짓을 한 것 같아 침울한 마음으로 곧장 집으로 들어왔다. 그러고는 다시 침대에 얼굴을 파묻었다. 하루가 지나고, 또다시 망상에 빠져 나만의 영화 한 편을 찍느라 뜬눈으로 밤을 지새운 다음 날 아침, 가장 먼저 눈에 들어온 건 현관 앞에 내팽개쳐져 있는 줄넘기였다.

'맞아, 저게 내 동아줄이었지…'

그날도 밖으로 나와 줄넘기를 조금 하다 말고 금방 집으로 들어왔다. 더 이상 무언가를 잘하고 싶은 욕심도 없으니 열심히 할 이유가 없었다. 그런데 '잘해야 한다'는 부담을 내려놓으니 오히려 몸이 한없이 가벼워졌다. 그렇게 하루가 이틀이 되고, 이틀이 사흘이 되고, 어느덧 매일같이 밖으로 나가고 있는 나 자신을 발견했다.

'이번엔 놀이터까지 가서 해볼까?'

그렇게 한참을 걸어 옆 동네에 있는 놀이터에 도착했다. 그날도 어김없이 줄넘기를 하는 내내 발에 줄이 엉켰다. 애먼 줄에 화풀이하고 있는데, 바로 옆 농구장에서 형제로 보이는 두 아이가 즐겁게 공놀이를 하는 모습이 눈에 들어왔다. 두 꼬마는 골대에 골을 넣는 건 고사하고, 농구공을 손에 쥐는 것조차 버거워 보일 만큼 어려 보였다. 공이 들어갈 가능성이 전혀 없어 보이는데도 골대로부터 한참이나 빗나간 공을 줍고 또 주우면서 질리지도 않는지 서로 낄낄대며 계속 던지기를 반복했다. 평소라면 눈길도 주지 않고 무심히 지나쳤을 장면인데, 왠지 모르게 눈시울이 붉어졌다.

'나는 왜 항상 골을 넣으려고만 했을까.'

그리고 두 손에 꽉 쥔 줄넘기를 가만히 바라보며 혼잣말을 되뇌었다.

'잘 살려고 하지 말고, 그냥 살자.'

아무리 공을 잘 던져도 항상 골이 들어가는 건 아니잖아. 아무리 높이 뛰어도 언제든 줄넘기에 걸릴 수 있는 거잖아. 그러니까 잘하려 하지 말고 그냥 하자고, 그래도 된다고, 태어나 처음으로 스스로에게 '지금 이대로도 괜찮다'고 말해주었다. 그때 느꼈던 그 속 시원한 해방감을 대체 어떤 말로 표현할 수 있을까. '평범하게, 되는 대로 살아보자'라는 어떻게 보면 더없이 한심하고 나약한 다짐이 이렇게 큰 자유로움을 안겨줄지 정말 상상도 못 했다.

이 사소한 다짐 덕분이었는지는 모르겠지만, 발에 걸리기 일쑤였던 줄도 어느덧 술술 넘어가기 시작했다. 신기할 정도로 자연스럽게 말이다. 물론, 단순히 운이 좋았거나 그새 실력이 늘어서였을지도 모른다. 하지만 이 또한 '잘해야 한다'는 욕심을 버리고 '까짓것 줄에 좀 걸리면 어때?'라는 가벼운 태도로 임했기에 가능한 일이 아니었을까.

그때부터 나는 인생도 그렇게 가볍게 대하기 시작했다. 그저 일상을 대하는 관점 하나만 바꿨을 뿐인데 놀랍게도 모든 일이 순탄히 흘러가고, 도무지 해결할 길이 없을 것만 같던 문제들이 생각지도 못한 방식으로 풀리곤 했다. 물론 지금도 '과연 저걸 넘을 수 있을까?'라는 두려움에 휩싸여 한 발짝도 떼지 못할 때가 있다. 꼬일 대로 꼬여버린, 너무 높아 시작부터 의욕이 꺾여버리는 '시련'이라는 줄에 걸려 비틀거릴 때도 참 많다. 하지만 이제는 안다. 농구를 하던 아이들이 그저 공을 던지는 것만으로도 큰 즐거움을 누렸던 것처럼, 우리네 삶도 '잘'이 아니라 '그냥' 살아가는 것 자체만으로도 충분한 가치가 있다는 것을. 그리고 때로는 이것저것 재고 따지고 완벽을 기하는 것보다 그저 아무 생각 없이 일단 저질러보는 가벼운 태도가 나를 더 생기 있고 활기차게 만들어준다. 그러니까 당신도 이제 그만 '잘해야 한다'는 강박에서 벗어났으면 좋겠다. 특별해지고 싶고 열심히 살고 싶은 열망을 포기하라는 뜻이 아니다. 꼭 그렇게 살지 않아도 지금 이대로도 충분히 괜찮다는 믿음 또한 절대 잃지 말자는 거다.

무조건 '잘'해야 하고, '잘' 살아야 한다는 생각은 일종의 버릇과도 같아서 한번 길들면 점점 더 깊어지고 잦아진다. 잘되면 날아갈 듯이 기분이 좋다가도, 조금만 내 뜻대로 되지 않으면 다시 우울감과 좌절감에 빠지기 쉽다. 그 결과, 현재 하고 있는 일과 미래에 계획한 일들을 너무 쉽게 포기해버릴 때도 있다. 모든 기준이 '잘(훌륭히 해내는 것)'에 맞춰져 있다 보니 기대에 미치지 못하면 이를 비정상이라고 판단하고 견뎌내지 못하는 것이다. 인생이란 무릇 잘 풀릴 때도 있고 그렇지 않을 때도 있기 마련인데, 나머지 절반을 거부하니 항상 반만 행복할 수밖에 없다.

'그래도 난 행복하고 싶어. 누구보다 잘 살고 싶어. 그러려고 이렇게 열심히 사는 건데?'라는 생각이 들 수도 있다. 하지만 인생이 꼭 항상 행복해야만 하는 걸까? 배우 조인성은 한 유튜브 채널에서 다음과 같은 말을 한 적이 있다.

박효준　요즘 재밌니?

조인성　재밌어야만 사나?

재미없어도 파이팅하는 거지 뭐.

너무 재밌으면 그것도 무서워.

너무 막 기분만 좋으면 그게 또 불안해, 형.

옛날에는 '행복! 행복! 행복해야 돼!'

이 생각에만 빠져 있었는데

이것도 강박 아니냐는 거야.

　연기를 통해 다양한 삶을 경험해볼 수 있는 직업이어서일까. 배우 박신양도 자신의 유학 시절을 회고하며 "당신의 인생이 왜 힘들지 않아야 한다고 생각하는가?"라는 화두를 던진 적이 있고, 배우 강하늘도 "지금 딱히 불행하지 않으면 그게 행복"이라는 자신의 철학을 밝힌 적이 있다. 맞다. 굳이 연예인들의 멋들어진 말을 빌리지 않아도 우리는 모두 본능적으로 알고 있다. 인생은 대체로 행복 반, 불행 반이라는 것을. 행복과 불행의 비율이 정확하게 50:50은 아닐지라도 말이다.

세상은 '이원성의 법칙'으로 움직인다. 쉽게 말해, 만물은 양면성을 지니고 있다. 기쁨과 슬픔, 낮과 밤, 빛과 그림자, 선과 악, 만남과 이별, 탄생과 죽음, 흑과 백 등 일일이 나열하자면 끝이 없다. 굳이 철학적인 개념이나 성인들의 가르침을 인용하지 않아도, 당신이 지금까지 살아온 삶 자체가 이를 몸소 증명한다.

우리가 힘들 때마다 위안을 얻기 위해 찾는 종교는 또 어떨까. 영적인 삶을 추구하는 지도자들은 언뜻 보면 '행복'과 '평화'만 외치는 듯하지만, 실상은 정확히 그 반대다. 도리어 고통, 절망, 고난을 적극적으로 껴안는다. 이 또한 삶의 일부이기에 받아들여야만 한다는 사실을 알고 있기 때문이다. 불교는 흔히 마음을 평온하게 하고 감정을 차분히 가라앉히는 수행을 하는 종교로 알려져 있지만, 자세히 들여다보면 '고통'을 핵심으로 삼고 있다. 살아생전 부처도 "인생은 고해(괴로움)"라고 하지 않았던가. 니체, 칼 융, 쇼펜하우어 등 우리에게 익숙한 철학자들도 인생의 본질을 고통으로 보고, 부정적인 감정을 있는 그대로 인정하고 건강한 방향으로 돌볼 줄 아는 것이 진정한 행복에 이르는 길이라고 설파했다.

삶에 대해 치열하게 연구했던 수많은 성인이 오랫동안 외쳐왔건만, 우리는 이 사실을 인정하지 않는다. 아니 인정하고 싶어 하지 않는다. 자신은 항상 잘돼야 하고, 행복해야만 한다고 생각하기 때문이다. 나 또한 이를 인정하지 않아서 결국 더 불행해졌다. 하지만 한번 생각해보자. 애초에 '잘' 사는 것에 집착했던 이유도 결국 마음이 편안해지고 싶어서 아니었을까? 인생의 모든 해답은 멀리 있는 게 아니라 가까이에 있다는 평범한 진리처럼, 항상 평온한 상태에 머물러 있는 것이 인간의 기본값이었을지도 모른다. 행복을 위해 지나치게 열심히 사는 건, 사실은 이미 행복한 상태에서 벗어난 뒤 구태여 다시 먼 길을 되돌아오는 것과 같다.

그렇다고 성실하게 살지 말라는 뜻은 아니다. 삶이라는 건 잘 풀릴 때도 있지만, 때로는 기대와 다르게 흘러갈 때도 있음을 겸허하게 받아들이자는 거다. 이 사실을 인정하면 노력도 가벼워진다. 무조건 좋은 성과만을 얻고자 하는 욕심을 조금만 내려놓으면, 최종 결과에 대한 압박감이 사라지면서 과정 그 자체를 즐길 수 있게 된다. 가끔은 목표했던 궤도에서 벗어나더라도 '현재'를 온전히 살아가면, 그다음은 드라마의 열린 결말처럼 당신만의 특별한 이야기로 삶을 채워나갈 수 있다.

그러니까 이제 모든 일에서 '잘'이라는 단어 하나만 빼보자. 줄넘기조차 능숙하게 해내야 한다는, 그야말로 '잘하고 잘 사는 것'에 미쳐있던 내가 그 무거운 짐을 내려놓는 순간 형언할 수 없는 자유로움을 느꼈던 것처럼. 그 결과, 마음대로 되지 않던 줄과 어느새 한 몸이 되어 신명 나게 춤을 출 수 있게 된 것처럼.

'열심히'를 포기하는 것, 모든 일이 잘 흘러가야만 한다는 생각을 내려놓는 것이 얼마나 큰 두려움을 불러일으키는지 안다. 하지만 냉정히 말하면, 세상은 당신의 두려움에는 별 관심이 없다. 그저 긍정과 부정을 분별하지 않고 매 상황을 적절히 섞어가며 던져줄 뿐이다. 성인들이 주창한 '고통은 당연한 것'이라는 진리처럼, 당신은 고통, 즉 내 뜻대로 되지 않는 상황도 받아들여야만 한다. 인정하고 싶지 않겠지만, 세상이 움직이는 원리가 그렇다. 하지만 이 사실을 받아들이고 그저 지금 내가 할 수 있는 일을 '그냥' 해나가다 보면, 모든 일은 어떻게든 알아서 잘 굴러간다. 둘 중 하나의 방식으로 말이다. 잘 매듭지어지거나, 그렇게 되지 않더라도 적어도 당신의 마음이 한없이 평온해지거나.

지금부터 이어질 내용들이 이를 증명해줄 것이다. 당신이 알고 깨닫는 차원을 넘어 확신할 수 있도록. 앞으로의 내용은

26

왜 '잘' 대신 '그냥' 살 때, 즉 내 사전에 의하면 '대충' 살기로 마음먹을 때, 더 큰 행복감을 누릴 수 있게 되는지 당신을 설득하는 과정이 될 것이다.

좋은 하루
보내려 하지 마세요

사는 게 너무 힘들었을 때, 조금이나마 마음의 위안을 얻고자 명상을 배우러 다닌 적이 있다. 그때 한 명상가가 했던 말이 아직도 기억에 남는다.

"명상은 편안해지려고 하는 게 아니에요. 불안해도 괜찮다는 것을 인정하는 게 명상이죠."

불안에 잠식되어 아침까지 잠 못 이루던 날들이 지속됐기에 나름 정말 많은 명상법을 찾아 헤맸는데, 이렇게 가슴속 깊이 와닿는 말은 처음이었다. "마음을 차분히 가라앉혀보세요. 생각을 비워보는 겁니다"라는 식의 말은 들을 땐 좋아도, 막상 시도해보면 내 마음대로 되지 않는 경우가 허다했다. 그럴 때면 '아니, 나도 고요히 머물고 싶지. 그걸 누가 몰라서 못 하나'라는 생각이 들곤 했다(그렇다고 명상 선생님의 가르침이 잘못됐다는 건 절대 아니다). 그런데 이 선생님은 굳이 평온을 느끼지 않아도 된다고, 마음껏 흔들려도 된다고, 그게 당연한 거라고 이야기하셨다. 왜인지는 모르겠지만 그 말이 어찌나 큰 위로가 되던지. 참 묘했다. '편안해지지 않아도 돼'라고 허락해 주는 순간 더없이 편안해지는 느낌이었다.

사실 언제든 마음이 아플 수 있고, 고통, 두려움, 거북함 등은 인간이라면 누구나 마땅히 느낄 수밖에 없는 감정이다. 그런데 우리는 이러한 부정적인 감정을 좀처럼 견디지 못한다. 지극히 당연한 본능을 거슬러 재빨리 이 상태에서 벗어나기 위해 너무 과한 힘을 주느라고, 도리어 모든 일들을 더욱 힘들게 만든다. 이게 바로 '편안함의 역설'이다. 불편한 상태를 경험하고 싶지 않다는 강박 때문에 자신을 더욱 괴롭게 만드는 것이다.

인간은 청개구리 심보로 가득 차 있다. 하라고 하면 괜히 하기 싫고, 하지 말라고 하면 오히려 하고 싶어진다. 당신의 감정도 마찬가지다. '부정적인 감정은 나쁜 거야. 우울할 때는 빨리 다시 기분을 좋게 만들어야 해'라며 그 감정에서 벗어나기 위해 애쓰면 애쓸수록 오히려 그 감정에 더 깊이 빠져들게 된다. 서양의 3대 심리학자 중 한 명인 칼 융도 이렇게 말하지 않았던가. "저항하는 것은 지속될 뿐이다."

유튜브 채널 〈피식대학〉의 토크쇼 '피식쇼'에 게스트로 출연한 세계적인 DJ 페기 구는 힙스터가 되고 싶다는 MC의 말에 이렇게 답했다.

> "힙해지고 싶다는 생각을 좀 덜 했을 때,
> 오히려 더 힙해지는 것 같아요."

요즘처럼 누구나 쿨해 보이고 싶어 하고, 유명한 인플루언서처럼 튀고 싶어 하는 사람들(나 역시 마찬가지다)로 넘쳐나는 시대에는 '관종끼'도 하나의 능력으로 여겨지곤 한다. 이런 시대에 그의 말은 마치 한 고대 철학자가 환생하여 현대인의 언어로 재해석한 가르침처럼 들려왔다. 무언가를 갖고 싶고 이루고 싶은 마음이 간절할수록 딱 그만큼 더 멀어지게 된다. 절실함은 마치 숨길 수 없는 표정과 같아서 겉으로 드러나기 마련이고, 그런 모습은 남들 눈에도 그다지 매력적으로 비치지 않는다.

이러한 관점을 '행복'에도 적용해볼 수 있지 않을까? 항상 즐겁고 싶고, 건강하고 싶고, 일과 관계에서 아무런 문제가 없기를 바란다면, 그럴수록 더 "불행해도 괜찮아. 가끔은 나쁜 일이 일어나도 돼"라고 과감히 말할 수 있어야 한다. 그 모든 감정과 상황을 온전히 받아들일 때 진정으로 행복해질 수 있기 때문이다. 나아가 삶에서 반드시 기억해야 할 공식이 하나 있다.

찐 행복 = 행복 + 불행

앞서 이야기했고, 앞으로도 계속 반복해서 말하겠지만 모든 건 긍정과 부정, 플러스와 마이너스, N극과 S극, 음과 양의 합으로 존재하는 것이 세상의 이치다. 어떻게 보면 인생은 건전지와 비슷하다. 건전지는 알다시피 양극(+)과 음극(−)으로 이루어져 있다. 이 두 극이 반드시 함께 존재해야만 비로소 전기가 흐른다. 이를 행복(+)과 불행(−)으로 바꿔보면 어떨까? 좋은 일과 나쁜 일(정확하게는, 우리가 멋대로 그렇게 규정한)이 골고루 섞여야 마침내 내가 원하는 결괏값이 나온다. 내 표현에 의하면 '찐 행복'이라는 결론이 도출되는 것이다. 이렇게 보면 부정적인 일이 꼭 나쁜 것만은 아니지 않은가. 아니, 오히려 축복해야 할 일일 수도 있지 않을까. 불행은 곧 찐 행복을 가져다주는 과정일 뿐이니까. 행복을 경험하려면 불행도 마땅히 껴

안아야만 한다. 이를 이해하고 깨닫는 걸 넘어서 확신할 수 있어야 한다.

만약 당신이 삶에서 추구하는 모든 일의 목적을 '행복'에만 두고 있다면, 반드시 겪을 수밖에 없는 나머지 절반인 불행 때문에 결과적으로 행복을 누리는 순간이 줄어들게 된다. 물론 고통과 아픔을 기꺼이 수용하기란 쉽지 않다. 하지만 적어도 '그래, 가끔은 이렇게 힘들 때도 있는 거지', '맑은 날이 있으면 흐린 날도 있는 거야'라고 생각할 수 있다면 인생의 난이도는 놀라울 정도로 쉬워진다. '찐 행복 = 행복 + 불행'이라는 공식을 제대로 이해하고 실천하는 사람은 불안에 대한 민감도가 낮다. 행복에 대한 기대치 또한 뜬구름 잡듯 이상적이지 않기 때문에 어떤 일이 일어나든 쉽게 흔들리거나 실망하지 않는다. 문제 앞에서 동요하기보다는 현실적으로 대처하게 되고, 작은 일에도 감사와 행복감을 느끼게 된다.

아이가 태어났을 때 나는 형언할 수 없을 정도로 벅찬 감동을 느꼈다. 하지만 그 감정은 곧 또 다른 감정을 불러왔다. 이 상황을 인스타그램에 단 한 문장으로 요약한 적이 있는데 생각보다 많은 육아맘, 육아대디들의 공감을 얻었다. 그 문장은 다음과 같다.

'겁나 예쁜데, 겁나 힘듦.'

아이는 정말이지, '천사가 인간의 형상을 하고 나타난다면 이런 모습이지 않을까?'라는 생각이 들 정도로 아름다움 그 자체였다. 전혀 예상치 못한 순간에 활짝 미소 지을 때면 온 마음이 정화되는 기분이었다. 마치 어둑하고 흐렸던 날이 지나가고 난 다음 날 아침, 흐트러진 나뭇가지 사이로 고개를 쏙 내민 맑디맑은 하늘 같았다. 하지만 장장 몇 시간 동안 있는 힘껏 울고 떼쓸 때면 그만큼 또 힘든 게 없었다. '제발 그만해라. 아빠도 울고 싶어….' 그야말로 하루하루가 기쁨이자 고통이었다. 예쁜데 밉고, 미운데 사랑스러웠다.

이를 당신의 하루에 대입해본다면 어떨까? 매일 반복되는 일상도 자세히 들여다보면 육아와 별반 다를 게 없다. 절대적으로 항상 좋기만 한 하루는 존재하지 않는다. 겁나 행복한 날도, 겁나 힘든 날도 있을 것이다. 하지만 부정을 환영하고, 더 나아가 축복하면 당신의 삶은 몰라보게 달라질 것이다. 확신할 수 있다. 그동안 긍정이 아닌 것들은 전부 다 터부시해왔던 내가 직접 경험했으니까. 그리고 이제는 부정을 끔찍이도 아낀다. 이쯤에서 앞서 말했던 공식을 다시 한번 떠올려보자.

진 행복 = 행복 + 불행

이 공식을 하나의 확언처럼 매일 아침 스스로에게 되뇌어 보길 바란다. 그러면 막연하게 긍정만 외치며 조금만 불쾌한 일이 생겨도 금세 풀이 죽고 세상을 원망하던 과거와는 달리 하루하루가 흥미로운 한 편의 드라마처럼 보일 것이다. 살다 보면 싫어하는 음식이나 사람도 마주할 수밖에 없는 것처럼, 썩 유쾌하지 않은 하루도 당신 인생의 한 조각이니까. 비가 많이 내리는 궂은 날씨는 찝찝하긴 해도 나름의 낭만적인 분위기가 있듯이, 그리 달갑지 않은 하루도 그 나름대로 괜찮은 거니까. 그런 의미에서 오늘도 좋은 하루 보내려 하지 말자. 그래도 진짜 괜찮으니까.

대충 산다고
큰일 나지 않는다

이 세상에서 '대충'이라는 단어와 가장 잘 어울리는 사람이 있다면 그건 아마도 기안84가 아닐까. 그는 참 대충 산다. 〈태어난 김에 세계일주〉라는 프로그램에서 해외여행을 갈 때조차 그랬다. 캐리어는 고사하고, 동네 헬스장에 가듯이 조그만 가방 하나만 챙겨서 여행에 나섰다(심지어 배낭도 아니고 주로 대학생들이 학교 갈 때 메는 크로스백이었다). 더 충격적이었던 건, 무려 2주 동안 머무르는 여행에 속옷은 달랑 하나만 챙겨갔다는 점이다. 어디 이것뿐이랴. 빨래하려고 세탁기에 넣어뒀던 옷을 굳이 다시 꺼내서 가방에 넣는 세상 쿨한 대충스러움. 그러고는 한다는 말이 여행지(인도)에 가서 빨아 입으면 된다고 한다. 이쯤 되면 정말 대충을 넘어 대책이라곤 하나도 찾아볼 수가 없는 사람이다. 이 외에도 〈나 혼자 산다〉에서 보여주는 행동을 보면 놀라움의 연속이다. 중앙에 떡하니 있는 물티슈 캡은 쳐다보지도 않고 냅다 옆면을 뜯어버리고, 라이딩을 하면서 먹으려 준비해 온 도시락은 숟가락이 없어서 손으로 먹고, 걸레와 옷을 아무렇지 않게 함께 빨아버린다.

그런데 흥미롭게도, 이렇게 대충 막 사는 기안84의 인생은 꽤 잘 풀리는 것처럼 보인다. 아니, 어쩌면 그렇게 살기 때문에 더욱 잘되고 있는 것일지도 모르겠다. 물론 누구나 그렇듯 그의 삶에도 나름의 고통이 있겠지만 그렇게 대강 준비하고 여행을 떠나도, 유통기한이 한참 지난 음식을 먹어도, 어쨌든 그는 별 탈 없이 잘만 산다. 본업인 웹툰 작가로서의 성공은 두말할 것도 없고 어느새 프로 방송인이 되어 기어코 연예대상까지 받았다. 그 와중에 전시회를 열고, 회사를 운영하고, 유튜브도 하고, 마라톤까지 도전했다. 이렇게 많은 일을 해내고, 좋아하는 일을 다양하게 시도할 수 있는 비결은 아마도 '대충' 살기 때문이지 않을까?

여기서 말하는 '대충'은 해야 할 의무를 저버리는 무책임함이나 시간만 허비하며 게으름을 피우는 태도, 혹은 삶을 포기한 듯 그저 무기력하게 사는 것을 의미하지 않는다. 우리는 기안84를 '태사남(태어난 김에 사는 남자)'이라 부르며 "이 사람 진짜 대충 산다"라고 말하지만, 그렇다고 해서 그가 열심히 살지 않는다고 생각하는 사람은 없다. 자기 일에 있어서는 지독하게 성실하기 때문이다. 연예대상을 받은 바로 다음 날, 좀 느긋하게 쉴 법도 한데 그는 한 치의 망설임도 없이 바로 작업실로 향했다. 그림을 그릴 때 가장 마음이 편안하다고 말하면서.

'대충'과 '열심히'는 반대말이 아니다. 대충 해도 되는 일과 성의를 다해야 할 일을 구분하는 명확한 기준만 있으면 된다. 그 경계를 확실히 나눌 수 있다면, 다른 일들은 좀 대충 해도, 가끔은 아무렇게나 되는 대로 살아도 생각보다 그리 큰일은 일어나지 않는다. 구태여 힘주고 세상과 싸우려고 하지 않아도(쌤도 안 되는 세상이랑 싸우긴 왜 싸워.), 그놈의 열정에 중독되어 매 순간 죽을힘을 다하지 않아도, 우리네 인생은 그럭저럭 잘 흘러간다.

물론 맡은 임무를 끝까지 완수하고, 주어진 일들을 성실히 수행하는 것은 중요하다. 하지만 아무리 맛있는 음식도 과식하면 포만감을 넘어 더부룩해지듯, 주량을 한참 넘긴 이들의 술자리는 더 이상 흥겹지 않듯이, 사람이 하루에 쓸 수 있는 집중력과 에너지의 총량에도 한계가 있다. 스스로 감당할 수 있는 정도를 잘 가늠하고 조절할 줄 알아야 한다. 넘치지도 그렇다고 모자라지도 않는, 딱 적절한 수준의 이상적인 행복을 더 자주 느끼고 싶다면 때로는 '대충'이라는 전략이 필요하다.

기안84는 한 인터뷰에서 이런 말을 한 적이 있다. "사람들이 사사로운 것에 그렇게 관심이 많은 줄 몰랐어요." 핸드크림을 꼬박꼬박 바르고 입을 옷을 신중히 고르는 것. 그런 것들은 자신에게 별로 중요하지 않으니까, 자잘한 것에 에너지를 쓰기보다는 그냥 그림 그리고 일하는 게 훨씬 더 좋다고 그는 말한다.

그러니까 대충 산다는 건 바로 이런 태도다. 자신이 중요하다고 생각하는 일에는 최선을 다해 몰두하되, 그 외의 일은 쿨하게 내버려두거나 조금 설렁설렁 해도 괜찮다는 태도. 그런 의미에서 대충은 '열심히'의 또 다른 버전이다. 언뜻 우선순위를 정하고 선택과 집중을 하라는 말과 비슷해 보이지만 그보다 더 중요한 건 '내 인생에서 가장 소중한 것을 한두 가지로 좁힐 수 있는가?'이다. 그리고 그 한두 가지를 제외한 잔여 과업들은 널브러진 채로 과감하게 제쳐두는 것이다.

한 정신과 의사로부터 우울증이 생기는 대부분의 원인은 '완벽주의' 때문이라는 말을 들은 적이 있다. 주어진 모든 과제를 빈틈없이 처리하고, 전부 완벽하게 매듭지으려는 자세는 열정이 아니라 욕심일 수 있다. 물론 뭐든 잘 해내면 좋겠지만, 현실적으로 그건 불가능하다. 이것도 잘하고 싶고 저것도 잘하고 싶다는 건 두 마리 토끼를 '애매하게' 잡아보겠다는 뜻이다. 이처럼 미적지근한 행동은 결국 단 한 마리도 제대로 손에 넣지 못하는 결과를 낳는다. 이건 말하자면 부정적인 의미의 '대충'이다. 반면 건강한 방식의 대충은 '그리 괴롭지만은 않은 열심'이라고 할 수 있다. 분명 노력은 하지만 그 노력이 딱히 과중하게 느껴지진 않는다. 그만큼 내가 좋아하는 일이니까 꼭 완수하지 못하더라도 과정 자체를 즐길 수 있게 된다.

그러니까 꼭 모든 걸 완벽하게 해내지 않아도 된다. 좀 대충 살아도 된다. 혹시 그러다 많은 것들을 놓칠까 봐 두려운가? 흔히들 "지나간 버스는 돌아오지 않는다"고 말하지만, 나는 그 말에 동의하지 않는다. 세상에 버스는 많고, 반드시 '그 버스'여야만 하는 것도 아니다. 절대 그 사람이 아니면 안 될 것 같았는데 언제 그랬냐는 듯 더 좋은 사람이 나타나고, 취업에 실패하고 사업이 망하면 다 끝이라고 생각했던 내 인생에도 새로운 문이 열리고 더 삐까번쩍하고 넓은 무대가 펼쳐졌다.

《원씽》이라는 책에는 '대충 살다가 망하면 어떡해?'라는 두려움에서 벗어나 삶의 균형점을 찾는 방법이 나온다. 이 책에서 저자가 던진 질문 하나가 내 인생을 바꾸는 전환점이 되었다.

> "다른 일을 쉽게 혹은 필요 없게 만들
> 단 하나의 일One thing 은 무엇인가?"

사업에 실패한 후, 무턱대고 영어강의 분야에 뛰어들었던 때가 있었다. 아무런 경력과 경험 없이 혼자서 꾸려나가야 했기에 처리해야 하는 수많은 일에 순식간에 압도당했다. '강의안 준비하고, 영업도 해야 하고, 블로그에 글도 써야지. 아, 유튜브랑 인스타도 필수야. 가만있자, 요즘엔 커뮤니티 홍보도 필수라던데.' 그렇게 매일 날밤을 새워가며 모든 업무를 잘 끝내려고 애썼지만, 눈에 띄는 성과 없이 몸과 마음만 피폐해졌다. 할 일은 끝이 없었고 잠자는 시간을 줄여가며 한들 뭐 하나 제대로 끝마칠 수 없었다. 그때 문득《원씽》의 질문이 머릿속을 스쳐 지나갔다. "다른 일을 쉽게 혹은 필요 없게 만들 단 하나의 일은 무엇인가?"

내 몸은 하나뿐이기에 전부 다 해낼 수는 없으므로 단 한 가지 가장 중요한 일에 몰두해보기로 했다. 그때 떠오른 아이디어가 바로 '원데이 클래스'였다. 말 그대로 하루짜리 특강을 기획해서 매주 오프라인 설명회를 하는 것이었다. 강의 방식은 평소 수업하는 스타일대로 진행하면 되고, SNS나 유튜브 콘텐츠 제작 같은 홍보 및 마케팅도 원데이 클래스 하나면 어느 정도 해결되는 부분이었다. 결국 이거 하나로 나를 옴짝달싹하지 못하게 만들던 산더미 같은 일거리에서 어느 정도 해방될 수 있었다. 해야 할 일이 분명해지자 생각은 명료해지고 행동은 쉬워졌다. 그렇게 근 2년 동안 거의 매주 원데이 클래스를 진행했다. 덕분에 별다른 광고나 직원 하나 없이, 스트레스도 훨씬 덜 받으면서 많은 수강생을 모집하고 사업을 유지해나갈 수 있었다.

"와, 2년 동안 매주 특강을 진행했다고? 진짜 부지런하시네요"라고 말할 수도 있겠지만, 나는 예전이나 지금이나 무척 게으른 사람이다. 엄마와 아내는 물론이고 오랫동안 알고 지낸 친구들은 다 안다. 내가 얼마나 일을 잘 미루는지. "오빠, 제발 미루지 좀 마. 그거 진짜 안 좋은 습관이야." 이 잔소리를 연애할 때부터 육아하고 있는 지금까지 듣고 있으니 말이다.

다만, 중요한 일에 있어서는 누구보다 확실하게 마무리하는 편이다. 오랫동안 성실하게 강의할 수 있었던 건 사실 꾸준해서가 아니라 대충 했기 때문이었다. 단 하나의 일(특강)에 최선을 다하고, 그보다 덜 중요한 여타의 일들(홍보, 브랜딩, 콘텐츠 제작 등)에는 힘을 조금 빼는 것이다. 살짝 틈을 두고 그만큼의 여유와 편안함을 한껏 만끽하는 것, 이게 바로 '대충'이 주는 행복이다.

오늘부터 당신이 중요하다고 생각하는 단 하나에 집중해 보자. 그 외의 것들은 조금 설렁설렁 해도 어떻게든 다 잘 굴러간다. 될 일은 알아서 잘되게 되어있으니까. 대충 산다고 해서 그렇게 큰일 나지 않는다.

일상이 무너지면
이상이 무너진다

대학생 때 강남에 있는 영어회화 학원에 다닌 적이 있다. 한번은 수업시간에 원어민 선생님이 이런 질문을 하셨다.

"슬럼프를 겪을 때 어떻게 극복하시나요?"

학생들이 하나둘씩 대답하기 시작했다. "여행을 떠난다", "운동을 한다", "친구에게 털어놓는다" 등등. 그리고 드디어 내 차례가 왔다. 왠지 모르게 평범한 답은 하기 싫었다. 그때 문득 전날 본 미드에서 나온 표현이 생각났다. 뭔가 있어 보이는 문장이어서 기억하고 있었는데 이때다 싶어 냅다 뱉어봤다.

"Back to basics(기본으로 돌아가라)."

순간 정적이 흘렀다. 원어민 선생님의 벙찐 표정과 학생들의 '쟤 뭐지?'라고 말하는 듯한 눈빛, 그 고요하지만 짜릿했던 공기를 아직도 기억한다. 사실 큰 의미를 갖고 한 말은 아니었다. 그냥 그 단어 하나하나부터 문장 길이와 발음, 억양까지 왠지 멋지게 느껴졌다. '언젠가는 한번 써먹어 봐야지' 하고 기억해두었는데 이럴 때 쓰게 될 줄이야. 수업이 끝난 후, 원어민 선생님은 아무 말 없이 나에게 엄지를 치켜세우곤 자리를 떠났다. 당시 수강생들은 수업 시간 외에는 서로 대화할 일이 거의 없었는데, 몇 분이 내게 다가와 말을 걸었다.

"좋은 말이었어요. 생각이 많아지네요."

"요즘 슬럼프였는데, 한번 해봐야겠네요. back to basics."

"새롭네요. 자극이 됩니다. 고마워요."

당시에는 '이 표현이 좀 있어 보였나?' 정도로만 생각했다. 하지만 몇 년 뒤, 별생각 없이 한 그 말이 사실 슬럼프를 극복하는 가장 현명하고 쉬운 방법이었다는 것을 몸소 깨달았다. 내가 지독한 슬럼프를 겪었을 때 이 말은 아니, 이 행동은 정말 큰 도움이 되었다. 이제 그 이야기를 해보려고 한다. 바로 'Back to basics'에 관한 이야기.

당시 나는 몹시 지쳐 있었다. 프리랜서, 1인 기업이라는 특성상 오랫동안 회사나 단체에 속해 있지 않은 채 혼자서 모든 일을 해야 했다. 돈이 없어도, 있어도 불안했다. 일이 잘 풀려도, 잘 풀리지 않아도 걱정됐다. 할 일은 많은데 의욕은 없고 건강은 점점 나빠졌다. 이러다 죽는 건가 싶었다. 왜 사나 싶었다. 그 시기에 정말 많은 상담을 받았던 기억이 난다. 책과 강의는 기본이고, 위로가 될 만한 유튜브 영상들은 모조리 찾아봤지만, 좀처럼 나아지지 않았다. '이럴 바에 그냥 포기하자. 그냥 아무것도 하지 말자'라고 생각하며 하루하루를 무기력하게 보내던 중에 이 문장을 다시 만났다. "Back to basics."

어떤 드라마 속 대사였는지 잘 기억나지 않지만, 그 문장을 접한 순간 예전에 담담하고 당당하게 대답했던 내 모습과 "좋은 표현이었어요. 고마워요"라고 말해주던 학생들이 떠올랐다. 그들은 왜 굳이 나에게 다가와 고맙다고 말했을까? 아마도 사람들은 알고 있었나 보다. 우울함과 무기력함, 지독한 외로움과 삶의 무게를 견디는 방법은 절대 거창하지 않다는 것을.

여기에서 말하는 거창한 방식이란, 애써 다른 일을 '함'으로써 극복하려는(사실은 그저 회피하는 것일지도 모르는) 모든 행동을 말한다. 물론, 책도 좋고 여행도 좋고 운동도 좋다. 세상에 정답은 없다. 하지만 이런 행동들을 하는 이유가 단순히 우울한 상황을 극복해내기 위해서라면, 그것은 마치 냄새가 나는 쓰레기 더미를 밖에 내다 버리지 않고 잠시 뚜껑을 덮어두는 것과 같다. 본질적인 문제는 해결되지 않는다는 의미다.

더 큰 문제는 오히려 극복하려는 과정에서 더 많은 스트레스와 슬럼프가 찾아올 수도 있다는 점이다. 이겨내려고 끊임없이 무언가에 도전하고 열심히 자기계발을 한다고 해서 과연 효과가 있을까? 만약 조금 하다가 포기하게 되면, 그때는 그 어느 때보다 자기 자신이 싫어질지도 모른다. 확신할 수 있다. 나 역시 그랬고, 강의를 하면서 그런 사람들을 정말 많이 만났기 때문이다. 그렇다고 해서 아무런 노력도 하지 말자거나 자기계발을 하지 말자는 뜻은 아니다. 다만 자신을 너무 몰아세우며 괴롭히지는 않았으면 좋겠다. 굳이 그렇게 힘들게 이겨낼 필요가 없다.

그럼 다시 내 인생을 바꿔준 표현으로 돌아와 "Back to basics"을 일상에 한번 적용해보자. 방법은 간단하다. 말 그대로 기본으로 돌아가는 것이다. 사람들은 너무 바쁘고 열정이 넘친 나머지 늘 이 '기본'을 잊고 산다. 아파서 병원에 가면 의사들은 하나같이 뻔한 처방을 내린다. "밥 잘 챙겨 먹고, 잘 자고, 너무 스트레스받지 마세요." 한때 걸어 다니는 종합병원이었던 나는 매주 1~2회는 꼭 약을 타러 갈 정도로 몸이 좋지 않았는데, 이 말이 제일 듣기 싫었다. 그런데 아이러니하게도 이 진부한 말대로 하면서부터 몸이 좋아지기 시작했다. 맞다. 기본이다. 의사들이 말한 게 바로 'Back to basics'였다.

그때부터 아무리 기운이 없어도 삼시세끼를 꼬박 챙겨 먹었다. 불면증 때문에 잠을 자기가 너무 어려웠지만 단 두 시간을 자더라도 아침 일찍 일어났다. 밤에는 좋아하는 커피도 자제하고 조용한 음악을 자주 들었다. 집 밖으로 한 발짝 나가는 것조차 너무 힘들었지만, 그래도 억지로 나왔다. 그리고 걸었다. 하루에 꼭 30분씩 산책을 했고 주머니 사정이 빠듯해도 하루에 한 번은 꼭 카페에 출근 도장을 찍었다. 이 외에 특별히 한 것은 없었다. 잘 먹고, 잘 자고, 조금이라도 걷는 것처럼, 인간이라면 생존을 위해 해야 할 일들을 했을 뿐이다. 그런데 정말 신기하게도, 어느 날부터 약을 먹지 않아도 몸 상태가 꽤 괜찮아졌다. 드라마틱한 변화는 아니었지만, 두통과 체기도 호전되었고 무엇보다 몸과 마음이 한결 가벼워졌다. 가끔 글을 쓰거나 해야 할 일을 계획할 정도로 의욕도 생겼다. 이전에는 거의 2년 가까이 이런 일들을 하는 것조차 고역이었다.

한때 한창 영어 강의를 하고 블로그와 유튜브가 잘되던 시기가 있었다. 이를 계기로 1인 기업 강의와 컨설팅 의뢰가 쏟아졌고, 정말 많은 인기를 끌었다. 그때 나는 너무 피곤하고 심신이 지쳐 있었다. 하지만 이룬 게 많아질수록 더 욕심이 생겼고, 앞으로 잘될 일만 남았다는 생각에 점점 거만해지기 시작했다. 좀 창피하지만 솔직히 고백하자면, 엄청나게 많은 돈을 번 게 아닌데도 푼돈이 우스워지고 돈이 안 되는 일은 하기가 싫어졌다. 지금 생각해보면 참 웃기다. 내가 뭐라고. 그렇게 점점 게을러지고 오만해지니까 생활이 망가졌다. 잠자고 TV를 보느라 끼니는 늘 인스턴트였고, 폭식과 야식은 기본이었다. 늦게 자고 늦게 일어나고, 일보다는 웹서핑하는 시간이 많아졌다. 사람을 상대하거나 콘텐츠를 만드는 것도 점점 귀찮아졌다. 원래도 유명한 건 아니었지만, 그러는 사이 그나마 차근차근 쌓아왔던 인지도마저 하락했다.

이렇게 내 지난 과오를 솔직하게 털어놓는 이유는 이 경험을 통해 깨달은 것을 나누기 위해서다. 그때 내 문제는 단순히 게으름, 거만함, 슬럼프 같은 노력이나 태도의 문제가 아니었다. 나는 행복해지기 위한, 아니 사람답게 온전히 살아가기 위한 가장 기본적인 것들을 놓치고 있었다. 지난 과거나 현재가 어떠하든, 문제를 극복하거나 더 나은 방향으로 나아가기 위해 꼭 대단한 것부터 시작할 필요는 없다. 기본을 잘 지키는 것이 중요하다.

올림픽의 모든 종목에는 하나의 공통점이 있다. 운동의 종

류와는 상관없이 선수들은 하나같이 '기본'에 충실하다. 예를 들어, 수영을 배울 때 처음부터 자유형을 가르치지 않는다. 스트레칭, 발차기, 팔동작과 같은 아주 기초적인 과정부터 배운다. 권투도 마찬가지다. 스파링 이전에 줄넘기를 수만 번 연습한다. 왜 영화에서도 꼭 나오는 장면이 있지 않나.

"스승님, 대체 언제 그 비법을 알려주실 겁니까?"

"더 열심히 청소하거라. 그러면 자연스럽게 알게 될 것이다."

얼토당토않은 스승의 말에 포기하려던 제자는 어느 날 갑자기 깨닫는다. '아, 스승님이 청소를 시킨 이유가 있었구나.' 실제 우리 삶도 이와 같다. 슬럼프에 빠졌을 때뿐만 아니라, 어떤 목표를 이루고 싶다면 가장 기본이 되는 단순한 일부터 해야 한다. 그리고 그 기본을 아주 '잘'해내야 한다. 돌이켜보면, 내가 했던 일 중에 잘 풀렸던 경우는 하나같이 기본을 잘 다져놓았을 때였다. 과외 한번 해본 적 없던 내가 영어 강사로 성과를 낼 수 있었던 것도 결국 기본이 탄탄했기 때문이다.

여기서 기본은 실력이 아닌 루틴, 즉 습관을 뜻한다. 아침 일찍 일어나 햇볕을 쬐고, 든든히 아침밥을 먹고, 청소를 한다. 억지로라도 밖에 나가 몸을 움직인다. 그리고 카페에 가서 단 10분이라도 해야 할 일을 정리해본다. 그거면 된다. 이 루틴을 지켜나가면서 나는 점점 생기가 돌았고 일하고 싶은 마음도 생겼다. 10분 일하던 시간이 30분, 1시간, 3시간으로 점점 늘어났다. 그렇게 어느덧 강의 준비, 모집, 마케팅 등 이전에는 감히 엄두도 내지 못했던 도전을 수월하게 해내고 있는 나 자신을 발견했다. 이 모든 변화는 다 기본으로 돌아가는 것, 다시 말해서 매일 사소한 루틴을 잘 지키는 것에서부터 시작됐다.

너무 시시한 방법이라고 생각할지 모르겠다. 하지만 우리는 쉽고 싱겁다는 이유로 정작 중요한 본질을 무시하곤 한다. 단언컨대, 기본이 탄탄한 사람은 절대 쉽게 무너지지 않는다. 아주 별거 아닌, 누구나 할 수 있는 그 기본이 결국 인생의 가장 중요한 순간에 빛을 발한다. 스포츠, 사업, 인간관계 등 당신이 이루고 싶은 목표가 무엇이든, 일상이 무너지면 이상이 무너진다. 즉 일상이라는 기본이 무너지면 이상이라는 내가 그리는 멋진 꿈도 멀리 사라져 버린다. 가장 쉽지만, 그래서 가장 놓치기 쉬운 그 기본을 지키는 것이 지금 당장 당신이 해야 할 일이다.

보물찾기를 할 때 가장 찾기 어렵게 만드는 방법이 무엇인지 아는가? 바로 '가장 잘 보이는 곳에 놓아두는 것'이다. 너무 잘 보여서 오히려 누구도 찾아볼 생각조차 하지 않는 그런 곳. 아주 오래전부터 이 세상의 진리와 해답은 늘 단순했고 지금도 그렇다. 하지만 사람들은 단순한 진리를 우습게 보고 시시하다고 생각한다. 보물찾기를 할 때 아주 잘 보이는 곳은 쳐다보지도 않듯, 인생에서 무언가 문제가 생기면 멀리서 거창한 방식만을 찾아 헤맨다. 사실 가장 확실한 답은 언제나 바로, 지금, 여기에 있는데 말이다.

기억하자. 당신이 무슨 일을 하든, 어떤 상황에 놓였든 지금 겪고 있는 문제를 해결하고 가장 좋은 성과를 낼 수 있는 방법은 오직 하나뿐이다. 아주 간단한 '기본적인 일'을 매일, 자주, 많이, 잘 해내는 것. 기본으로 돌아가는 것. 그러면 슬럼프, 우울감, 무기력, 불안, 꿈 무엇이든, 모든 문제가 생각보다 쉽게 해결되는 기적을 만나게 될 것이다.

인생은 원래
'엉망진창'이다

인생은 원래 엉망진창이다. 혹시 이 말에 거부감이 든다면 어쩌면 당신은 환상을 갖고 있는 것일지도 모른다. 앞서 말했듯이, 인생은 항상 순조롭고 행복하기만 한 것이 아니기 때문이다. 그럼에도 우리는 항상 이런 말을 달고 산다. "왜 하필 나야?", "왜 나한테만 이런 일이 일어나는 거지?" 원래 불행은 누구에게나 일어난다. 많은 사람들이 '왜 나한테만'이라는 말을 한다는 건, 그만큼 누구나 인생에서 비극을 겪을 수 있다는 말이다. 그 '누구나'가 꼭 내가 아니라는 법은 없다. 이는 부정적이거나 회의적인 태도가 아니라, 오히려 현실을 있는 그대로 받아들이는 겸허한 자세에 가깝다.

　프랑스 사상가 라 로슈푸코는 이렇게 말했다. "우리는 결코 스스로 생각하는 것만큼 행복하지도 불행하지도 않다." 어쩌면 우리가 생각하는 불행은 '착각'일지도 모른다. 불행이 별거 아니라는 뜻은 아니다. 다만, 경험하고 싶지 않다는 이유로 삶에서 지극히 당연하게 일어날 수밖에 없는 일련의 사건들을 무조건 '불행'이라고, '실패한 인생'이라고 단정 짓는 건 너무 섣부르고 교만한 시각이 아닐까. 한때 '모든 게 엉망진창이고 난 망했어'라는 생각에 사로잡혀서 한없이 무기력하게 보내던 때가 있었다. 하는 일마다 실패했고, 앞으로 어떤 일을 해야 할지, 이 상황을 어떻게 헤쳐 나가야 할지 도무지 갈피를 잡지 못했다. 그때 함께 차를 타고 가던 엄마가 가볍게 툭 던진 한마디가 나를 그 착각의 지옥에서 벗어나게 만들어줬다.

> "넌 그냥 실패할까 봐 두려운 거야. 고민이 많다는
> 건, 그만큼 절대 실패하고 싶지 않다는 거지.
> 그런데 인생에 그런 일은 없어. 네가 어떤 선택을
> 하든, 결과가 좋지 않을 수도 있지. 그러면 좀
> 어떠니? 신중한 건 좋은데, 애써 실패를 피하려고
> 하지는 마. 실패해도 돼. 그거 다 별거 아니야."

"넌 그냥 실패할까 봐, 그게 두려운 거야." 이 말이 자꾸 머릿속에 맴돌았다. 엄마의 말이 맞았다. 나는 그냥 무서웠던 거다. 실패하는 게. 삶이 내 뜻대로 흘러가지 않는 게. 복잡하게 얽힌 문제들을 똑바로 마주하는 게. 원래 인생이란 다 그런 건데 말이다. 아무리 열심히 방을 치워도 매일 그곳에 머무르는 한 금세 먼지가 쌓일 수밖에 없다. 아침마다 깨끗이 씻고 옷을 말끔히 입어도 시간이 지나면 땀이 나고 냄새가 나는 건 아주 자연스러운 일이다. 일 년 내내 맑은 날씨만 계속될 수는 없으며, 항상 상승세만 기록하는 주식도 없다. 그런데 유독 인간은 인생이 언제나 완벽하고 행복하기를 바란다.

'그래도 난 행복하고 싶은데? 인생이 너무 고달프고 힘들단 말이야'라는 생각이 든다면 당신의 아픔과 실패를 '새활용'해 보는 건 어떨까? 새활용^{upcycling}이란 재활용^{recycling}의 업그레이드 버전이다. 즉 버려지는 물건을 다시 고쳐 쓰는 것을 넘어 새로운 가치를 부여해 색다른 상품으로 재탄생시키는 것을 의미한다. 과거에 공장이나 창고로 쓰이던 공간을 감각적인 카페나 핫플레이스로 리노베이션^{renovation}하는 것처럼 말이다.

예전에 한 펀딩 사이트를 통해 '엘에이알^{LAR}'이라는 브랜드를 알게 됐다. 처음엔 그냥 깔끔한 스니커즈가 필요해서 가볍게 둘러보고 있었는데 제품 설명에 눈길이 갔다. "불필요하게

버려지는 자투리 가죽을 모아서 재생한 친환경 가죽을 사용",
"5개의 폐페트병을 이용해서 만든 신발 끈과 안감." 신기하기
도 하고 이왕 사는 거 환경에 조금이라도 기여하면 좋을 것 같
아서 구매하기 시작했는데, 어느새 신발장이 이 브랜드 신발
로 가득 찼다. 운동화를 신고 다닐 때마다 예쁘고 편하다는 생
각과 동시에 이런 생각이 들곤 했다.

> '버려지는 폐품으로 이렇게 멋진 신발을 만들 수 있
> 다면, 지워버리고 싶은 최악의 경험, 쓰디쓴 실패,
> 수치심 가득한 실수들 또한 더 근사한 인생으로 탈
> 바꿈하는 재료로 새활용할 수 있지 않을까?'

매일 아침 일하러 가는 길에 땅바닥과 리듬을 맞추며 힘차
게 앞으로 나아가는 스니커즈를 바라볼 때마다 세상에 쓸모없
는 물건은 없듯, 쓸모없는 경험도 없다는 영감이 떠오른다. 당
시에는 형편없고 무가치해 보였던 일도 미래의 시점에서 되감
기를 해보면, 결국 꽤 쓸모 있는 연료였음을 알게 된다. 이를
깨닫고 나자 엉망진창인 내 하루도 꽤 괜찮게 느껴졌다. 복잡
하고, 혼란스럽고, 지긋지긋한 현실이 갑자기 아름답게 보였다
는 것은 아니다. 다만 '불규칙 속 규칙'이라는 말처럼 '이건 또

이것 나름의 가치가 있겠지'라고 생각할 수 있는 넉넉한 마음이 생겼다고 할까.

일본에는 '킨츠기'라는 공예 기술이 있다. 깨지고 금이 간 도자기 조각들을 다시 결합하고 아름다운 장식들을 덧대어 새로운 예술 작품으로 업사이클링하는 기법이다. 원래라면 폐기되었을 낡은 도자기에 미적인 활기를 불어넣어 다시 아름다운 작품으로 만드는 것이다. 과거의 나처럼, 당신도 누군가의 한마디에 쉽게 무너지고, 계획대로 되지 않는 일들로 무기력한 일상을 보내고 있을지도 모른다. 그렇다면 그로 인한 상처나 흉터를 어떻게 돌보고 재해석하느냐에 따라 더 나은 내가 될 수 있다고 생각해보면 어떨까. 킨츠기 기법은 '불완전함의 아름다움'이라는 메시지가 담긴 일본의 '와비사비' 철학을 바탕으로 한다. 흥미가 생겨 이것저것 자료를 찾아보다가 '와비'라는 단어의 뜻을 알게 됐다.

홀륭한 상태에 대한 열등한 상태

이 문구를 본 순간 고민과 괴로움으로 가득 차 있던 불안한 내 일상조차도 두 팔 벌려 환영할 수 있을 것만 같은 기분이 들었다. '와비사비'는 인간의 결함도 인정하고 끌어안는 선불

교의 영향을 받은 미적 관념이라고 한다. 고치고 싶은 나의 단점, 수치스러운 과거의 실수, 현재 겪고 있는 고통스러운 순간들까지, 모두 당장은 빨리 없애버리고 싶은 못마땅한 것들로 보이겠지만, 사실 이 모든 결함은 앞으로 당신이 더 크게 성장하기 위해 꼭 필요한 자양분일 수 있다.

"어두운 밤일수록 별은 더 빛난다"는 말이 있는 것처럼, 암울한 순간들은 결코 열등한 상태로만 머무르지 않는다. 그 자리가 바로, 삶이 당신을 천천히 위대함으로 이끄는 경로일 수 있다. 즉 열등한 상태조차도 그 자체로 이미 훌륭한 상태인 것이다. 하는 일마다 잘 풀리지 않을 때, 아무리 노력해도 항상 남보다 뒤처지는 것 같을 때, 모든 의욕이 사라지고 자책만 하게 될 때, 어쩌면 그 상황은 당신이 생각하는 것보다 훌륭한 상태일지도 모른다. 그저 혼란스럽고 방황하는 아주 잠깐의 열등한 시간을 지나가고 있는 것뿐이다.

예전에 허리가 너무 아파서 체형을 교정해주는 전문 기관에서 치료를 받은 적이 있다. 그때 치료사 선생님은 내게 골반이 많이 틀어져 있다고 했다. 어떻게 해야 완벽한 균형을 갖춘 몸을 만들 수 있느냐고 물었더니 의외의 대답이 돌아왔다.

"우리 몸은 태어날 때부터 삐뚤어져 있어요. 불균형한 상태가 당연한 겁니다. 아이러니하게도 이런 약간의 틀어짐 덕분에 일상에서 더 효율적으로 몸을 움직일 수 있는 거죠."

그러면서 너무 정확한 균형에 집착하지 말고 한쪽으로 심하게 쏠린 부분만 인지하면서 근력운동과 스트레칭을 적절히 하라고 조언해주셨다. 선생님의 말씀을 가만히 듣고 나니 '몸이라는 것도 결국 인생의 축소판이구나' 하는 생각이 들었다.

생각해보면 세상 모든 것이 그렇다. 많은 사람들의 사랑을 받는 음악도, 매번 규칙적인 템포로 흐르기보다는 변칙적인 방향으로 구성된다. 불규칙한 박자와 예상을 벗어난 멜로디 전환이 우리의 두 귀를 더 즐겁게 만들어주지 않던가. 건축도 마찬가지다. 멋진 건축물들을 떠올려보면, 감동을 주는 공간은 꼭 완벽하게 대칭을 이루는 구조에서만 나오지 않는다. 때로는 균형에서 살짝 벗어난 설계나 일부러 텅 비워둔 공간이 그 장소를 더욱 특별하게 만들어준다. 이렇게 계산된 불완전함과 의도적인 여백이 건축을 단순한 구조물이 아닌, 하나의 예술 작품으로 만들어주는 것이다.

호리에 다카후미의 《가진 돈은 몽땅 써라》에 따르면, 야구에서 타자가 홈런을 치는 순간 동체 균형이 크게 깨진다고 한다. 모든 과정이 완벽해야만 위대한 결과를 낼 수 있다고 믿어왔던 건 어찌 보면 오만이었다. 홈런이라는 각자가 원하는 가장 이상적인 최종 목표에 도달하기 위해서는, 언제든 흔들리고 어그러질 수 있음을 받아들여야 한다. 그리고 그 엉망진창인 단계를 수용하는 걸 넘어 업사이클링을 거친 새로운 예술 작품으로 거듭날 거라는 확신을 가진다면, 지금 겪고 있는 슬픔이나 고통도 조금은 다르게 다가오지 않을까. 가끔은 무너져도 괜찮다. 모든 게 엉망이고 허점투성이여도 괜찮다. 그 모든 불완전한 순간들 덕분에, 당신의 훌륭한 상태에 대한 열등한 상태의 조각들이 정교하게 다듬어져가는 중이니까. 인생에서 가장 멋진 홈런을 치기 직전, 충분히 숨을 고르고 마음의 근력을 키우느라 아주 잠깐 길을 벗어난 것뿐이니까.

2장

생각을 조금
바꿔보기로 했다

문제를
'똥'처럼 여긴다

모든 건 '똥'이다. 일이든 인간관계든 이미 배설된 똥으로 생각해 버리면 단숨에 마음이 홀가분해진다. 지친 마음도, 떠올리고 싶지 않은 상처도, 매일 밤 잠 못 이루게 만드는 고민도 꽤 가볍게 느껴진다. 유튜브에서 가수 윤종신과 빅데이터 전문가이자 작가인 송길영이 나눈 대화를 본 적이 있다.

> **윤종신** "저는 제 작품을 '똥'으로 생각합니다."
> **송길영** "네? 그건 너무 하찮아요."
> **윤종신** "똥이라는 게 하찮다는 뜻의 똥이 아니고 창

작적 배설물을 의미해요. (중략) 저는 앞으로 할 게 훨씬 중요하거든요. 앞으로 할 일은 보석이에요. 그래서 릴리즈하는 순간 그 음악은 잘 안 들어요. 곧바로 다음 곡에 집중하죠."

그는 매달 최소 한 곡의 음악을 발표하는 프로젝트인 '월간 윤종신'을 시작하게 된 계기를 설명하면서, 자신은 이미 만든 작품에 대해서는 크게 의미를 두지 않는다고 말했다. 그저 '똥'으로 생각한다는 것이다. 말이 좀 거시기하긴 하지만, 그만큼 최선을 다해 만들었으면 그만이지, 결과에 집착하지 않는다는 뜻이다.

어디 음악만 그러할까. 예술을 하거나 창작하는 사람이 아닐지라도, 인생의 모든 문제를 다룰 때 반드시 새겨야 할 관점이라고 생각한다. 오늘 큰 실수를 저질렀는가? 그건 이미 이 세상 밖으로 빠져나온 똥 덩어리일 뿐이다. 그래서 기분이 상했는가? 그 사건은 한참 전에 당신의 마음으로부터 배출되어 버렸는데 별수 있는가. 물론, 아직 더럽고 불쾌하고 찝찝한 감정이 남아 있을 수 있다. 그렇다고 계속 보고, 냄새 맡고 있을 건 아니잖아. 어디까지나 비유에 불과한 똥을 막상 일상에 적용하기란 쉽지 않다. 하지만 생각, 태도, 시점을 조금만 달리해도 우리는 일상의 많은 문제를 좀 더 쉽게 해결할 수 있다.

당신의 인생이라는 여정이 잠시 어둡고 꽉 막힌 터널을 지나고 있다고 해서 너무 좌절하지는 말자. 종교나 철학에 관심이 별로 없더라도 이런 말들은 자주 들어봤을 것이다. 모든 게 덧없음을 의미하는 '인생무상', 삶은 한낱 꿈에 불과하다는 '일장춘몽', 빈손으로 왔다 빈손으로 간다는 '공수래공수거'. 그렇다고 득도한 사람처럼 마음을 비우고 스님처럼 살자는 말은 아니다. 한 번뿐인 인생, 돈도 많이 벌고, 먹고 싶은 것도 실컷 먹고, 하고 싶은 일도 마음껏 하면서 즐기며 살아야 하지 않겠나. 다만 좋든 싫든, 행복하든 고통스럽든, 세상이 원망스럽든, 당신의 마음과는 별개로 냉정한 이 세상은 지나간 것들에 큰 반응을 보이지 않는다는 것이다. 도리어 시큰둥하다.

'힘들어? 방금 지나갔어. 끝. 그건 과거고, 내 알 바 아님.'

이게 무슨 소리인가 싶겠지만 이 말은 한때 내게 큰 위로가 됐다. 하루에 두 시간도 못 자며 지옥 같은 나날을 보내던 때, 결국 나를 살린 건 '다 아무것도 아니야. 이것도 지나갈 거야'라는 말이었다. 아무리 땅을 치고 후회하고 미련을 가져봐야 과거는 조금만 지나도 기억조차 나지 않을 '똥' 따위에 지나지 않는다. 따갑고 쓰라린 마음의 상처를 보듬어주는 것도 중요하지만, 그 생채기는 곧 흔적도 없이 사라질 테고, 행여 흉터로 남더라도 더 이상 당신을 괴롭히지 못할 테니까. 우리 한번, 모든 아픈 기억들이나 잊고 싶은 사건들을 '똥'으로 생각해보자.

앞서 가수 윤종신의 인터뷰에서 "어떻게 그렇게 꾸준히 작품을 내고 다양한 아티스트들과 활동할 수 있느냐"라는 질문에, 그는 흥행에 대한 마음을 내려놓으면 된다고 답했다. 그리고 누군가가 비난하면 이렇게 반응한다고 한다. "아, 그래요? 그러면 다음 달엔 더 잘하면 되지." 이거야말로 '모든 걸 똥으로 보는 가벼운 마음'이 아닐까 싶다.

원래 모든 건 과히 사랑하고 집착할수록 멀어지는 법이다. 오직 인간만 관계에 있어 '적당한 거리'를 좋아하는 게 아니다. 당신이 달성하고 싶은 목표도, 인정받고 싶은 욕구도, 벗어나고 싶은 괴로움도, '간절함'이라는 핑계로 자신에게 유리하게만 끌어당기려는 나로부터 어느 정도 떨어지고 싶어 한다. 왜 그런지는 모르겠지만 당신도 경험을 통해 이미 잘 알고 있을 것이다. 집착과 욕망이 과할수록 점점 거머쥐기 어려워진다는 것을. 무언가를 절실히 이루고 싶은 마음을 가소롭게 비웃기라도 하듯, 내가 좇던 목표는 다가가면 갈수록 멀리 달아나버린다.

어느 날 우연히 세계적인 모델, 켄달 제너의 인터뷰를 보게 되었다. "당신에게 최고의 확언은 무엇인가요?"라는 질문에 그녀는 확신에 찬 표정으로 이렇게 대답했다.

"나는 좇는 대신 끌어당긴다. 그것이 나를 위한
　　것이라면 알아서 내게 찾아올 테니까."

　　이 말이야말로 우리가 삶이라는 게임에 어떤 자세로 임해
야 하는지를 가장 고상하게 표현한 문장이 아닐까. 뭐든 열심
히 하는 건 좋지만, 항상 내가 바라는 방식대로 일이 흘러가지
는 않는다. 좇는 대신 끌어당긴다는 건, 꿈에 가까워지기 위해
나 자신을 다그치듯 대하지 말라는 의미다. 당장은 길이 좀 막
히고 언제 도착하나 싶은 조급한 마음이 들지라도, 또 목적지
와는 동떨어진 샛길로 빠지는 순간이 오더라도, 모든 길목이
결국 내게 가장 잘 어울리는 장소로 데려다줄 거라고 믿어보
는 것이다.
　　윤종신 씨가 인터뷰에서 가장 좋아하는 단어라고 소개한
표현이 하나 있다. 바로 '적당한 무딤'이다. 삼십 대 초중반에
그는 주변의 평가에 지나치게 예민했다고 한다. 그런데 그 예
민함은 결과적으로 좋은 작품을 만드는 데 별로 도움이 되지
못했다. 대신 좋은 작품으로 '보이기 위해' 노력하는 사람이 되
어 있었고, 그게 참 분했다고 한다. 그래서 그때부터 의식적으
로 무뎌지려고 했다고 한다.
　　타인의 말에 대한 예민함뿐만 아니라, 우리가 겪는 크고 작

은 고통에도 이와 같은 '무딤'이 필요하지 않을까. 당신에게 던져지는 세상의 모든 자극에 일일이 반응할 필요는 없다. 때로는 민감함보다 둔감함이, 뾰족하게 날이 선 태도보다 둥글게 받아들이는 태도가 정신 건강에도 이로운 법이다.

'인생의 모든 건 그저 똥 덩어리에 불과하다'는 말과 '매사를 별거 아닌 것처럼 가볍게 여기자'라는 관점은 모든 게 아무 의미가 없다는 허무주의와는 다르다. 오히려 하루하루를 더 충실하게 살고 싶게 만드는 원동력이 된다. 대부분의 일들을 그리 중요하게 여기지 않으면, 내게 진짜 소중한 것이 무엇인지 더 세밀하게 관찰할 수 있기 때문이다. 즉 자신에게 가장 가치 있는 단 몇 가지를 선별해서 온전히 관심을 쏟을 수 있다는 뜻이다. 이것이야말로 진정 밀도 높은 삶이며, 내게 행복을 가져다주는 것들에 대한 예의이자, 사랑하는 것을 지켜낼 수 있는 유일한 방법이다.

그러니 앞으로 당신이 어떤 시련을 만나든 어차피 배출될 똥 덩어리로 여기며 대수롭지 않게 받아들이자. 그러면 어느새 나를 그토록 무겁게 짓누르던 체증이, 도저히 해결될 것 같지 않아서 늘 언짢고 거북스러웠던 변비 같은 불편함이 한순간에 시원해지고 가벼워지는 경험을 하게 될 것이다.

인생은 어차피
소모품이다

세상에서 제일 돈이 많은 곳은 어디일까? 두바이? 은행? 미국
의 유명한 동기부여 연설가인 레스 브라운은 "지구에서 가장
부유한 장소는 바로 묘지다"라고 말했다. 왜 묘지가 가장 많은
부를 축적하고 있다고 한 걸까? 그는 이어서 이렇게 말한다.
묘지에는 이루지 못한 꿈, 쓰여지지 않은 책, 한 번도 불리지
않은 노래, 공유되지 않은 발명품이 묻혀 있다고. '삶은 유한하
고 인간의 한계는 무한하니 매 순간 열정을 다해 살아라'와 같
은 어찌 보면 진부한 메시지일 수 있다. 하지만 '묘지'라는 단
어를 접한 순간 묘하게 지금 이 순간을 바라보는 관점이 조금

은 다르게 다가왔다. 마치 현재 내가 가진 모든 '가능성이라는 배터리'를 온 힘을 다해 소진해야 할 것 같은 기분이 들었달까.

혹시 '유품정리사'라는 직업을 들어본 적 있는가? 말 그대로 일생을 마감하신 분들의 남은 물건들을 대신 정리하는 일을 해주시는 분들이다. 한 방송에서 인간의 죽음과 그 후에 남겨진 물건들을 수없이 지켜봤을 유품정리사에게 인터뷰어가 물었다.

"그런 모습을 보다 보면 '생명의 소중함'에 대해서 많은 생각이 드실 것 같아요."

그는 덤덤하게 이야기했다.

"소중하다는 생각이 드는 게 아니라 이런 생각이 들어요. '참 인생 덧없구나. 이렇게 파리 목숨밖에 안 되는구나.'"

삶은 고귀하며 최선을 다해 살아가야 하는 건 맞지만, 한편으로는 '그저 소모품에 불과한 것이 아닐까?'라는 생각이 든다. 열의를 다해 살아왔지만, 한순간에 끔찍한 교통사고를 당한다면? 예기치 않은 큰 병에 걸려 당장 시한부 인생을 살아야 한다면? 너무 극단적인 가정인 것 같지만, 그만큼 인생의 의미를 진지하게 생각해 볼 수 있는 질문이기도 하다. '어차피 언젠가는 죽을 거니까 인생은 큰 의미가 없어'와 같은 뉘앙스로 들릴 수도 있지만 오히려 그 반대다. 유품정리사가 말한 것처럼 인생이 참 덧없으니까, 닳아 없어질 소모품일 뿐이기에 역설적으로 우리는 삶에 더 충실할 수 있다.

당신이 항상 손에 쥐고 있는 스마트폰, 출퇴근할 때 타는 자동차, 매일 아껴 신는 신발, 심지어 열렬히 불타오르고 있는 연인과의 사랑도 언젠가는 수명을 다하고 떠나보낼 날이 온다. 어차피 인간은 결국 다 죽으며, 지금 경험하고 있는 이 모든 것들이 유한하다는 사실을 우리는 아주 잘 알고 있다. 하지만 충분히 인지하고 있음에도 늘 잊고 산다. 마치 평생 살 것처럼, 모든 것이 영원할 것처럼 행동한다. 이런 교만한 태도를 꾸짖기라도 하듯, 부처는 이런 말을 남겼다. "사람들의 가장 큰 문제는 바로, 충분한 시간이 있다고 생각하는 것이다."

김창민 교수의 《착각하는 인간》에 따르면, 우리가 살고 있는 지구의 나이를 24시간이라고 가정했을 때, 인간이 사는 인생은 '0.0019초'에 불과하다고 한다. 19초도 아니고, 9초도 아니고 고작 0.0019초. 이렇듯 나라는 인간의 유한성과 죽음을 평소 일상에서 자주 떠올리는 것만으로도 현재에 충실하게 되고, 지금 이 순간을 온전히 만끽할 수 있게 된다. 왜? 끝이 있는 모든 것은 아름답기 때문이다. 봄날의 벚꽃이 유독 특별해 보이는 이유는 금방 지기 때문이다. 거리를 온통 분홍빛으로 예쁘게 물들이다가도 단 며칠 후면 언제 그랬냐는 듯 금방 사라져버린다. 인생도 마찬가지다. 잠깐 피고 지는 것이 인생이기에 지금 이 순간을 무심히 지나치지 말고 충분히 향유해야 한다.

요즘 밤잠을 설치게 만드는 골치 아픈 문제가 있는가? 직장 상사와의 관계, 가족 간의 갈등, 현재 커리어에 대한 불만, 그 어떤 문제든 그저 소모품일 뿐이다. 상황이든, 고민이든, 감정이든, 모두 어느 정도 시간이 흐르고 나면 결국 소멸하거나 희석되거나 잊힌다. 어떤 말썽거리든 무조건 해결될 거라는 이상적인 말을 하려는 게 아니다. 설령 그 문제가 미결로 남더라도 당신이 이를 그냥 '소모품 따위'로 여기는 한, 대수롭지 않게 넘길 수 있다는 의미다.

다만 한 가지 주의해야 할 점이 있다. 잘못하면 허무주의로 빠질 수 있다는 점이다. 인생이 덧없다는 마음가짐은 나를 괴롭히는 사건과 감정으로부터 확실히 자유롭게 해주었지만, 한편으로는 '뭐 어차피 죽을 건데, 대체 이게 무슨 의미가 있지'라는 생각이 들면서 한없이 무기력해지기도 했다. 기대가 없으니까 설렘도 없었고, 감정의 동요가 가라앉으니 딱히 재미난 일도 없었다. 사람이 참 간사한 게, 힘들 때는 그토록 평온함을 바라면서 막상 아무 일도 일어나지 않으면 따분해지고 우울해진다.

그렇게 한 2년을 침울하고 우중충하게 지내다 보니, 이러다가 평생을 처량하게 살 것만 같은 기분이 들었다. 그래서 기분 전환도 할 겸, 큰맘 먹고 비싼 레스토랑을 충동적으로 예약했다. 고급스러운 음식을 먹으면 조금이라도 살맛이 나지 않을까 싶어서. 그렇게 잔뜩 기대하며 스테이크를 시켰는데, 감탄이 나올 정도로 너무 맛있고 양이 진짜 적었다. 촘촘한 마블링, 두툼한 살집, 육즙 가득한 덩어리 하나하나가 입안에서 사르르 녹아버릴 때마다 마음이 정말 아팠다. 그래서 한입 한입 최대한 음미하면서 씹었다. 이렇게 고급스러운 음식을 맛볼 기회가 그리 흔치는 않으니, 열의를 다해 몰입하고 만끽하고 음미했다. 혀를 감싸는 그 감각을 고스란히 느끼기 위해 가게의 분위기, 창밖 풍경 따위는 신경쓰지 않았다.

뭔가 더 우아하고 있어 보이는 말로 포장하고 싶지만, 그저 "매우 좋았다"는 말이 가장 솔직한 표현인 것 같다. 그리고 그 순간 문득 이것이 깨달음의 정점에 이른 사람들이 경험한다는 자아가 사라지고 오직 행위만 남는, 깊은 '몰입' 상태가 아닐까 하는 생각이 들었다(고작 스테이크 하나 먹으면서 지나치게 거창한 의미 부여를 하는 건가 싶기도 하다). 정말 행복했다. 그렇게 찰나지만 충만한 식사를 마치고 가게 문을 나서는데, 문득 이런 생각이 들었다.

'이게 인생이구나.'

불과 몇 분 후에 사라질 맛이라고 해서 먹는 일이 덧없지 않듯, 언젠가 끝날 삶이라고 해서 살아가는 일이 무의미한 것은 아니다. 삶은 지금 여기, 바로 이 순간에 펼쳐지고 있고, 무슨 일이 일어나든 그 자체로 음미할 가치가 있다. 기쁜 일이 생기면 오늘이 마지막 날인 것처럼 마음껏 기뻐하고, 슬픈 일이 생기면 회피하지 말고 슬픔을 온전히 느껴주면 된다.

우리는 보통 부정적인 감정을 피하거나 어떻게든 극복하려고 애쓴다. 하지만 아무리 벗어나려고 해도 그 감정은 쓰임을 다하기 전까지, 즉 소모되기 전까지는 계속해서 당신을 괴롭힐 것이다. 하지만 결국에는 소모될 감정임을 알고 충분히 느껴주면, 그 순간을 겸허한 마음으로 받아들일 수 있게 된다. 건강한 몸을 갖고 싶다면 영양소를 골고루 섭취해야 하듯, 마음도 '감정 편식'을 하지 않을 때 탈 나지 않고 튼튼하게 가꿔나갈 수 있다. 물론 당장은 힘들고 고통스럽겠지만, 기쁨도, 슬픔도, 상처도, 모두 결국 흔적도 없이 전부 사라질 것이다. 그 무엇도 영원히 지속되지 않는다. 인생도 벚꽃과 다르지 않기 때문이다.

예전에 비싸게 주고 산 운동화가 너무 아까워서 신발장에 고이 모셔둔 적이 있다. 그런데 신혼생활 후 급격히 살이 찌면서 발 사이즈도 덩달아 커지는 바람에 그 신발을 두 번 다시는 신을 수 없게 되었다. 두세 번밖에 못 신은 귀한 운동화였는데 말이다. 그때 이후로 가지고 있는 물건과 누리고 있는 매일의 일상을 할 수 있는 한 최선을 다해 사용하고 체험하기로 다짐했다. 소모품이기에, 소모되어 사라질 것들이기에 우리는 온 열의를 다해 경험할 필요가 있는 것이다.

상처받을까 봐 두려워 완벽한 이상형인 그 사람과의 사랑을 시작하지 않을 것인가? 고생스러울 것 같아서 여행을 떠나지 않을 것인가? 욕먹을까 봐, 실패할까 봐, 손해 볼까 봐, 그렇게 망설이는 동안 당신의 남은 인생의 배터리는 점점 그 수명을 다하고 있다. 물건이든 사람이든 감정이든, 그 무엇이든 생명을 다할 때까지 사용해주는 게 우리 인생의 목적이 아닐까? 다시 말해 온 힘을 다해 몰입하고 소진하는 것, 그게 바로 진짜 인생이 아닐까.

그러니 더 이상 쓸데없는 고민에 너무 많은 시간을 낭비하지도 말고, 하고 싶고 즐기고 싶은 것들을 참거나 미루지 말자. 향기로운 벚꽃과 고급스러운 스테이크, 지긋지긋한 회사 업무와 끔찍하게 하기 싫은 다이어트, 좋아하는 사람과의 오붓한 대화와 싫어하는 사람과의 지루한 통화, 아무것도 하기 싫어서 한없이 늘어졌다가도 어느 순간 정신을 차리고 바지런을 떠는 모순적인 내 모습, 그 밖의 모든 만남과 추억과 헤어짐까지도, 언젠가는 미련 없이 놓아버려야 할, 간절히 보고 싶어도 두 번 다시 마주칠 수 없는 '유한한 소모품'들이니까. 끝이 있기에 아름다운 소중한 인생이니까.

당신은 당연히
받을 자격이 있다

어린 시절 시골에 내려가면 언제나 부담스러울 정도로 많은 용돈을 받곤 했다. 명절 때만 가끔 찾아뵙는 자리였기에 형과 나는 온갖 이쁨을 받으며 마치 회비를 걷듯 삼촌과 이모들이 지갑을 열게 만들었다. 그런데 늘 이 순간을 마주할 때마다 마음이 편치 않았다. 특별히 한 것이 없는데도 돈을 받는 게 영 내키지 않아서였다. 공부를 잘한 것도 아니고, 효도를 한 것도 아닌데 대체 왜 나에게 돈을 주시는 걸까? 아무 노력 없이 이렇게 큰돈을 받을 자격이 없다고 생각했다. 그래서 다른 사촌들과는 다르게, 거절하고 피하고 심지어 도망가기까지 하면서 어르신들과 한참 동안 실랑이를 벌였다(지금 생각해보면 참 아이답지 않은 행동이었던 것 같다). 한창 사고 싶은 것도 많고 용돈을 좋아할 나이인 중학생, 그리고 고등학생이 되어서도 삼촌과 이모들이 건네는 돈은 항상 내게 불편한 느낌을 줬다.

반면 우리 형은 이런 나와는 전혀 다른 사람이었다. 어르신들이 용돈을 건네면 옆에서 지켜보는 내가 다 민망할 정도로 아주 자연스럽고 능청스럽게 손을 쭉 내밀었다. 내가 본 표정 중 가장 행복한 미소를 지으며, 예의상이라도 하는 "괜찮아요"라는 말조차 하지 않았다. 그리고 나와 단둘이 있을 때면 잔뜩 흥분한 채로 "아, 뭐 사지? 게임기 새로 살까. 옷이 나으려나"와 같은 행복한 고민을 했다. 막상 돈을 받아도 죄책감에 한 푼도 제대로 쓰지도 못하는 나와는 참 달랐다. 형은 이런 내 모습이 안쓰러웠는지 모종의 거래를 제안하곤 했다. "야, 네가 받은 돈이랑 내 돈이랑 합쳐서 게임기 사자. 그거 사서 같이 놀면 우리 둘 다 좋은 거잖아, 그치?"

지나고 나서 생각해보니 지극히 형의 개인적인 욕심을 채우기 위한 불공정한 거래였지만, 그 당시에는 형에게 돈을 주는 것이 아무 노력 없이 공짜 돈을 받는 것에 대한 죄책감과 불편함을 조금이라도 더는 방법이라 생각했다. 그렇게 유년 시절 내 용돈의 대부분은 형의 버킷 리스트를 실현하는 데 쓰였다. 부모님은 나를 "착하고 예의 바른 아이"라고 칭찬하면서도, 너무 어린 나이에 철이 들었다며 안타까워하셨다. 친척들이 주신 용돈뿐 아니라, 부모님이 친구들과 사 먹으라고 주신 돈조차 항상 남겨오기 일쑤였으니까. 나에게는 그게 마땅히 해야 하는 행동처럼 느껴졌다. 부모님이 힘들게 일하시며 번 돈을 흥청망청 쓰는 것은 양심상 허락할 수 없었다.

대학생이 되어서도 나는 '공짜 돈'을 쉽게 허락하지 못했다. 부모님으로부터 경제적인 도움을 받는 상황이긴 했지만, 내가 번 돈이 아니라는 생각은 여전했다. 그렇게 사고 싶은 옷이 있어도, 여행을 가고 싶어도 꾹 참고 억누르는 생활이 계속되었다. 내가 변한 게 없는 만큼이나 형도 여전했다. 어렸을 적 삼촌들의 용돈을 받았던 그때처럼 아주 당연하고 자유롭게 돈을 쓰고 다녔다. 그런 형을 보면서 아직 철이 들지 않았다고 생각했다. 형은 사고 싶은 옷이 있으면 엄마한테 졸라서라도 꼭 샀고, 대학생들의 로망인 자취부터 오토바이까지 원하는 것이 있으면 어떻게든 가졌고, 하고 싶은 일이 있으면 어떻게든 했다.

그렇게 우리 형제는 대학을 졸업하고 사회인이 되었다. 나는 본격적으로 혼자 힘으로 수입을 만들어내면서 조금씩 내가 진짜 사고 싶은 것을 사고, 하고 싶은 일을 하기 시작했다. '아, 돈이 이렇게 좋은 거구나. 자유롭게 산다는 게 이런 느낌이구나'라는 생각이 들었다. 그런데 그런 생활이 계속되자 어느 순간 점점 불안해지기 시작했다. '내가 이렇게 마음대로 돈을 써도 되는 걸까? 지금부터 부지런히 돈을 모아서 결혼도 해야 하고, 집도 사야 할 텐데. 프리랜서는 언제 일자리를 잃을지 모르니 미리 저축도 해 놓아야 하는데….' 마치 어린 시절 부모님과 삼촌으로부터 '공짜 돈'을 받았을 때처럼 '내가 이런 자격이 되나?'라는 생각이 자꾸만 들었다.

반면, 나보다 일찍 사회에 나온 형은 늘 그랬듯이 마음껏 돈을 쓰고 다녔다. 최신 핸드폰, IT 기기는 기본이었고, 또 취미는 얼마나 고급인지 자동차를 무척이나 좋아해서 매년 차종을 바꿔가며 본격적인 덕질을 시작했다. 심지어 급할 때는 나에게 SOS를 요청하면서까지 자신이 하고 싶은 일은 어떻게든 했다. 여기까지 읽으면, 내가 형을 무척 싫어할 거라고 생각할지도 모르겠다. 하지만 이십 대까지 누군가가 나에게 가장 존경하는 사람이 누구냐고 물어보면 나는 "우리 형이요"라고 대답할 만큼 형을 좋아하고 우러러봤다.

무엇이든지 자기 마음대로 해버리는 철없는 형을 나는 왜 그토록 존경했던 걸까? 겉으로는 형처럼 되고 싶다고 말하면서도 막상 "왜?"라고 물으면 선뜻 대답하지 못했는데, 형이 장기간 해외로 파견을 나가게 되었을 때 마침내 그 이유를 알 수 있었다. 형은 그곳에서 난생처음으로 나에게 장문의 편지를 보내왔다. 평소 형답지 않은, 너무나도 진중하고 따뜻한 편지였다(물증은 없지만 분명 술에 잔뜩 취해 쓴 글이 틀림없다. 알코올 없이 이렇게 손발 오그라드는 말을 쓸 수 있는 사람이 절대 아니다). 그중 기억에 남는 문장이 하나 있다.

"너도 잘 알다시피 형은 하고 싶은 것, 가지고 싶은 것, 표현하고 싶은 것 다 하면서 살아왔고 앞으로도 계속 이렇게 살 거다."

왜 이 말이 유독 내 마음속에 또렷이 각인되었을까. 편지의 주 내용도 아니었고, 별다른 의미로 쓴 글도 아니었는데 말이다. 형이 보낸 편지를 간직하고 싶어서 블로그에 저장해놓고 이후에도 가끔 꺼내어 읽곤 했다. 그렇게 자주 보다 보니, 어느 날 갑자기 이 문장이 왜 오랫동안 내 머릿속을 떠나지 않았는지 깨달을 수 있었다. 그 이유는 내가 형을 '철없는 사람'으로 치부하며 한심해하면서도 그 누구보다 존경했던 이유와 같았다. 나는 한평생 형과 정반대로 살아왔다. 내 땀이 묻은 돈이 아니면 내 것이 아니라고 생각했고, 열심히 노력해서 번 돈일지라도 내가 충분한 자격을 갖출 때까지는 함부로 낭비하면 안 된다고 믿었다. 그렇게 30년을 넘게 살아온 결과, 나는 많은 돈을 모았을까? 지금은 나를 위해 충분히 투자하고 있을까?

먼저 당신에게 한번 묻고 싶다. 당신은 어떤가? 자신에게 충분한 돈을 쥐여주고 있는가? 아니면 나처럼 '아직은 그럴 때가 아니야. 지금은 차곡차곡 저축하고 언젠가는 나를 위해 실컷 쓰고, 하고 싶은 일만 하며 살 거야'라며 현재의 기쁨을 미래로 미루고 있진 않은가. 나는 오랫동안 나 자신을 위해 돈을 써 보지 못했다. 과거의 나에게는 그럴 권리가 없다며 인내를 요구했고, 현재의 나에게는 아직은 아낄 때라며 욕구를 억압하곤 했다. 형은 분명 철이 없었다. 돈을 아낄 줄도, 모을 줄도 모르는, 말 그대로 미래에 대한 준비성이라곤 없는 사람이었다. 하지만 그 누구보다 '아무 능력이 없어도 있는 그대로의 자신을 아낄 줄 아는 사람'이었다.

현재 형의 삶을 보면 그동안 그가 얼마나 자기 자신에게 '충분한 자격'을 아낌없이 주었는지를 알 수 있다. 형은 자신이 좋아하는 것을 아주 명확하게 알고 있다. 좋아하는 옷, 음식, 취미는 물론이고 무슨 일을 할 때 가장 행복한지, 앞으로 무엇을 해야 하는지에 대한 확고한 철학을 가지고 있다. 예전에는 '원래 형은 자신감 넘치는 사람이니까' 정도로만 생각했지만, 이제는 왜 그가 그렇게 자기 자신에 대해 잘 아는지 알 것 같다.

형은 자신에게 주어진 것들을 늘 '당연하게' 생각하고 받았다. 나처럼 '내가 이걸 받아도 되는 걸까?' 같은 고민은 하지 않았다. 그냥 조카라는 것만으로, 아들이라는 것만으로도 자격은 충분하다고 생각했다. 그리고 자신의 욕구에 그 어떤 조건도 달지 않고 있는 그대로 솔직하게 따랐다. 어렸을 때부터 자신이 원하는 것을 억누르지 않았고, 그것을 행하는 데 있어서 제한을 두거나 남들의 눈치를 보지 않았기에 '나'라는 사람이 어떤 경험을 해야 행복한 사람인지를 비교적 이른 나이에 깨달을 수 있었다.

이 글의 요지는 '좋아하는 것을 많이 해볼수록 자신에 대해 잘 알게 된다. 그만큼 경험이 중요하다'라는 말이 아니다. 더 중요한 것은 그는 자신에게 그만큼의 '권한'을 줬다는 점이다. 권한은 열심히 노력해서 그에 상응하는 대가로서 받는 것이 아니다. 특별한 능력을 발휘해서 얻는 기회도 아니다. 형은 세상이 공짜로 베푸는 모든 기회와 돈을 그저 '당연하게' 생각하고 자연스럽게 받았다. 그렇다고 형이 남들을 전혀 신경 쓰지 않고 스트레스 없는 삶을 사는 것은 아니다. 하지만 수년간 가까이서 지켜봐온 동생의 촉으로 봤을 때 뇌 회로 자체가 '어떻게든 된다', '자격이 있다', '하고 싶으면 한다'로 이뤄진 것만큼은 확실하다. 사고 싶으면, 어떤 방식으로든 응당 가지게 될 거라 믿는다. 하고 싶으면, 본인이 어떻게든 할 수 있다고 생각하고 행동한다. 물론, 걱정하고 망설일 때도 많고 실패도 많이 한다. 하지만 실패를 충분히 경험해봤기에 새로운 도전에도 대체로 적극적인 편이다.

군이 이렇게까지 개인적인 가족사를 쓰는 이유는, 정말 오랜 세월 동안 하고 싶은 일을 무수히 억누르며 살아온 사람으로서 '왜 자신에게 충분한 자격을 주지 못했을까?'라는 후회를 당신은 하지 않았으면 하는 바람에서다. 만약 나와 비슷한 경험이 있는 분들이라면 부디 지금부터라도 스스로에게 조금은 더 관대해졌으면 좋겠다. 지금 당장 걸맞은 실력이나 깜냥이 없어도 주어지면 그게 무엇이든 다 받아도 된다고, 당연히 그래도 된다고 당당한 태도로 그저 '허락'해줬으면 좋겠다. '진짜 내가 사고 싶은 것을 사도 될까?', '정말로 하고 싶은 대로 살아도 되는 걸까?', '내가 그런 자격은 될까?', '더 노력하지 않아도 이대로도 괜찮을까?' 같은 생각이 드는가? 당신이 믿든 안 믿든, 나는 100퍼센트 확신에 찬 언어로 진심을 다해 이렇게 말해주고 싶다. "당연하지!"

> "당신이 할 수 있다고 생각하든,
> 할 수 없다고 생각하든,
> 어느 쪽이든 당신은 옳다."
> – 헨리 포드

나라고 꼭
잘되라는 법 있어?

☀

자기계발 기법 중에 마치 필수 교과목처럼 당연시되는 것이 하나 있다. 바로 '긍정확언'이다. 자기암시라고 불리는 이 기술은 거울 앞에 서서 스스로에게 긍정적인 말을 건네는 방식이다. 이를테면 "나는 최고야", "나는 나를 사랑해", "나는 100억 자산가다"라고 외치는 것이다. 물론 긍정확언 자체가 나쁜 것은 아니다. 하지만 억지로 하는 자기 사랑은 오히려 자신을 괴롭히는 잔인한 행동일 수 있다. 어쩌면 당신은 이렇게 협박을 하고 있는 건지도 모른다. '내가 너한테 사랑한다고 말했지. 그러니까 잘 안 되기만 해봐?', '너도 이제 자존감 좀 높여야지. 그

만 칭얼대고 일어나. 남들처럼 멋있게 살아야 될 것 아니야.'

자신에게 좋은 말을 건네고 긍정적으로 생각하는 태도는 좋지만, 보기 싫은 내 못난 구석을 들키고 싶지 않은 마음에 철저히 외면하는 건 단지 자기합리화에 불과하다. 때로는 속상하고 슬플 때가 있고, 가끔은 내 성격이 한없이 싫어질 때도 있기 마련이다. 그런데 왜 굳이 괜찮은 척을 해야 할까? 왜 그렇게까지 자기 사랑을 강요하는 걸까? 현재의 내 모습이 너무 초라하고, 못나 보이고, 정말 최악인데, "사랑해. 넌 존재만으로도 완벽해"라고 말한다고 해서 과연 그 마음이 달라질까? "그래도 나는 나를 사랑해"라는 말로 모든 상황을 덮어버리는 것은 일시적인 눈가림일 뿐, 결코 진정한 의미의 자기사랑이 아니다.

진정한 자기사랑은 척하지 않는다. 과장하지도, 합리화하지도 않는다. 그냥 있는 그대로의 나를 인정해주는 것이다. 소심하고 예민하고 무기력한 나에게 가식적으로 "이런 네 모습도 사랑해"라고 말하는 것이 아니라, "지금 네 자신이 많이 밉구나. 그럴 수 있어. 그렇게 원망해도 돼. 오죽 슬펐으면 그렇게 자책하겠니" 하고, 현재 느끼는 솔직한 감정을 있는 그대로 받아들이고 다정하게 보듬어주는 것이다. 이러한 마음가짐은 '자책'과는 다르다. 자책은 자신의 결함이나 잘못을 배척하고 몰아세우지만, 있는 그대로 받아들인다는 건 자책하는 그 마음마저 품어주는 것이다. 이게 진짜 자기사랑이다.

친구가 오늘 실연을 당했다고 가정해 보자. 친구는 내 앞에서 처량하게 울며 "나 너무 힘들어, 진짜 죽을 것 같아"라고 하소연을 한다. 그때 당신이라면 뭐라고 말해줄 것 같은가. "그래도 너 자신을 사랑해야지. 넌 지금도 충분히 멋지고 아름다워"라고 말해줄 것인가? 지금 당장 슬픔에 빠져 지옥을 경험하고 있는 친구에게 이 말이 과연 도움이 될까? 아니, 귀에 들어오기는 할까? 따뜻한 말을 건네기 전에, 그저 가만히 이야기를 들어주고 곁에 있어 주는 것, 항상 이게 먼저다. 위로해주고 용기를 불어넣어주고 조언을 건네는 건 그다음에 해야 할 일이다. 친구의 감정에 진심으로 공감해주고 함께 울어주고 안아주면, 마음은 자연스럽게 안정된다. 그러고 나면 스스로 해결책을 생각할 여유도 생긴다. 마찬가지로, 나 자신에게 사랑을 주기 전에 가장 먼저 해야 할 일은 그냥 '함께 있어 주는 것'이다. 그러니까 이제 억지로 나 자신을 사랑하려고 애쓰지 말자. 미우면 밉다고, 싫으면 싫다고 해도 된다. 대신 내면에서 떠오르는 생각들을 가만히 들어주면서 계속 같이 있어 주기만 하면 된다.

자기확언의 또 다른 맹점은 오로지 '긍정만' 추구한다는 점이다. 앞서 이야기했듯, 우리는 살아가면서 좋은 경험만 할 수는 없다. 나쁜 경험 또한 마땅히 겪어야 하는 삶의 일부다. 그런데 '행복하고 멋진 나'만 상상하다 보면, 이로부터 조금이라도 벗어나는 순간 금세 풀이 죽는다. '난 분명 성공만 외쳤는데, 왜 이런 일이 일어나지?' 하며 억울해하고 불안해한다. 겉보기엔 긍정적인 마인드셋 같지만, 실상은 긍정적인 '척'하는 가짜 긍정일 뿐이다.

어디선가 이런 글을 본 적이 있다. 진짜 긍정은 '잘될 거야'가 아니라 '잘되지 않아도 괜찮아'라고. 이건 비단 외부에서 일어나는 일에만 국한되지 않는다. 나 자신을 대하는 태도도 마찬가지다. 나를 사랑하고 아끼는 것은 매우 중요하지만, 이 또한 지나치면 나의 못난 부분이나 부족한 모습을 발견했을 때 이를 인정하기가 더욱 어려워진다. 모든 초점을 완전하고 무결한 '이상적인 나'에게만 두는 것은 위험하다. 과한 긍정은 오히려 부정을 더욱 강화하기 때문이다. 무언가가 '과잉'되어 있다는 건 그 반대의 것을 꼭꼭 숨겨두고 있다는 것이고, 억누른 것은 언젠가는 분출되기 마련이다. 그렇게 외면당한 부정적인 감정들은 언젠가 거대한 반작용이 생길 수밖에 없다.

한때 매사에 자신감이 없고 열등감으로 똘똘 뭉쳐 있었던 시기가 있었다. 그 당시에 나는 긍정확언을 하루에 백 번, 많게는 천 번씩 외치곤 했다. 마치 좋은 말만 반복하면 모든 문제가 해결될 거라는 다분히 이상적인 기대감을 안고. 물론 잠깐은 기분이 정말 좋았다. 그리고 내가 바라는 모습이 될 수 있을 것만 같은 자신감도 생겼다. 그런데 일상에서 사소한 실수를 저지르거나 내가 하고 있는 일이 보잘것없다고 느껴질 때 혹은 누군가의 별 뜻 없는 말에 마음이 상할 때면 이런 상황들은 예전보다 나를 더 고통스럽게 만들었다.

드라마 〈멜로무비〉에서 주인공(최우식 분)은 사랑하는 형을 잃은 후 여느 날과 다름없이 웃고, 데이트하고, 열심히 일하며 일상을 살아간다. 그런데 그건 아무렇지 않은 '척'이었을 뿐, 그는 형과 함께 살았던 그 공간에 도무지 홀로 머물 자신이 없어서 매일 차에서 잠을 자며 생활하고 있었다. 그 모습을 우연히 보게 된 여자친구(박보영 분)의 걱정 어린 시선과 함께 다음과 같은 내레이션이 이어진다.

"아무리 괜찮은 일상을 흉내 내도 고장 난 부분은
그렇게 불쑥 튀어나오더라고요."

우리가 긍정과 사랑을 강박적으로 외치는 것도 어쩌면 '흉내'에 불과한 것이 아닐까. 사실은 지금의 내 모습이 그다지 마음에 들지 않고, 고치고 싶은 것투성이고, 사랑스럽다는 말을 군이 건네고 싶지도 않은데 말이다. 우리는 저마다 고장 난 부분을 가지고 있고, 살다 보면 탈이 나기도 하고, 흠집이 날 때도 있기 마련이다. 이를 철저히 외면한 채 괜찮은 척, 좋은 척하는 건 절대 오래가지 않는다. 결국 더욱 망가진 일상을 마주하게 될 뿐이다.

내가 하루에도 수백 번 수천 번씩 사랑한다는 말을 내뱉었던 건, 사실 내 못난 모습을 결코 인정하고 싶지 않아서였다. 떠올리기도 싫었던, 나태하고 약점으로 가득 찬 나의 민낯을 똑바로 마주하기가 참 두려웠다. 그래서 내가 할 수 있는 거라고는, 이러한 모든 단점이 한순간에 사라진 완벽한 삶을 상상하고 흉내 내는 일뿐이었다. 적어도 긍정확언 속의 나는 이렇게 어수룩하고 나약한 모습으로 묘사되진 않았으니까. 물론 스스로에게 긍정의 말을 건네는 것은 반드시 필요하다. "넌 안돼", "부족해", "멍청해", "더 노력해야 돼"라고 수없이 떠들어대는 세상에서 자기확언은 흔들리지 않고 중심을 잡을 수 있도록 도와준다. 그러나 사소한 부정적인 일들에도 주눅 들지 않고 이런 낙관적인 생각과 말들이 당신을 성장시키는 동력이 되려면 먼저 있는 그대로의 내 모습을 받아들여야 한다. 결점이 있고 때로는 어딘가 고장이 난 듯한 상태까지 말이다.

심리치료법 중에 수용-전념치료^{ACT, Acceptance Commitment Therapy}
라는 것이 있다. 이 치료법은 현재 겪고 있는 심리적 어려움이
나 상황을 잘못된 문제로 보고 없애거나 고쳐야 할 대상으로
접근하는 것이 아니라, 그 또한 나의 일부로 '수용'하는 방식이
다. 척하고 흉내 내는 가짜 긍정은 타인의 지적이나 트집 혹은
가볍게 지나쳐도 될 만한 사소한 자극에도 민감하게 반응하며
쉽게 무너지는 '얕은 긍정'에 가깝다. 반면, 자신의 단점까지
수용하는 태도는 '이런 모습도 나니까, 다 안아주자' 하며 모든
걸 담담하게 받아들이는 훨씬 더 깊은 의미의 긍정이다. 앞서
말한 얕은 긍정처럼 부정적인 도발이나 공격에 취약하지 않으
며, 어떤 비판을 듣더라도 주눅 들지 않고 당당히 맞설 수 있
는 여유로운 자세다.

억지로 긍정적인 말을 주입한다고 해서 갑자기 상황이 달
라지거나 나 자신이 좋아지지 않는다. 반대로 '그렇게 밝은 척
하지 않아도 돼. 가끔은 찌질해도 돼'라고 쿨하게 내버려둘 때
역설적으로 내가 더 좋아진다. 원래 진정 자신을 사랑하는 사
람은 스스로를 사랑하려고 발버둥 치지 않는 법이니까. 나쁜
일이 생기든 누가 나를 욕하든 '아, 그런가 보다' 하고 넘길 줄
안다. 그런 의미에서 가끔은 자신에게 이렇게 말해보자.

"못나도 돼."

"못해도 돼."

"못 살아도 돼."

만약 이 문장들을 읽는 것만으로도 불쾌하다면, 그저 한심하게만 느껴진다면, 어쩌면 지금 당신은 긍정에 과열되어 있는 상태일지도 모른다. 자신의 부족한 모습을 받아들이지 못하는 사람일수록 실패, 고난, 역경, 가난, 비판 등에 취약하다. 살다 보면 수많은 풍파를 겪을 텐데 늘 잘될 거라고만 상상하면 상상과 다른 현실 앞에서 당황하고 무너질 수밖에 없다. 여기서 예로 든 확언처럼 말 그대로 못나게 살자는 게 아니다. 삶에서 예기치 않게 찾아오는 난관이나 잘 풀리지 않는 상황에 대한 예민함을 조금 낮춰보자는 뜻이다. '그럴 수도 있지' 하고 여유롭게 대처할 줄 아는 사람은 인생의 난이도가 쉬울 수밖에 없다.

영국의 커뮤니케이션 이론가 폴 스톨츠가 고안한 개념으로 '역경지수AQ, Adversity Quotient'라는 말이 있다. 이는 수많은 역경에도 굴복하지 않고 버텨내는 능력을 지수화한 것이다. 사전적인 의미로만 봤을 땐, 어떤 고난에도 긍정을 잃지 않고 발전적인 방향으로 나아가는 마음가짐을 뜻하는 것 같지만, 실제로 역경지수가 높은 사람들은 어렵고 뜻대로 잘 풀리지 않는 상황 자체를 나쁘게 바라보지 않는다. 이겨내는 것보다 중요한 것은 나쁜 일도 당연히 생길 수 있음을 아는 것이다. 아는 걸 넘어 기꺼이 허용하고 경험하는 것이다.

나 역시 힘든 일이 생길 때마다 억지로 북돋는 말을 하기보다는 스스로에게 다음과 같은 말을 자주 건넨다. '나라고 꼭 잘되라는 법 있어? 나도 뭐 그럴 수 있는 거지. 때로는 아플 수 있고, 운이 나쁠 수 있고, 일이 잘 안 풀릴 수도 있지. 그래서 좀 짜증 나고 좌절할 수 있지.' 이렇게 생각하면 이상하게 오히려 더 힘이 난다. '다 잘될 거야!'라고 외치며 무턱대고 희망적인 상황만 기대할 때보다 한결 마음이 편안해지고 홀가분해진다. 항상 나를 사랑해야 하고 언제나 모든 일이 잘 풀려야만 한다는 강박에서 순식간에 해방되는 기분이랄까. 그러다 보면 나만의 방식으로 상황을 헤쳐 나갈 아이디어가 떠오르기도 한다. 이게 바로 나를 억지로 사랑하지 않는 것의 힘이다. 아니, 이게 진정으로 나를 사랑하는 방법이다.

모든 건 사랑하는 마음이 지나칠수록 오히려 더 멀어진다. 조금 덜 사랑해도 된다. 덜 완전해도 된다. 당장은 꺼림칙하고 망설여져도 있는 그대로의 나, 못난 나도 조금씩 받아들여 보자. 그리고 이렇게 한번 외쳐보자. "나라고 항상 잘되라는 법 있어?" 그러면 참 신기하게도, 늘 긍정만 외치던 때보다 훨씬 더 자유롭고 기분 좋은 느낌을 더 자주, 더 많이 느끼게 될 테니까.

누군가의
자랑이 되지 말자

아들 아버지, 제 자랑 아니에요.

아버지 내가 쪽팔리다는 소리냐?

아들 저도 아버지 자랑이 되고 싶지 않고요.

누군가의 자랑으로 사는 거 그거 되게 힘들어요.

실망이 무서워서 계속 숨게 되고, 잘하는 척,

괜찮은 척해야 돼요.

그러니까 우리 자랑이 되지 말아요.

그냥 아버지, 아들 해요.

드라마 〈스타트업〉에 나온 한 장면이다. 그냥 아버지, 그냥 아들, 그냥 한 사람. 다른 누군가의 기대에 부응하지 않는 존재만으로 충분한 인격체가 되는 것. 얼마나 어려운 일일까. 사회적 테두리 안에서 살아가는 한 우리는 끊임없이 인정을 바라고 능력을 입증하기 위해 부단히 애쓸 수밖에 없다. 사랑받고자 하는 마음은 인간의 본성이기도 하니까. 그런데 여기서 한 가지 의문을 품어볼 수 있다. 그 누군가가 꼭 타인이어야 할까?

이석원 작가의 《2인조》의 첫 페이지에는 이런 글이 나온다. "우리는 누구나 날 때부터 2인조다. 다른 누구도 아닌 나 자신과 잘 지내는 일이 왜 그렇게 힘들었을까." 자존감과 자신감을 높이기 위해 아무리 노력하고 성장을 도모해도 도무지 채워지지 않는 듯한 허전함을 느끼는 이유가 이 한 문장으로 설명되는 것 같다. '다른 누구도 아닌 나 자신과 잘 지내는 일.'

작가는 한 잡지사 인터뷰에서 '2인조'의 의미를 묻는 질문에 이렇게 답했다. "나 자신에게 집중하며 글을 쓰다 보니 결국 나와 내 안에 있는 어떤 타인의 이야기더라. 그 존재는 분명 나이기도 하지만, 함께 대화하고 생활하다 보니 타인 같다는 느낌도 들었다."

그는 아마도 우리 모두 각자의 마음속에서 '타인의 역할을 하는 또 다른 나'와 함께 지내고 있기 때문에, 위로가 필요할 때마다 동네 친구처럼 언제든 불러내 이런저런 고민을 털어놓으라는 이야기를 하고 싶었던 것 같다.

2인조라는 개념이 단순히 비유만은 아닌 게, 실제로 만 2~3세 무렵부터 대부분의 아이들은 마음속에 '상상 속 친구 Imaginary friend'를 갖기 시작한다. 물리적으로 눈앞에 존재하지는 않지만 자신의 불안감과 외로움을 달래줄 누군가가 있다고 상상하며 말을 건네고 속 깊은 이야기를 나누는 것이다. 하지만 이 친구는 보통 만 11세 이전에 사라진다고 한다. 그래서 어느새 어른이 된 우리는 앞서 이석원 작가가 말했던 내 안에 있는 어떤 타인, 즉 온전히 내 편인 '나만의 친구'를 잊고 살아가게 된 것인지도 모르겠다.

남들의 기대에 부응하려 애쓰고, 회사에서 많은 성과를 내서 능력을 인정받고, 마침내 원하던 물건들을 갖게 되고, 이전보다 훨씬 많은 돈을 소유해도, 왜 마음만은 충족되지 않는 걸까. 아무리 좋은 걸 욱여넣어도 결코 채워지지 않는 이 텅 빈 마음에 가장 필요한 건, 거창한 어떤 것이 아니라 어쩌면 어린 시절 늘 곁에 있어주던 상상 속 친구가 아닐까? 다시 이 친구를 소환할 수는 없을까?

사실 상상 속 친구는 두 살짜리 아이보다 어른이 된 지금의 우리에게 훨씬 더 필요한 존재일지도 모른다. 나이를 먹을수록 우리는 더 많은 시간을 '혼자' 보내게 된다. 단지 물리적으로 혼자인 순간뿐만 아니라, 누군가와 함께 있으면서도 외로움을 느끼는 감정적으로 혼자인 순간들도 많아진다. 친구도, 가족도, 심지어 연인도 나와 항상 함께할 수 없고, 내 모든 감정을 온전히 공감해줄 수는 없기 때문이다.

그래서 나도 나만의 '상상 속 친구'를 되찾기로 했다. 몸과 마음이 지쳐 힘들 때, 바쁜 친구에게 전화를 걸어 구구절절한 넋두리를 하며 어서 나를 달래달라고 위로를 구걸하는 것이 아니라, 나와 심리적으로 가장 가까운 거리에 있는 마음속 짝꿍에게 솔직하게 털어놓는 것이다. 남에게 듣고 싶은 말, 스스로에게 해 주고 싶었던 말을 이 친구를 통해 대신해주기만 하면 된다. 이것이 진정 스스로를 찐하게 위로해주는 방법이 아닐까.

"누군가의 자랑이 되지 말자", "다른 사람들의 인정을 갈구할 필요 없다"라는 말로 시작해서 갑자기 "스스로 위로할 수 있어야 한다"는 메시지로 귀결된 이유는, 내가 나의 편이 되어 줬을 때만이 타인의 기대와 사회적 눈치로부터 자유로워질 수 있기 때문이다. 그리고 그렇게 했을 때 당신이 진짜 원하는 삶을 살 수 있다. 세상이 요구하는 형태의 가짜 삶이 아니라 내가 정말 순수하게 욕망하고 그려나가고 싶은 진짜 삶을 말이다.

당신이 어떤 일을 하든, 진짜 본연의 내가 인정해준다면 그걸로 충분하다. 우리에게 필요한 것은 이러한 연습이다. 타인의 자랑이 아니라 '스스로의 자랑'이 되어보는 것. 즉 남들이 나를 자랑스러워했으면 하는 마음에서 비롯된 철저히 외부의 기준에 부합한 행동을 그만두는 것이다. 그대신, 당신이 끌리는 일이라면 무엇이든 시도해보자. 그리고 그 결과에 대해 누가 어떠한 평가를 내리든 상관없이 무한정으로 칭찬하고 박수 쳐주자. 주변인들에게 무언가 대단한 것을 증명해내야 한다는 강박에서 벗어나, 그냥 내가 나 자신을 인정해주면 된다.

반드시 누군가의 자랑이 되려고 애쓸 필요가 없다. 인정은 더 큰 인정을 갈망하게 하고, 나를 향한 박수갈채는 그 소리가 잦아지면 괜히 주눅 들고 눈치를 보게 되는 소심함을 증폭시킨다. 여기서부터 문제가 시작된다. 분명 나인데 나로 존재하지 못하는 느낌이 들고, 솔직하고, 자연스럽고, 편안하게 있는 그대로의 내 모습을 드러내면 절대 사랑받지 못할 거라는 그릇된 신념과 불안감이 생긴다. 누군가의 자랑이 되려는, 즉 사랑받고자 하는 과한 욕망은 세 가지 문제를 야기한다.

1. 모든 선택의 기준이 타인이 된다.
2. 평균에서 벗어날까 봐 극심한 초조함을 경험한다.

.

3. 단 한 사람의 비난에도 쉽게 무너진다.

만약 이 중 하나라도 경험하고 있다면 당신은 타인의 칭찬과 인정에 중독되어 있는 것일지도 모른다. 누구나 따뜻한 손길을 받으면 마음이 아늑해지지만, 계속 타인의 인정만 갈구하다 보면 언젠간 무릎까지 꿇어가며 머리를 조아리게 될지도 모른다. 그리고 어루만지는 건 내 두 손으로도 할 수 있는 일이다. 이제 남의 손을 빌리지 않고도 스스로에게 위안과 애정을 주는 연습이 필요하다. 그러면 자그만한 성과에도 자신을 다정하게 안아줄 수 있게 되고, 때로는 비틀거리는 걸음마저 너그럽게 바라볼 수 있는 여유를 갖게 된다. 남들에게 인정받고 싶은 욕구도 더 건강한 방식으로 채워나갈 수 있다.

예전에 슬럼프를 겪고 있다는 한 유튜버의 영상을 본 적이 있는데, 영상에 달린 댓글이 꽤 재미있었다. 유튜버들이 겪는 병이 하나 있다고 한다. 바로 '이제 대단한 걸 보여주겠어!'라는 병. 농담으로 한 말인지는 모르겠지만 유튜브 채널을 운영하는 입장에서 꽤 공감이 갔다. 나 역시 마찬가지였고, 솔직히 지금도 그렇다. "뭔가 제대로 된 걸 만들어서 '짜잔' 하고 나타나야지. 그러면 사람들이 '우와, 이건 어디서도 못 보던 건데.' 하고 반응해주겠지?"

하지만 유튜브 콘텐츠뿐만 아니라 세상의 모든 작품이 그렇듯, 단번에 모두를 놀라게 할 만한 대작을 만들어내는 건 불가능하다. 가끔은 그런 일이 있을 수 있겠지만 결코 흔하진 않다. 누구나 할 수 있는 일이었다면 '창작의 고통'이라는 말도 존재하지 않았을 것이다. 이런 병(?)이 지속되면 결국 아예 시작조차 못하는 무기력에 빠지게 된다. 내가 그랬다. 그래서 수개월 동안 영상 제작을 쉬기도 했고 모든 수익활동을 중단하는 상황까지 이르렀다. 대단한 걸 보여줘서 칭송받아야만 내가 하는 일이 가치가 있다고 생각했으니까. 그런데 그런 결과를 보여주지 못하는 자신이 너무 밉고 한심했다.

그런 내가 마침내 긴 방황을 끝내고, 많은 영상을 올릴 수 있었던 건 '자랑스러운 영상'이 아니라 '그냥 영상'을 올리자고 마음먹은 덕분이었다. 그렇게 '잘하지 않아도 되니까 그냥 하자'라는 가벼운 마음으로 임하니까 자연스럽게 콘텐츠가 늘어났다. 그리고 양적 향상이 질적 향상으로 이어지면서 점차 큰 성과를 이루게 됐다. 역시 모든 막힘을 해결하는 최고의 돌파구는 부단함이다. 여기서 말하는 부단함은 단순히 '부지런을 떠는 부단함'이 아니라 '부담감을 더는 부단함'이다(맞다. 이거 라임이다. 이거 하고 싶어서 30분째 사전을 뒤적거렸다).

실력이 엇비슷한 올림픽 출전 선수들 사이에서 승패를 가르는 요인은 본 경기에서 얼마나 침착함을 유지하느냐다. 마찬가지로, 우리의 삶과 일에서도 평정심이 필요하다. 그리고 그 평정심은 잘 해내야만 한다는, 지켜보는 사람들의 기대에 부응해야 한다는 강박을 무시할 줄 아는 훈련이 되어 있을 때만 갖출 수 있다. 타인이 내게 기대하는 것들을 내려놓으면 마치 가벼운 신발을 신었을 때 홀가분해서 더 걷고 싶어지는 것처럼, 이것저것 도전하기가 한결 쉬워진다.

이제 용기를 낼 때다. 누군가의 자랑이 되지 않을 용기, 칭찬받지 않아도 괜찮고, 비난받아도 그럴 수 있다고 생각하는 용기. '나는 내가 보듬어주면 되니까'라는 배짱 두둑한 마음으로 하루하루를 살아가보자. 물론 말처럼 쉬운 일은 아니다. 그래서 앞서 말한 것처럼 연습과 훈련이 필요하다. 착한 사람, 능력 있는 사람, 대단한 사람이 되지 못하더라도 그냥 나, 미흡한 나로도 어깨 펴고 당당하게 살아갈 수 있도록 노력해보자.

한창 성공에 대한 열망이 강했던 삼십 대 초반, 그날도 여느 때와 다름없이 열심히 강의 준비를 하던 중이었다. 문득 매일 6시간도 채 자지 못하고 시도 때도 없이 내려앉는 눈꺼풀을 비벼가며 오직 일에만 열중하는 내 일상이 좀 가엾게 느껴졌다. '난 무엇이 그렇게 조급했던 걸까. 대체 누구를 위해서, 어떤 목적을 향해 이렇게 몸과 마음을 혹사시키면서까지 내달리고 있는 걸까.' 왜 하필 그날따라 이런 마음이 들었는지 모르겠지만, 더 이상 남들 눈에 '성공한 사람'으로 보이기 위해, 타인의 자랑스러운 존재가 되기 위해 애쓰고 싶지 않다는 생각이 들었다.

나는 그대로 자리를 박차고 일어나 책상 위의 짐들을 아무렇게나 대충 가방에 쑤셔넣은 뒤 동서울터미널로 향했다. 목적지조차 없었고 그저 발길 닿는 대로 어디론가 떠나고 싶었다. 여행을 꽤 많이 다닌 편인데도 이렇게 아무런 계획 없이 떠난 건 30년 인생에 처음이었다. 어느 새 두 손에는 속초행 버스 티켓이 쥐여져 있었고, 속초에 도착하자마자 반드시 들러야 할 핫플레이스나 음식점은 과감히 패스하고 무작정 바다로 향했다. 그거면 충분할 것 같았다. 시간에 쫓겨 서두를 필요도, 추천 맛집을 찾느라 스트레스 받을 일도 없었다. 속초 바다는 한겨울이었음에도 드넓게 비추는 강렬한 햇빛 덕분인지, 모래사장을 천천히 거니는 동안 온몸 구석구석까지 따사로운 기운이 스며드는 듯했다.

사람들은 흔히 속도보다 방향이 중요하다고 이야기한다. 하지만 '매일 잠을 줄여가며 이 악물고 살아야 모두에게 인정받을 수 있어'라는 속박과 의무감에서 벗어나 이렇게 따뜻한 바다를 가만히 바라보고 있자니 '속도와 방향, 그 두 가지 모두 그리 중요하지 않아'라고 말하는 마음의 소리가 들려왔다. 빠르다고 좋은 게 아니다. 올바른 방향에서 조금은 벗어나도 된다. 어떤 길이든 걷는 동안 행복하면 그걸로 됐다. 속도나 방향보다 중요한 건 내가 느끼는 행복의 온도니까.

누군가의 자랑이 되지 말고 스스로의 자랑이 되는 것. 그것은 내가 느끼는 행복의 온도를 적당히 따듯하게 유지하는 일과 같다. 타인의 시선에 갇힌 모든 목적과 성취는 결국 금방 스러질 거짓된 인생에 불과하다. '이십 대에는 이런 걸 해야 해!' 혹은 '취업을 했으면 ~만큼은 준비해야지!'라는 세상의 기준이나 강압적인 충고에 휘둘리느라 나를 내팽개치지 말자. 내가 진정 원하고 좋아하는 것들을 다른 사람들의 눈치를 보느라 미루거나 외면하지 말자. 언제나 내 마음의 온도가 먼저다. 항상 당신이 먼저다. 누가 뭐라 하든 내가 나를 자랑스럽게 여기는 것만큼 값진 일은 없다. 우리 모두 '스스로의 자랑'이 되자.

좋은 사람이길
포기하면 편안해진다

당신은 천사가 되고 싶은가, 악마가 되고 싶은가? 영웅이 좋은가, 악당이 좋은가? 대부분 당연히 천사와 영웅이 좋다고 답할 것이다. 우리는 모두 천사나 영웅이 되기를 원한다. 늘 착한 사람이 되려 하고 남들에게 도움이 되는 일을 하려고 한다. 그리고 무엇보다 민폐를 끼치는 것을 극도로 싫어한다. 그래서 딱 그만큼 불안해지고 불행해진다. 이게 무슨 말일까?

학창 시절 공부를 할 때, 취업 준비를 할 때, 사회생활을 시작했을 때, 또 가정을 꾸렸을 때 가장 버거웠던 순간이 언제였는지 떠올려보자. 많은 상황이 있겠지만, 아마 부모님이나 상사나 주변 지인들로부터 '기대'를 한몸에 받을 때였을 것이다.

"열심히 공부해서 좋은 직장 얻어야지."

"부지런히 돈 모아서 안정적으로 살아야 하지 않겠니?"

우리는 태어났을 때 존재만으로도 사랑받을 자격이 충분했지만, 성장 과정에서 부모와 사회로부터 이런저런 기준을 요구받게 된다. 공부도 잘해야 하고, 취업도 잘해야 하고, 일도 잘해야 한다. 그리고 바로 여기서부터 문제가 시작된다. 주변 사람들이 자꾸 기대를 걸고 무언가를 요구하니 이를 충족시켜야 한다는 책임감에 점점 익숙해져 버리는 것이다. 이 과정에서 착한 아이 콤플렉스, 번아웃, 불안감, 우울감 등이 생긴다. 나는 빨리 성공해야 하고, 모두에게 인정을 받아야 하고, 다른 사람들을 실망시켜서는 안 되고, 나쁜 사람으로 보여서는 안 된다고 생각한다.

이게 뭐가 잘못됐냐고? 자, 한번 생각해보자. 내가 모든 일에 최선을 다한다 한들, 과연 모두를 100퍼센트 만족시킬 수 있을까? 남의 눈 밖에 나지 않으려고 열심히 노력하고, 배려하고, 눈치를 보고, 센스 있게 행동한다고 해서 과연 모든 사람에게 사랑받을 수 있을까? 뒷담화와 비난과 질책에서 벗어날 수 있을까? 그건 절대 불가능하다. 《그레이트 마인드셋》의 저자이자 1,000여 명의 명사들을 인터뷰한 루이스 하우즈는 소파에 널브러져 아무것도 하지 않아도 사람들은 당신을 비판할 것이라고 말했다. 즉 무엇을 하든 당신을 욕하는 사람은 언제 어디서나 존재하기 마련이다.

아무리 당신이 남들에게 피해를 주지 않고 살려고 애써도 모두에게 '좋은 사람'이 되기는 힘들다. 여러 사람과 함께 부대 끼며 살아가는 한, 우리는 의도치 않게 누군가에게 피해를 줄 수밖에 없다. 예를 하나 들어보자. 한 직장에 두 명의 동기가 있다. 이 둘은 친한 동료지만 성향이 참 다르다. A는 일보다는 사람과의 관계를 중시하고, B는 사람보다는 일에 집중하는 편 이다. 이를 두고 둘 중에 누가 옳고 그른지 판단할 수는 없다. 그런데 문제는 A와 B가 팀원들과 야근을 하면서 시작된다. A 가 B에게 제안한다. "다들 고생하시니까 우리가 막내로서 간 식 좀 챙길까?" B는 굳이 왜 그래야 하는지 이해가 되지 않는 다. 차라리 그 시간에 일을 더 열심히 하는 게 팀원들에게도 도움이 되지 않을까 생각한다. 결국 A는 혼자서 간식을 준비 해서 팀원들에게 돌린다. 힘내라고 손 편지까지 써가면서 말 이다. 팀원들은 "와, 너 진짜 센스 있다", "덕분에 야근할 맛 나 네!" 하며 칭찬을 해주고 무척이나 기뻐한다. 반면 B는 그 모 습을 보면서 마음 한구석이 불편하다. '나도 팀원들이 더 일찍 집에 갈 수 있도록 화장실도 안 가면서 열심히 작업했는데…'

간식을 챙기지 않은 게 계속 찝찝하고 눈치가 보인다. A가 싫은 건 아니지만, 왠지 조금 얄밉다.

자, A는 누가 봐도 참 좋은 사원이다. 그렇지 않은가? 싹싹하고 마음씨도 좋고, 상사들이 예뻐하는 사회성 좋은 사람이다. 그런데 분명 A는 B에게 피해를 주었다. 물론 그럴 의도는 전혀 없었지만, 결과적으로 B에게 불편함을 준 건 사실이다. 이처럼 아무리 선한 의도로 한 행동이더라도 누군가에게는 불편을 줄 수 있고 심지어 상처를 줄 수 있다.

인간관계를 비롯해 우리 인생도 별반 다르지 않다. 스포츠에선 승자가 있으면, 패자도 있다. 학교에서 누군가가 장학금을 타면, 다른 사람은 간발의 차이로 받지 못한다. 통창 뷰가 있는 카페에서 남은 한 자리에 누군가가 먼저 앉으면 다른 사람은 그 자리에 앉지 못한다. 첫째 아이를 먼저 챙겨주면 둘째는 서운할 수밖에 없다(내가 둘째라서 정말 잘 안다).

극단적인 이야기처럼 느껴진다면, 당신의 과거를 한번 들여다보길 바란다. 아주 자세히. 그러면 분명 누군가에게 피해나 상처를 주고, 차별한 적이 꽤 있을 것이다. 설령 그런 의도가 전혀 없었다고 해도 말이다. 그런 의미에서 우리는 모두 누군가에게는 나쁜 사람이다. 물론 열심히 노력하고 배려해서 타인을 행복하게 해줄 수 있지만, 반대로 그런 행동이 다른 누군가를 불행하게 만들 수도 있다. 열심히 돈을 벌어서 가족에게 경제적인 안정감을 줬지만, 그 대신 함께하는 시간이 적어서 외로움과 허전함을 느끼게 할 수도 있다.

내가 불가피하게 민폐를 끼치고 타인을 불행하게 만들 수도 있다는 사실에 대해 너무 죄책감을 가질 필요는 없다. 분명 당신도 부단히 애쓰고 있을 것이다. 인간이 갖고 있는 두 가지 본성인 선함과 악함 사이의 균형을 맞추기 위해. 사랑하는 부모님, 친구, 연인, 자식에게 '어떻게 하면 더 행복하게 해줄 수 있을까?'라는 고민을 하면서.

타인의 기쁨을 위해 노력하는 건 좋지만, 우리 너무 좋은 사람이 되려고만 하지는 말자. 가끔은 나쁜 사람이 되어도 괜찮다. 아니, 가끔은 나쁜 사람이 될 수밖에 없다. 그러니까 이제 그만 쿨하게 인정하고 받아들이자. 그래서 남들이 실망하면 어떡하냐고? 그냥 실망하게 내버려두면 된다. 자신도 허점투성이면서 남에게는 한 치의 실수도 용납하지 않는 사람들까지 일일이 신경 쓸 필요는 없다.

당신이 진정으로 행복해지고 싶다면, 때로는 미움도 받고 피해도 주고 상처도 줘야 한다. 그렇게 했을 때 우리는 더 자유로워질 수 있다. 왜냐하면 그럴 때 비로소 '집착'이 사라지기 때문이다. 착해야 한다는 부담감, 잘해야 한다는 압박감, 기대에 부응해야 한다는 책임감, 이 모든 것이 결국은 집착이다. 이러한 것들이 스스로를 옥죄고 숨 막히게 한다. 반대로 이 강박적인 의무감으로부터 해방되면, 가끔은 나도 나쁜 사람이 될 수 있다는 이 세상의 이치를 허용하면 삶은 꽤 재미있어진다. 한없이 가벼워지고 편안해진다.

그리고 또 하나 좋은 점이 있다. 나쁜 사람이 되면 사람들이 마냥 싫어할 것 같지만, 꼭 그렇지만은 않다. 이런 사람에게는 딱히 기대가 없으니까, 조금만 잘해줘도 훨씬 더 다정해 보이고 소위 츤데레 같은 면모에 푹 빠지기도 한다. 원래 너무 착하고 올곧은 사람에게는 더 다가가기 어려운 법이다. 그런 사람은 너무 완벽해서 들어갈 틈이 없어 보인다. 운전도, 사람도 빈틈이 있어야 끼어들 거 아닌가?

나쁜 남자, 도도한 여자, 빌런, 이들의 공통적인 특징은 '치명적인 매력'이 있다는 점이다. 그리고 그 매력은 사람으로 태어난 이상 서로 피해를 주고받을 수밖에 없음을 알고 자유롭게 행동하는 데서 나온다. 그러니까 때로는 나쁜 사람이 되어도 괜찮다. 진짜로 괜찮다. 사람들은 완벽한 사람보다 살짝 부족한 사람을 좋아하기 마련이고, 남들이 우러러보는 선망의 대상보다 고생하고 힘들어하고 가끔 나쁜 생각도 하는 찌질이에게 인간미를 느끼며 공감한다. '너는 진짜 착하고 배려심 깊다'라는 말을 자주 듣지만, 사실 속마음은 상처와 고단함으로 가득 차 있는 침울한 천사가 되고 싶은가? 아니면 '이럴 때 보면 참 이기적이야'라는 비아냥을 들어도 마음만은 편안하고 자유로운 유쾌한 악마가 되고 싶은가? 선택은 오롯이 당신의 몫이다.

인생의 목적은
성취가 아니다

우리는 무언가가 되고자 하는 욕망이 너무 강하다. 그런데 인간이라는 존재는 간절히 원했던 그 지점에 도달해도 절대 거기서 만족하지 않는다. 또다른 산을 넘어서고 싶어 하고, 옆 동네를 기웃거리며 타인이 누리는 행복을 탐한다. 사람들은 겉으로 보이는 게 전부가 아님을 알면서도 막상 그들이 이룬 결과물만 보고 지레 판단하는 경우가 많다. 아름답게 보이는 모든 우아한 것들은 사실 수많은 고통과 희생을 통해 나온 성과물일 텐데, 그 과정에는 별로 관심을 두지 않는다. 결과보다 과정에 충실하자는 뻔한 말을 하려는 게 아니다. 과정도 중요하지만, 그보다 더 중요한 게 있다. 실은 결과보다 과정이 더 재미있을 수 있다는, 오히려 행복감을 더 많이 느낄 수 있다는 사실이다.

'행복이란 무엇인가'에 대한 본질적인 질문과 답을 제시하는 《행복의 기원》에서는 "being(~가 되는 것)보다 becoming(~이 되어가는 과정)이 진짜다"라는 말이 나온다. 이 책에는 행복에 관한 수많은 사례, 연구조사, 통계 들이 나오는데, 그 결론이 너무 의외였다. 당신은 행복이 무엇이라고 생각하는가? 어떨 때 가장 즐겁고, 어떻게 해야 진정으로 충만한 삶을 살 수 있을 거라 생각하는가? 작가는 말한다. 행복이란 좋아하는 사람과 나란히 앉아 맛있는 식사를 하는 것이라고. '뭐야, 장난해?'라는 생각이 들 수 있다. 하지만 책을 다 읽고 나면, 왜 이런 결론이 도출되었는지 충분히 공감할 수 있다. 책에서는 에드 디너 교수의 말을 인용하며 독자들에게 "행복은 강도가 아니라 빈도"라는 메시지를 전한다. 즉 무언가가 되는 것being의 기쁨은 잠깐일 뿐이고, 그 결과를 얻기까지 경험하고 달려가는 시간들becoming이 주는 행복감이 더 크다는 것이다.

대한민국 역사상 '가장 위대한 가수'로 선정되기도 했던 싱어송라이터 신해철은 한 방송에서 이런 말을 한 적이 있다.

"살아 보니, 순위프로그램에서 1등하고 기분 좋은 건 한 2주

가대요? 연말에 무슨 상 받고 기분 좋은 건 한 3주 가대요? 근데 녹음할 때 고생하고 콘서트 할 때 고생하고 이런 거는 거의 평생 가요, 그런 기분들이…. (중략) 내가 행복하려면 과정이 재미있어야 해요."

자신의 음악으로 1등을 하고 상을 받는다는 건, 정말이지 가수로서 누릴 수 있는 최고의 행복이지 않을까 생각했는데, 그러한 대단한 성취조차 결국은 아주 잠깐의 기쁨일 뿐이라고 그는 말한다. 당신도 이미 숱하게 경험해봤을 것이다. 한방에 큰 임팩트를 주는 성취보다 작은 기쁨을 주는 지극히 일상적이고 소소한 순간들이 더 깊고 지속적인 만족감을 준다는 것을.

한때 극심한 우울증을 겪은 개그맨 유세윤도 이와 비슷한 말을 한 적이 있다. "원하는 꿈을 다 이뤘는데, 행복하지가 않다. 오히려 개그맨이 되려고 고생하고 아이디어 짜고, 꿈을 간절히 바랐던 그 과정들이 그립다. 그때가 행복했더라." 이처럼 과정이 주는 즐거움을 몸소 깨달았기에 뮤직비디오 제작, UV 앨범 발매, 유튜브 활동, 서핑 등 다양한 도전들을 해나가고 있는 게 아닐까.

그런 의미에서 나는 인생의 목적 자체를 성취가 아닌 '음미'에 두는 편이다. 우리는 바쁘다는 핑계로, 결과만 중시하는 지나치게 목표 지향적인 태도 때문에 '지금 이 순간의 맛'을, 그

풍미를 제대로 느끼지 못한다. 가끔 업체와 미팅을 하다 보면 식사를 하게 되는 경우가 있는데 진지한 이야기를 나누다 보면 밥이 입으로 들어가는지 코로 들어가는지 모를 때가 있다. 진정으로 음미를 할 여유가 없기 때문일 거다. 그래서 이제는 가급적 처음 본 사람들을 만날 때나 신중한 이야기를 나눌 때는 간단하게 커피를 마시는 걸로 조정한다. 아무리 맛있는 음식일지라도 그 맛을 온전히 만끽하지 못한다면 과연 무슨 의미가 있을까? 인생도 마찬가지다. 그리고 지금 겪고 있는 과정들도 그렇다. 꼭 기쁨, 행복, 즐거움만 음미하라는 게 아니다. 고통이든 실망이든 괴로움이든 다 마찬가지다. 삶은 때때로 당신이 굳이 입 대고 싶지 않은 시큼하고 쓰디쓴 맛의 요리도 가져다주기 마련이니까.

우리는 여행을 떠날 때, 공항으로 향하는 길이 막히거나 지루할 만큼 많은 정거장을 거쳐야 하더라도 쉽게 조바심을 내거나 불평하지 않는다. 비행기의 탑승 수속 절차가 복잡하고, 경유지를 거쳐 목적지까지 가는 시간이 다소 길어지더라도 당신은 여전히 설레고 기대할 것이다. 여행하는 동안 예기치 못한 사고가 생기거나, 친구와 다투거나, 몸과 마음이 녹초가 돼도 시간이 흐르고 나면 이를 하나의 재미난 에피소드로 여기고 즐거웠던 기억으로 회상하며 추억한다. 여행이라는 건 행복한 순간뿐만 아니라 고되고 지난한 순간도 모두 끌어안는 과정이기 때문이다. '인생은 마치 긴 여행과 같다'는 말이 있는 것처럼, 삶이라는 여정을 걸어가는 동안 어쩌면 두 번 다시 찾아오지 않을, 언젠가 사무치게 그리워하게 될지도 모를 순간들을 열의를 다해 경험해보는 건 어떨까?

한때 이런 의문을 품은 적이 있다. 만약 신이 진짜 존재한다면, 왜 즉각 사람들이 원하는 꿈을 이루도록 만들어주지 않을까? 그럼 모든 사람들이 행복할 텐데. 이런 궁금증에 신은 아마 이렇게 답하지 않을까.

"네가 어떤 삶을 원하든 다 누릴 수 있게 해줄게. 단, '시간'도 덤으로 줄 거야. 바로 원하는 것을 갖게 된다면 너의 삶은 참 단조롭고 소중함도 느끼지 못할 거야. 그러니까 그 과정이 당장은 조금 힘들지라도 천천히 음미해보렴."

망상일 수 있지만, '왜 내 꿈은 이렇게 안 이루어지지?' 하며 한숨으로 가득한 힘든 시기를 보낼 때 이런 생각들이 큰 위로와 힘이 됐다. 지구상에만 유일하게 존재하는 마법이 있다면 그건 아마 '시간'이 아닐까.

육아 때문에 너무 지치고 하루가 고달플 때 문득 '아이가 빨리 커서 덜 고생했으면 좋겠다'라는 기대를 하다가도, 막상 단숨에 훌쩍 커버리면 참 불행하겠다는 생각이 들었다. 아이가 누워서 울기만 하다가 어느 순간 기고, 앉고, 서고, 걷고… 그렇게 나날이 성장해가는 모습을 온전히 지켜볼 수 없다면, 그것만큼 끔찍한 일이 또 있을까.

SNS를 통해서 멀리 파견 나가 있는 군인이 1년 동안 떨어져 있던 딸을 오랜만에 만나는 감동적인 장면을 본 적이 있다. 불과 한 해 지났을 뿐인데도 어느새 훌쩍 커버린 아이의 얼굴을 마주했을 때, 그는 어떤 생각이 들었을까. 대견한 마음도 있겠지만, 그 시간 동안 같이 있어 주지 못해 미안하고 하루하루 쑥쑥 자라는 아이의 성장기 모습을 놓친 것이 씁쓸하기도 하지 않았을까. 그래서 나는 단번에 아이가 성장하는 기적이 주어진다고 할지라도 한 치의 망설임도 없이 거절할 것이다. 아마 이 세상 모든 부모가 다 그렇지 않을까. 아무리 육아가 힘들어도, 아무리 이 시간이 빨리 지나가길 바라더라도 어느 날 갑자기 지니가 나타나서 소원을 이뤄주겠다고 하면 당연히 거절할 것이다.

'신은 모든 걸 갖게 해주는 대신 시간을 만들었다.' 이 말의 사실 여부는 그리 중요하지 않다. 당신이 무엇을 이루고 싶든, 그 결과에 이르기까지의 과정이 너무 험난하게만 느껴진다면 '시간'이 왜 존재하고, 우리가 왜 '고된 체험'을 겪어야만 하는지를 다시 한번 떠올려보면 좋겠다. '이루는 것'보다 '이루어가는 과정'이 진짜라는 걸 말이다. 이를 당신의 꿈에 한번 대입해보자. 그 꿈이 지금 즉시 당장 이뤄진다면 나는 과연 행복할까? 진지하게 자문해보길 바란다.

꽃은 반드시 피지만 시간이 걸린다. 추운 겨울이 지나 봄은 반드시 오지만, 그 또한 시간이 걸린다. 당신이 그토록 가보고 싶던 여행지에 도착하는 것도, 오늘 하루의 화려한 대미를 장식할 치맥을 마주하게 되는 순간도, 완벽한 이상형인 썸남으로부터 오는 카톡도, 전부 다 시간이 걸린다. 그러니까 아무리 당신의 꿈이 절실하다 하더라도 너무 '이뤄낼 것'에만 가치를 부여하지 말고 '이뤄나가고 있는' 현재의 시간도 열렬히 사랑해보자. 그 과정에 집중하고, 몰입하고, 음미하다 보면 어느새 결과(being)에 대한 집착이나 초조함도 줄어든다. 심지어 꼭 원하는 결과를 얻지 못해도 상관없다는 마음이 생기기도 한다. 왜냐하면 과정이 주는 특별함을 깨달았기 때문이다. 물론 그렇다고 해서 이 과정이 마냥 즐겁기만 하다는 건 절대 아니다. 계속해서 이야기했듯이, 인생은 행복과 불행이 섞여 있으니까. 다만, 그 안에서도 소소한 환희를 발굴할 수 있는 눈썰미가 생길 것이다.

최근에 유튜브 영상을 보다가 과정의 소중함을 알려주는 주옥같은 문장 하나를 발견했다.

"헤맨 만큼 내 땅이다."

이 한마디에 그동안 헛되이 낭비했다고 생각했던 시간들과 상처로 남은 실패의 경험들, 잘못된 선택 하나에 처참히 무너지던 자책의 순간들이 전부 '내 재산'이 된 것만 같은 든든한 느낌이 들었다. 지금 당신은 인생이라는 바다에서 꽤나 고달픈 내젓음의 시간들을 지나가고 있을 수 있다. 고통이라는 거친 비바람에 한없이 흔들리고 쉽게 삐걱거리는 '나'라는 배는 자주 중심을 놓치고, 때로는 거센 파도에 떠밀려 목적을 잃고 살아갈 때도 있을 것이다. 하지만 그럼에도 결국 닿고 싶은 도착지에 어떻게든 도달하리라는 믿음만 있다면, 아니, 삶이 나를 어디로 데려가든 크게 상관없다는 배짱을 가질 수 있다면 당신은 훨씬 더 행복한 일상을 보낼 수 있지 않을까? 광활하게 확 트인 삶이라는 바다에 풍덩 빠져들어 자유롭게 헤엄치고 유영하기를 바라는 마음으로, 내가 좋아하는 영화 속 명대사 한 문장을 소개하며 글을 마친다.

"때로는 잘못된 기차가
당신을 목적지로 데려다준다."
– 영화 〈런치박스〉

3장

나의 의지를 믿지 않는다

어떻게 하면 '잘할까' 말고, 어떻게 하면 '쉽게' 할까

우리는 항상 모든 일이 한 치의 오차 없이 완벽하게 흘러가기를 바란다. 내가 하는 일은 무조건 잘 되어야 하고, 반드시 잘해내야만 한다고 생각한다. 영어 강의와 1:1 비즈니스 컨설팅을 진행했을 때, 한 가지 신기했던 건 모든 수강생들이 자신을 하나같이 다 비슷한 유형의 사람으로 소개한다는 점이었다. "저는 완벽주의자라서 준비를 철저히 해야 돼요", "제가 완벽주의가 있어서 시작이 좀 느린 편입니다." 그리고 이렇게 말하는 사람들 중 대부분은, 실력을 갖추는 데 충분한 시간이 흘렀음에도 여전히 이런 저런 강의를 들으러 다니며 '완벽'을 기하는 데 모든 노력을 기울였다. 더 잘하고 싶어서, 어떻게든 멋지게 해내고 싶으니까.

반대로, 그다지 거창한 청사진과 계획은 없더라도 일단 당장 시작할 줄 아는 무모함을 가진 이들은 곧장 성과를 내며 빠르게 성장해나갔다. 그들은 진정한 성취는 어렵고 무겁게 접근하는 게 아니라 출발이 가볍고 쉬워야 한다는 걸 잘 알고 있었기 때문이다. 우리는 흔히 오랜 기간 준비하고 계획하는 것을 완벽이라고 착각한다. 하지만 이는 이치에 맞지 않는다. 완벽이란, 모든 조건을 충분히 갖추고 나서 끝내는 것이 아니라, 우선 러프하게라도 완성한 다음에 수정과 보완을 거듭하면서 점점 더 좋게 만드는 것을 뜻한다.

완벽주의자도 마찬가지다. 시작에 앞서 이것저것 재고 따지며 고민하는 과정이 긴 사람은 절대 완벽주의자가 아니다. 그건 그냥 우유부단한 사람일 뿐이다. 진정한 완벽주의자는 지독한 실행주의자이며 거리낌 없이 발을 내딛는 행동주의자다. 세상에 존재하는 모든 위대한 작품들은 완벽을 추구하지 않았다. 아니, 완벽함을 추구하기 이전에 '완성을 완벽하게' 추구했다. 오늘날 우리 삶을 혁신적으로 바꿔놓은 구글과 페이스북 등 세계적인 기업들은 절대 처음부터 완벽한 제품을 세상에 내놓지 않았다. 제품이나 서비스에 다소 미흡한 부분이 있더라도 일단 시장에 빠르게 내놓고, 고객들의 피드백을 받아가며 수정·보완해나갔다. 비록 시작은 불완전한 초안이었지만, 꾸준한 손질 끝에 점점 더 명확한 형태를 갖추게 된 것이다.

기억하자. 운동을 하든, 새로운 일을 배우든, 사업을 시작하든 가장 먼저 해야 할 건 완벽이 아니라 '완성'이라는 것을. 언제나 완성이 먼저다. 그러고 나면 그 완성의 퍼즐이 하나둘씩 모여 결국 완벽에 가까운 결과물이 될 것이다. 이쯤에서 이런 생각이 들 수도 있다. '그래, 완벽보다 완성을 추구해야 한다는 건 잘 알겠어. 근데 그거 어떻게 하는 건데?' 당신의 마음을 누구보다 잘 아는, 한때 지독한 완벽주의자였던 내 이야기를 좀 더 듣고 나면 마주하는 모든 일에 좀 더 쉽게 스타트를 끊을 수 있을 것이다.

난생 처음 영어 강사에 도전했을 때, 모든 일을 혼자 처리하려고 하니 너무 힘에 부쳤다. 강의 준비는 기본이고 모집부터 홍보, 접수, 강의실 예약, 블로그, 유튜브, 인스타그램 마케팅까지, 이 모든 일을 다 잘 해내야 한다는 욕심이 지나치다 보니 결국 병이 났다. 수업 중에 갑자기 목소리가 안 나오기도 하고, 매일 잠을 충분히 자지 못해서 입술 주변에는 늘 뾰루지가 나곤 했다. 그렇게 해서 번 돈은 고스란히 병원비로 쓰였다.

이런 생활이 지속되다 보니 더 이상 이렇게는 못해먹겠다는 생각이 들었다. 그래서 한동안은 아무런 노력도 하지 않고, 모든 걸 내려놓았다. 막상 내려놓고 나니 마음이 정말 편했다. '수강생이 줄면 어떡하지?', '수입이 끊기면 어떡하지?' 하며 우려했던 일들도 다행히 일어나지 않았다. 당시 혼자만의 여유로운 시간을 충분히 가지면서, 내 삶과 일을 대하는 방식에 대해 고민하기 시작했다. 그러던 중 아마존 CEO 제프 베조스와 애플의 스티브 잡스에게 영감을 준 사람으로 알려진 혁신가들의 구루, 클레이튼 크리스텐슨 교수의 말을 접하게 되었다.

"훌륭한 질문 없이는, 훌륭한 답을 구할 수 없다."

흔히 우리의 뇌는 질문을 받으면 그에 대한 답을 자동으로 찾아 나선다고 한다. 따라서 어떤 질문을 하느냐에 따라 해답의 수준이 달라질 수 있다. 요즘 업무에서 요긴하게 쓰이는 챗GPT 또한 마찬가지다. 양질의 정보와 깊이 있는 해결책을 얻어내고 싶다면 질문을 잘 던져야 한다. 훌륭한 질문을 하는 순간, 사고의 방향과 형태가 다양해지면서 그에 따른 답도 일차원적이 아닌 다차원적으로 확장되기 시작한다.

내 지난 인생을 돌아보니, 나는 늘 훌륭하지 못한 질문을 하고 있었음을 깨달았다. 모든 일과 행동에 앞서 이렇게 질문했기 때문이다.

'어떻게 하면 잘할까?'

'어떻게 하면 더 효율적일까?'

'어떻게 하면 성공할까?'

애초에 질문부터 자신을 밀어붙이고 힘들게 하고 있었던 것이다. '어떻게 하면 잘할까'를 생각하다 보니, 무조건 잘해야 한다는 압박에 시달렸다. '어떻게 하면 더 효율적일까'를 물으니, 내 몸과 마음은 항상 쉴 틈이 없었다. '어떻게 하면 성공할까'를 고민하는 만큼, 현재에 늘 만족하지 못했다. 평소에 하던 질문들을 들여다보니, 왜 항상 바쁘고 힘이 들었는지 비로소 그 이유를 알게 되었다. 그리고 이제부터는 나에게 던지는 질문을 바꿔보기로 다짐했다. 이렇게 말이다.

"어떻게 하면 '쉽게' 할까?"

이 질문을 던진 순간부터 삶이 조금씩 가벼워지기 시작했다. 그리고 일상에서 마주하는 모든 것들을 즐기는 마음으로 대할 수 있게 되었다. 더 놀라운 것은, 쉽게 하려고 마음먹고 나서부터 일이 더 잘 풀리기 시작했다는 점이다.

그렇다면 여기서 말하는 '쉽게'란 정확히 어떤 의미일까?

지금부터 내가 '쉽게' 했던 것들에 대한 이야기를 해보려고 한다. 영어 강의를 하면서 블로그에 글을 썼었는데, 매번 너무 잘 쓰려고 하다 보니 부담이 생겨서 계속 미루곤 했다. 그래서 '쉽게' 쓰기로 마음먹었다. 말 그대로 깊이 생각하지 않고 대강 써 내려갔다. 어차피 모든 지식은 내 머릿속에 있고 부족한 내용은 나중에 추가하면 되니까 무의식의 흐름대로 써내려갔다. 강의 홍보에 큰 도움이 되는 유튜브 영상도 정말 대충 찍었다. 휴대폰으로 촬영하고, 편집도 크게 말실수한 부분을 제외하고는 따로 건드리지 않았다. 너무 애쓰지 않고 최대한 '쉽고 단순하게' 만들려고 노력했다.

처음에는 '이렇게 대충 쓰고 대충 찍으면, 퀄리티가 너무 떨어지지 않을까?', '사람들이 싫어하지 않을까?' 하는 걱정이 들었지만, 그런 생각으로 나 자신을 수없이 괴롭히고 압박했던 지난날의 어리석음을 떠올리면서 마음을 다시 다잡았다. '무엇보다 내가 편한 게 제일 중요해'라는 말을 마음속으로 되뇌면서.

역시나 이 생각은 옳았다. '어떻게 하면 쉽게 할까?'라는 질문은 내가 훌륭한 대답을 끌어낼 수 있게 도와주었다. 쉽게, 대충 글을 쓰고 영상을 찍은 만큼, 그렇게 큰 기대를 하지 않았는데 오히려 반응은 훨씬 더 좋았다. 전문성은 조금 떨어졌지만, 그 덕분에 사람들이 더 쉽고 편하게 받아들였다. 쉽게 쓰인 글이 좋은 글이라는 걸 이때 몸소 체험했다. 또 가벼운 마음으로 콘텐츠를 제작하니 자연스럽게 짧은 시간 안에 많은 양을 올릴 수 있었다. 그렇게 창작하는 횟수가 늘어나면서, 글쓰기 실력이나 영상을 찍는 능력도 점점 더 향상되었다.

예전에는 죽기 살기로 글을 쓰고, 영상을 찍었는데도 만족감이 크지 않았다. '이렇게 열심히 했는데, 왜 반응이 없지?', '사람들은 왜 이 좋은 글을 몰라봐주는 거야?'라는 생각이 들었다. 몸만 힘들고 내 실력을 알아봐주지 않는 것 같아 정말 속상했다. 그래서 더 하기 싫어지고 무기력해지기 일쑤였다. 그런데 오히려 힘을 빼고 쉽게 쓰는 순간부터 사람들이 관심을 가져주기 시작한 것이다. 참 신기했다. 인스타그램에 대충 올린 1분짜리 영상 몇 개만 보고 수강 신청을 하는 사람들도 많아졌다. 심지어 그 당시 굉장히 유명했던 온라인 교육업체에서는 이 영상을 보고 연락해왔다. 날 것 그대로의 자유로운 느낌이 좋았다고 하면서.

이 경험을 통해 깨달은 것은 꼭 모든 일을 열심히 하고 고심하며 힘을 쏟지 않아도 충분히 괜찮다는 것이다. 그리고 쉽게 시작하고 쉽게 끝냈을 때, 더 많은 양의 일을 처리할 수 있다. 양보다 질이 중요한 게 아니냐고? 물론, 그 말도 맞다. 하지만 쉬운 방식으로 여러 콘텐츠를 제작해본 나로서는(그리고 대충 빠르게 창작하는 수많은 예술가들의 선례에서도 알 수 있듯이) 확신하는 것이 하나 있다. 바로, '양적 향상이 곧 질적 향상'을 가져다준다는 것이다. 그리고 이 양적 향상은 오직 '쉽게' 했을 때만이 가능한 일이다.

생각해보면, 우리에게 감동을 주고 여운을 남기는 좋은 작품들은 모두 복잡하지 않다. 쉽고 단순하며 간결하다. 전문성과 표현의 다채로움으로 인해 처음엔 어렵게 느껴질 수 있지만, 작품의 본질적인 메시지는 한 문장으로 깔끔히 정리될 만큼 확실하다. 그리고 확실하다는 건, 그만큼 단순명료하고 이해하기 쉽다는 것이다. 진짜 전문가는 쉽게 설명하는 사람이다. 절대 어렵게 만들지 않는다. '쉽게 만드는 것', '쉽게 표현하는 것', '쉽게 시작하는 것'은 언제나 중요하다. 그것이 본질이다. 물론, 모든 일을 쉽게 할 수만은 없다. 쉬워지기 위해서는 때로는 복잡한 과정을 거쳐야 할 수도 있다. 하지만 그 과정조차 쉽게, 대충 접근해야 지속할 수 있다. 오히려 모든 과정에 완벽을 기울이려는 계획과 욕심이 모든 걸 망쳐놓곤 한다.

만약 하고 싶은 일이 있는데 너무 바빠서 시간이 나지 않고 도저히 해낼 자신이 없다면 그럴 때는 이 질문을 스스로에게 한번 던져보길 바란다. "어떻게 하면 '쉽게' 할까?" 그리고 당장 쉬운 일부터 해보는 것이다. 운동을 시작할 계획이라면 헬스장에 가는 대신, 퇴근길에 한 정거장 먼저 내려서 걷고, 사업을 꿈꾼다면 관련된 아르바이트에 먼저 도전해보고, 유튜브를 하기 전에 먼저 인스타그램에 사진을 올리는 것부터 시작하면 된다. 나 또한 이 글을 책 쓰기보다는 떠오르는 대로 아무렇게나 끄적이는 낙서 정도로 접근했다. 그러는 편이 덜 부담되고 가볍게 느껴지니까.

또한 모든 일을 좀 더 쉽게 실행하기 위해 반드시 선행되어야 하는 작업이 하나 있다. 바로 '질문'이다. 실제로 우리 뇌는 물음표를 던졌을 때, 본능적으로 그에 대한 답을 찾기 위해 노력한다고 한다. 최대한 간단하고 효율적인 길을 찾아나서는 것이다. 책 《어포메이션》에서는 스스로에게 긍정적인 말을 되뇌는 자기확언(자기암시)도 평서문이 아닌 의문문, 즉 질문형으로 하라고 이야기한다. 예를 들면, '나는 하는 일마다 잘 된다'라는 말 대신 '나는 왜 하는 일마다 다 잘될까?'라고 묻는 것이다. 그러면 우리 뇌는 무의식적으로 이 물음에 걸맞은 해답인 '하는 것마다 잘 되는 이유'를 찾기 시작하고 잘될 수밖에 없는 환경과 상황들이 펼쳐진다. 기적이 일어난다기보다 그런 결과가 이뤄지게끔 자연스럽게 행동하게 되는 원리다.

이 방식이 정말 효과가 있는지 의심스럽다면, 직접 시도해보자. 무언가를 하겠다고 결심하기 전에 항상 자신을 심문해 보자. 끈질기게 캐묻다 보면 어느새 당신에게 꼭 맞는 답안을 찾게 될 것이다. 마지막으로, 만약 지금 당신의 인생과 일상이 너무 버겁게 느껴진다면, 거창한 변화부터 시도하지 말고 차라리 힘을 빼고 이 질문을 먼저 던져보는 건 어떨까? 매 순간 이 질문을 던지는 습관을 들이면, 당신의 삶도 조금씩 가벼워지기 시작할 것이다. 그리고 무엇을 해야 할지에 대한 답이 더욱 분명해질 거라고 확신한다.

"어떻게 하면 '쉽게' 할까?"

닥치고
그냥 많이 해

나는 늘 말을 잘하고 싶었다. 친구들과 있을 때는 누구보다 웃기고 말이 많은 사람이었지만, 무대처럼 많은 사람들 앞에 서는 상황에서는 온몸을 떨기 일쑤였고, 그런 자신감 없고 잔뜩 주눅 든 내 모습이 정말 싫었다. 한번은 대학교 때 앞에 나가서 발표를 하는데 긴장을 너무 많이 했는지, 보다 못한 교수님께서 한 말씀 하셨다. "아니, 남자가 되어가지고 왜 이렇게 떠나? 참나…" 순간 무안함을 넘어, 많은 학생들 앞에서 지적받은 게 몹시 수치스러웠고 그 이후로 강의실만 가면 고개를 들지 못했다.

그래서 이 악물고 말을 잘하기 위해 노력했다. 스피치 강의도 들어보고, 발표 관련 세미나가 있으면 닥치는 대로 참석하고, 도서관에 있는 책들과 유명한 영상들은 모두 다 섭렵했다. 이제 정말 많은 지식과 노하우가 쌓였다고 생각했다. 이번엔 제대로 할 수 있을 것만 같았다. 그렇게 우연히 또다시 많은 사람들 앞에서 발표할 기회가 왔고, 그 누구보다 멋지게 말을 잘해낼 줄 알았지만 이번에도 역시나 처참히 무너졌다. 몸의 떨림은 멈출 기미가 없었고 청중들은 표현을 하지는 않았지만 마치 "쟤 왜 저래? 아, 지루해"라고 말하는 것만 같았다.

'대체 뭐가 문제였을까. 정말 열심히 연구하고 공부했는데, 왜 난 안되는 걸까. 소질이 없는 걸까'라는 생각에 괴로웠다. 그러던 중 우연히 접한 책이 《영혼을 위한 닭고기 수프》다. 이 책의 첫 장에는 다음과 같은 이야기가 나온다.

"결론적으로 말해서 첼로를 연주할 수 있으려면, 먼저 첼로 연주하는 법을 배워야 한다는 것이다. 그렇지 않으면 첼로를 연주하는 일이 불가능하다는 것이다. 물론 이것은 말도 안 되는 얘기다. 그 두 가지의 과정은 사실 둘이 아니라 하나이다. 우리는 어떤 것을 함으로써 그것에 대해 배울 수 있을 뿐이다. 그것 말고 다른 길은 있지 않다."

그제야 원인을 알 것 같았다. 나는 그동안 첼로를 '연주하는 법'만 익혔을 뿐 실제로 연주는 전혀 하지 않았던 것이다. 무엇보다 직접 무대에 서서 한마디라도 하는 것이 말을 잘할 수 있는 최고의 방법이라는 걸, 그게 가장 기본이자 핵심이라는 걸 까맣게 잊고 있었다. 그때부터 배우는 것을 멈추고, 그냥 무작정 '하기' 시작했다. 자주, 많이, 기회가 생길 때마다. 발표할 일이 있을 때마다 자신이 있든 없든 무턱대고 손을 들고 앞으로 나갔고, 단 한 번이라도 스피치를 할 수 있는 곳이라면 동아리든 세미나든 무조건 참여했다. 물론 여전히 망설여졌고, 떨었고, 늘 못했지만 그냥 했다. 대단한 걸 한 게 아니다. 어설퍼도 일단 뭐라도 말했고, 30초 자기소개라도 서슴치 않고 나서서 했다.

사실 이 과정들이 내게 엄청난 변화를 가져다주지는 못했다. 하지만 이러한 경험이 조금씩 쌓이면서 결국 성장하게 해주었다. 무엇보다 이제는 별로 떨리지 않는다. 너무 긴장해서 발표할 때 벨트를 잡던 습관도 자연스럽게 사라졌고, 발표 후 두통이 생기고 토할 것처럼 체하던 증상도 괜찮아졌다. 그리고 가장 좋았던 건, 팀플을 할 때 늘 발표를 자처했는데 이게 알고 보면 참 꿀이다. 팀원들은 자료조사, 기획, PPT 제작과 같은 귀찮은 것들은 발표자에게 거의 시키지 않는다. 왜? 모두가 발표하는 걸 가장 두려워하기 때문이다. 그런데 당신이 자처

해서 발표한다면? 아마 속으로 안도의 한숨을 쉬면서 당신에게 엄청나게 고마워할 것이다(그렇다고 프리라이더가 되자는 건 절대 아니다. 오해 금지). 그렇게 나는 상대적으로 거저먹을 수 있었다. 물론 아무것도 안 한 건 아니지만, 발표를 제외하곤 부담이 적었던 것도 사실이다. 그러면서도 동료들에게 칭찬이란 칭찬은 다 받았다(완전히 망치지 않는 이상 웬만하면 다들 박수쳐준다). 또 막상 하는 건 많지 않은데 교수님께 더 돋보일 수 있는 기회가 된다.

말을 잘하는 것에 대한 여러 가지 이야기를 했지만, 이건 당신이 바라는 모든 일에 적용된다. 핵심은 정말 간단하다. '닥치고 그냥 많이 하는 것.' 다소 거친 표현으로 느껴질 수 있겠지만 앞서 첼로 연주 이야기처럼, 이것 말고는 방법이 없다. 전구를 발명하기 위해 무수히 많은 실패를 겪어야 했던 에디슨. 우리는 그가 연구에 몰두했다는 사실만 기억하지만, 사실 그가 그렇게 몰입하고 집중할 수 있었던 이유는 따로 있었다. 바로, 단 하루도 거르지 않고 연구소에 '출근 도장'을 찍었다는 점이다. 《절제 수업》이라는 책에서 저자 라이언 홀리데이는 이 일화를 소개하면서 "중요한 건 영감이 아니라 실제로 일하러 나가는 행동"이라고 이야기한다. 에디슨은 매일 집 밖을 나와 사무실로 향했다. 하루 이틀이 아니라 매일.

우리는 항상 어떤 분야에서 특출난 성과를 내려면 뭔가 대단한 걸 해야만 한다고 생각한다. 마치 내가 발표를 잘하고 싶어서 특별한 노하우를 기대하며 끊임없이 강의를 찾아다닌 것처럼. 하지만 어떤 배움이든, 실제로 적용하려면 일단 출근 도장을 찍어야 한다. 더 자주 나가고, 더 많이 부딪히고, 경험하고, 도전해봐야 한다. 이 세상에 막대한 영향을 끼친 위대한 작품들을 보면 한 가지 공통점이 있다. 그 작품을 만들어내기까지 무식하게 많이 시도했다는 것이다. 가능성이 없어 보여도, 당장은 주변 사람들로부터 비아냥을 들어도, 그냥 계속했다. 하고 또 하고, 닥치고 그냥 많이 했다.

이쯤에서 다시 한번 강조하면, 모든 일에 있어서 양적 향상은 곧 질적 향상을 가져온다. 다작은 예술하는 사람들만의 전유물이 아니다. 당신이 목표로 하는 것이 직업이든, 운동이든, 그 어떤 도전 과제이든, 많이 해보는 것이 가장 중요하다. 그럼에도 우리는 일단 가볍게 자주 시도하기보다는 처음부터 완벽하게 해내는 데에만 관심을 기울인다. 즐거워야 할 취미조차 A to Z를 다 탐색하고 익히고 나서야 시작하려 한다.

또 무언가 창의적인 결과물을 내놓아야 한다는 강박에 시달리기도 한다. 세상에 없던 것, 놀라운 것, 사람들이 감동받을 수 있는 것을 만들고 싶어 한다. 그런데 그런 창의성을 뜻하는 단어 'creative'의 어원이 무엇인지 아는가? '아기, 동물, 곡식 등이 자라다'를 뜻하는 라틴어 'crescere'로, 무언가를 천천히 길러낸다는 의미를 내포하고 있다. 창의성은 우리가 흔히 생각하는 것처럼 갑자기 번뜩이는 영감이 떠올라서 "유레카!"를 외치는 것이 아니다.

조승연 저자의 《비즈니스 인문학》에서 "영감을 어디에서 얻는가?"라는 질문에 사진 예술가 척 클로스는 이렇게 답한다.

"영감이요? 그건 아마추어들이나 찾는 거죠. 프로들은 그냥 아침에 일어나서 바로 작업실로 향합니다. 꾸준히 작업을 하는 행동 자체에서 무언가가 자라나기를 기다립니다."

단순하게 말하자면, 그냥 무작정 많이 하라는 얘기다. 그래야 창의적이든 독특한 것이든, 어떤 결과물이라도 나온다. 혹시 지금 일을 계속 미루고 있고, 게으름을 피우는 자신이 한심하게 느껴지고, 항상 압박감에 시달리고, 극심한 슬럼프를 겪고 있다면 그럴 땐 애먼 의지력을 탓하거나 괜히 자신을 미워하지 말고, 뭐가 됐든 일단 시작해보자. 앞서 말한 '쉽게 하기'와 더불어 '많이 하기'를 병행해보자. 많이, 자주, 기회가 생길 때마다.

솔직히 고백하자면 나 또한 미루기 전문가다. 유튜브도 맨날 "해야지"라고 말만 하고 3년 가까이 미뤘다. '악플이 달리면 어떡하지?', '멋모르고 시작했다가 괜히 상처만 받는 거 아니야?', '제대로 하려면 카메라 성능도 좋아야 할 것 같은데' 같은 걱정이 앞섰기 때문이다. 완벽하게 해야 한다는 마음과 두려움이 너무 큰 나머지 계속해서 망설이는 나 자신이 너무 한심했다. 그래서 조금은 가볍게 접근할 수 있는 방법부터 시도했다. 바로 핸드폰으로 인스타그램에 짧은 영상을 올리는 것이었다. 처음엔 1분 정도의 영상을 올리는 것조차 어색하고 어려웠지만, 어느새 다작을 하게 되었다. 그런데 시간이 지나자 이것마저 귀찮고 싫증이 났다. 게다가 더 잘하고 싶고 완벽해야 한다는 강박이 또다시 스멀스멀 올라왔다. 그렇게 무한정 미루는 악순환이 반복됐다.

그래서 이번에는 1분이 아니라 10초짜리 영상을 만들어보기로 했다. '10초면 너무 짧은 거 아니야? 무슨 내용을 담을 수 있겠어?'라는 부정적인 속삭임이 들려왔지만 그냥 무시했다. 1분이든 10초든, 어떤 거창한 성과를 바란 게 아니라 그저 다시 추진력을 얻기 위해서 한 시도였다. 이렇게 목표를 정하자 부담도 사라졌다. 그렇게 10초 콘텐츠가 조금씩 쌓이면서 영상을 주기적으로 업로드하는 습관이 생겼고 자신감도 차츰 차올랐다. 하고 싶은 의욕도 점차 커졌고 자연스럽게 좀 더 긴 콘텐츠를 만들게 되었다. 그게 지금까지 이어오고 있는 〈영감

수업〉이라는 채널이다.

이 책 또한 그렇게 쓰고 있다. 내가 매일 글을 쓰는 루틴은 다음과 같다. 매일 아침, 글을 쓰기 위한 특별한 준비는 하지 않는다. 대신, '그냥' 한다. 별 생각 없이 의자에 엉덩이를 붙이고 그저 머릿속에 떠오르는 대로 대강 끄적인다. 그렇게 쓰다 보면, 어느새 가닥이 잡히고 방향이 생긴다. 글을 쓰기에 앞서 자료 조사를 하고, 미리 구성을 짜는 것도 도움은 되겠지만 꼭 그럴 필요는 없다. 어쨌든 첫 문장을 쓰고 나면 나머지 내용은 알아서 채워진다. 조금 뒤죽박죽이고 어설프면 어떤가? 일단 끝마치고 수정하면 된다.

《노인과 바다》라는 책으로 퓰리처상과 노벨상을 수상한 소설가 헤밍웨이는 "모든 초고는 쓰레기다"라는 말을 남겼다. 그는 알고 있었던 거다. 사람들의 마음을 울리고 여운을 주는 작품을 만들어내는 일은, 숱한 쓰레기들을 치워나가는 과정이라는 것을. 이 과정이야말로 모든 완벽함에 가까운 창조물들이 하나같이 거쳐간 '미완벽한 여정'인 것이다. 당신이 지금 읽고 있는 이 글은 그 미완벽한 여정에서 시작된 수없이 버려진 쓰레기들 사이에서 쓸 만한 것들만 가까스로 건져낸 문장들이다. 물론, 곳곳엔 여전히 쓰레기 더미들이 남아 있을 것이다. 그래도 괜찮다. 세상에 '완벽한 것'이란 건 존재할 수 없고, 어쨌든 나는 최선을 다해 쏟아냈고 끝마쳤으며 다듬었으니까. 그렇게 완성된 글은 비록 완전무결하지는 않을지라도 어떻게든 시작하고 끝낸 것만으로도 충분한 의미와 가치가 있으니까.

가끔 게으름과는 거리가 멀어 보이는 저명한 학자들이나 사업가들도 "미룰 수 있을 때까지 미루는 편이에요. 귀찮거든요"라고 이야기하곤 한다. 이런 말을 들으면 왠지 모를 동질감이 느껴지면서 위안이 된다. '아, 인간은 모두 똑같구나. 똑똑하고, 성공하고, 책임질 일이 많은 사람들도 미적거리고 질질 끄는구나.' 그러니까 당신도 이제 자책은 그만하고, 매일 조금씩 할 수 있는 만큼의 일을 해보자. 그 '조금'이 쌓여 '많이'가 되고, 그 '많이'가 자신감을 '충만히' 채워줄 테니까. 때로는 그냥 무식하게 많이 하면 된다. 그렇게 하다 보면 어느새 완성되어 있을 것이다. 당신이 바라는 그 목표도, 그토록 갈구하던 일상도, 늘 꿈꿔왔던 이상적인 인생도.

똥줄이 타면
어떻게든 해낸다

군대에는 화생방 훈련이라는 게 있다. 숨도 못 쉴 정도로 독한 가스가 나오는 방에 병사들을 가둬두고, 방독면(가스로부터 얼굴을 보호하는 마스크와 같은 장치)을 빠르게 착용하는 연습을 하는 훈련이다. 참고로 방독면이 없으면 1초만 지나도 눈, 코, 입에서 분비물이 미친 듯이 흘러나오고 숨이 턱 막히는 공포를 경험하게 된다. 몇 분만 지나도 질식사를 할 수 있을 정도의 아주 독한 가스다.

처음에 훈련소에서 사전 교육을 받는데, 내가 워낙 머리가 나빠서인지 도무지 이해되지 않았다. 몇 번을 연습해도 모르겠고 계속 어리바리하게 행동하니까, 교관한테 욕을 한 바가지 먹었다. 어찌저찌 그렇게 화생방에 들어가게 됐는데, 안 그래도 축농증과 비염이 심한데 가스가 들어오니까 숨이 턱 막히면서 쓰러질 것 같았다. 그런데 그 순간 기적 같은 일이 일어났다. 이런 느낌을 받아본 적이 있는가? 분명 내 손인데 내 손이 아닌 것만 같은 느낌. 사전 교육 때는 분명 어떻게 해야 하는지 갈피조차 못 잡았는데, 마치 마술사가 화려한 손놀림을 구사하며 마술을 부리듯이 손이 제 멋대로 움직이기 시작했다. 그렇게 방독면을 알아서 꺼내고 순식간에 조립한 후 얼굴에 착용했다. 정말 나도 모르는 사이 벌어진 일이었다. 알고 보니, 나만 그 순간에 마술사가 된 게 아니었다. 나머지 아홉 명의 친구들도 아주 초인적인 스피드로 방독면을 조립하고 착용했다. 우리 모두 이렇게 허무하게 죽긴 싫었나 보다. 당장 숨을 못 쉬고 눈이 따가운 게 너무 무서우니까, 우리 뇌도 본능적으로 비상 신호를 감지하고 조급함을 느꼈던 거다. 일개 병사가 30초 만에 맥아더 장군이 되어 엄청난 전투력을 갖추게 할 정도로.

당신도 지난 세월을 돌이켜보면 분명 이런 경험이 한 번쯤 있을 것이다. 사소하게는 벼락치기로 시험을 준비한 것부터, 돌에 걸려 넘어질 뻔했을 때 자신도 놀랄 만큼의 운동 신경을 발휘해서 사고를 피한 적, 수업 시간에 졸다가 선생님이 옆을 지나갈 때쯤, 여자친구에게도 보여준 적 없던 센스를 발휘해 교과서를 보는 척하는 태연함, 회사에 한 시간이나 지각한 날 복도에서 마주친 팀장님께 영업처를 다녀오는 길이었다고 둘러대는 순발력까지. 이처럼 인간은 위기의 상황에서 자신도 알지 못했던 초인적인 능력을 발휘하곤 한다.

이러한 조급함을 우리의 일상에도 적용해보면 어떨까? 모든 일을 이런 방식으로 하라는 건 아니다. 다만, 당신이 꿈꾸는 어떤 목표나 성취가 꼭 오랜 시간을 투자해야만 이룰 수 있는 건 아니라는 걸 몸소 경험해봤으면 좋겠다. 나는 이것을 '건강한 조급함'이라고 부른다. 단순히 급하게 해치우는 것이 아닌 '조급함'을 추진력을 얻는 전략적 도구로 활용해보는 것이다. 예를 들어, 올해 안에 모델처럼 멋진 몸매를 만들겠다는 목표를 세웠다면, 그 기간을 6개월 또는 3개월로 앞당겨본다. 만약 그렇게 하기 힘들다면, 목표를 좀 낮추는 대신 바디프로필 촬영을 예약한다. 비행기 표를 끊으면 어떻게든 그곳에 가게 되는 것처럼, 빼도 박도 못하게 환불은 절대 안 되고, 이왕이면 비싼 곳으로 예약한다. 그래야 어떻게든 행동하게 되니까.

'건강한 조급함'을 생산적으로 잘 활용한 사례가 하나 있다. 웹사이트를 디자인하고 개발하는 한 IT 회사는, 보통 3개월이 걸리는 프로젝트인 웹사이트 제작을 단 하루 만에 끝내버린다. 이게 어떻게 가능하냐고? 방법은 아주 간단하다. 이 회사의 리더인 샘 레이나가 60여 명의 팀원을 모아 놓고 이렇게 한마디만 하면 된다. "자, 웹사이트를 제작하세요. 기한은 오늘까지." 이게 전부다. 샘 레이나는 말한다. "일을 해야 하는 시간이 적을수록 우리는 더욱 집중하고 체계적으로 일하게 된다. 그게 아니라면 마감 기한을 맞추는 다른 방법은 없다. 그리고 우리는 늘 어떻게든 해낸다." 지금까지 말한 '조급함'이라는 도구를 개인이 아닌 회사의 목표로 잘 활용한 완벽한 사례다. 중요한 사실은, 하루 만에 웹사이트를 만들어내는 일이 직원들에게 과도한 스트레스를 주기보다는 오히려 그들을 자유롭게 해주었다는 것이다.

만약 이 프로젝트가 3개월에 걸쳐서 진행되었다면 어땠을까? 매일 출근 전에 헬스장에 가겠다는 새해 다짐은 바쁜 업무로 피곤에 찌든 이들에게 사치가 되었을 것이다. 퇴근 후 집에서 드라마를 보며 맥주 한잔하려던 찰나, 팀장님에게 이런 메시지가 올지도 모른다. "김 대리, 오늘 오전에 보내준 디자인 서식 지금 다시 보내줄 수 있어? 급해, 빨리." 이뿐일까? 모처럼 여자친구와 시간을 보내려고 분위기 좋은 식당을 예약해 뒀는데, 야근 때문에 취소해야 할 수도 있다. 하루 만에 프로젝트를 끝낸 덕분에 직원들은 불필요한 회의나 업무로 시간을 낭비할 필요도, 감정을 소모할 일도 없어진 것이다.

이 이야기는《아무것도 하지 않고도 모든 것을 얻는 법》이라는 책에서 '파킨슨의 법칙'을 설명하면서 나온 사례다. '파킨슨의 법칙'이란 간단히 말해, 시간이 많을수록 오히려 게을러지고 일을 미루게 된다는 이론이다. 이 법칙을 소개한 파킨슨은 다음과 같은 유명한 말을 남기기도 했다. "지연은 거부의 가장 정확한 형태다." 당신의 생각은 어떠한가? 사실은 두렵고 귀찮아서 무한정 지연시키고 있는 상태를 '신중함'이라는 단어로 포장하고 있지는 않은가? "나는 아직 준비가 되지 않았어"라고 말하면서.

이번 꼭지의 제목은 '똥줄이 타면 어떻게든 해낸다'이다. 왜 하필 제목을 이렇게 더러운 문장으로 선택했을까? 지금까지 '조급함'에 대한 이야기를 했다. 나는 우리가 예기치 않게 갑자기 '똥이 마려울 때'가 가장 번득이는 창의력이 발현되는 순간이라고 생각한다. 자, 우리 한번 상상해보자. 당신이 운전을 하며 가는데, 갑자기 미친 듯이 배가 아파온다. 살짝 브레이크를 밟는 정도의 미세한 골반과 종아리 근육의 움직임에도 불상사가 일어날 것 같을 때 당신이라면 어떻게 할 것인가? 고민이란 걸 할 시간이 있을까? 처음 와 보는 길이더라도, 화장실이 어디에 있는지 금방 알아낼 것이다. 마치 혼자 고시원에서 자취하던 시절, 아래층에서 올라오는 미약한 치킨 냄새만으로도 어느 브랜드 치킨인지 단번에 맞혔던, 그 오랜 시간의 굶주림으로부터 잉태된 '본능적 감각'을 한껏 발산하면서.

그런데 아무리 둘러봐도 도저히 화장실을 못 찾겠다면? 원체 숫기가 없어서 낯선 사람에게 말 한마디 못 거는 성격이더라도 그 순간만큼은 〈유 퀴즈 온 더 블록〉의 유재석과 조세호를 뺨치는 VJ 실력으로 마주치는 사람마다 붙잡고 다짜고짜 말을 걸게 될 것이다. "저, 혹시 근처에 화장실 있나요? 정말 급해서 그래요." 당신의 모든 감각기관, 세포 하나하나가 오로지 이 위기를 모면할 수 있는 공간을 찾는 데 에너지를 쏟아부을 것이다. 그리고 당신은 마침내 해낸다. 아! 이때 느껴지는 환희와 감동이란, 감히 어떤 것과 비교할 수 있을까. 이런 면에서 가끔 이러한 생리 현상은 우리의 숨겨진 무한한 가능성을 일깨워주는 최고의 영감 덩어리라는 생각이 든다(이 이야기를 너무 더럽게만 생각하지는 않았으면 한다. 어디까지나 비유에 불과하니까).

오랫동안 꿈꿔온 목표가 있는가? 유튜브를 도전하려고 하는데, 너무 어렵게 느껴지는가? 카메라도 사야 되고, 촬영 배경도 생각해야 하고, 편집하는 방법도 배워야겠다는 생각이 드는가? 음, 근데 말이야… 대체 시작은 언제 할 건데? 언제쯤 모든 준비가 끝날까? 물론, 기한을 당기고 조급한 태도로 임하는 것이 늘 좋은 결과로 이어지는 것은 아니다. 분명 일의 성격에 따라 신중함이 필요한 경우도 있다. 하지만 그럼에도 불구하고, 나는 당신이 조금은 더 조급했으면 좋겠다.

이런 반감이 들 수도 있을 것 같다. '나는 여유롭게 천천히 준비하고 싶은데', '느긋하게 살고 싶어. 꼭 그렇게 조급해야 해?' 동의한다. 나 역시 그 누구보다 여유로운 삶을 꿈꾸니까. 하지만 한 가지 묻고 싶다. 조급함을 느껴보지 않은 사람이 과연 진정한 여유로움을 느낄 수 있을까? 좀 더 이론적인 이야기를 해보자. '여유로움'이라는 개념이 존재하려면 그 반대 개념인 '조급함'이 반드시 있어야만 한다. 선함과 악함, 진실과 거짓, 사랑과 미움 등 그 어떤 것이든 마찬가지다. 마치 자석의 N극과 S극처럼, 서로 반대되는 성질의 감정은 늘 함께일 수밖에 없다. 즉 내가 여유로운 감정을 느끼려면 조급함도 충분히 느껴봐야 한다는 뜻이다.

우리는 무언가를 급하게 해야만 하는 조급한 상황에 놓였을 때야 비로소 깨닫게 된다. '아, 가만히 앉아서 쉬는 게 이렇게 행복하고 여유로운 것이었구나.' 마치 시험기간만 되면, 방 한구석에 먼지가 덮인 채로 처박혀 있던 책을 보면서 '와, 이렇게 재미있는 내용이었어?'라고 새삼 감탄하는 것처럼. 또 '두 번 다시는 이렇게 시간에 쫓겨서 일하지 않을 거야'라는 다짐을 하게 될 수도 있다. 조급한 상황을 충분히 겪어봤기에 여유로움의 진정한 가치를 알게 되는 것이다.

이렇게 여러 이야기를 통해서 '조급해지자'라고 외치는 이유는, 우리가 일상을 좀 더 여유롭게 보내기를 바라는 마음에서다. '빨리빨리' 문화가 깊게 뿌리내린 한국 사회에서 나만의 리듬으로 살아가려면 조급함을 현명하게 이용할 줄도 알아야 한다. 비록 지금 당장은 TV나 스마트폰을 보며 농땡이 피우는 시간이나 친구와의 달콤한 수다가 몹시 그립겠지만, 때로는 목표를 향한 단기적인 조급함이 당신의 가능성에 모터를 달아 더 멀리 나아가게 해줄 거다. 그리고 이렇게 건강한 조급함을 활용하는 능력이 쌓이고 쌓이다 보면, 어느새 우리의 꿈과 그에 걸맞은 여유로움은 아주 자연스럽게 따라오지 않을까? 조급함을 느꼈던 긴박한 그 순간순간의 긴장들을 단 한순간에 녹여줄, 당신의 침대 속 따뜻한 이불이 주는 그 포근함처럼 말이다.

최고의 동기부여는
돈기부여다

한동안 '졸음운전을 할 때 즉각 깰 수 있는 방법'이라는 영상
이 유행했다. 그 방법은 바로 5만원 짜리 지폐를 창밖으로 내
민 채 운전하는 것이다. 물론 웃자고 만든 콘텐츠이겠지만, 여
기에서 인생을 관통하는 메시지를 발견할 수 있다. 바로, 무엇
이든 '돈'과 연관되면 정신이 번쩍 든다는 것. 많은 사람이 '너
무 돈만 좇으면 안 된다', '돈이 전부가 아니다'라고 말하지만,
사실 우리는 돈과 떼려야 뗄 수 없는 세상에서 살아가고 있다.
연봉, 매출, 수익을 위한 투자는 물론 인간관계나 사소한 내기
까지 모두 돈과 얽혀 있다.

일본의 일론 머스크라 불리는 사업가 호리에 다카후미는 하고 싶은 일이나 갖고 싶은 것이 있다면, 경제적인 이유로 미루지 말고 돈을 빌려서라도 최대한 빨리 이뤄내야 한다고 말한다. 그렇게 해서 마침내 원하는 걸 얻게 되면 돈은 자연스럽게 따라온다는 것이다. 다소 위험한 발언일 수 있지만, 이 말의 의미를 진정으로 이해하고 직접 경험을 통해 체험해본 사람은 100퍼센트 동의할 것이다. 실제로 많은 사업가들은 대출로 생긴 부채를 단순히 빚으로 보지 않고 자산으로 생각한다. 비용을 넘어 하나의 투자로 여기고 더 큰 성취와 성장을 위한 원동력으로 삼는다. 그런 의미에서 돈은 당신이 진짜 하고 싶은 일을 최대한 빨리 달성하게 해주는 훌륭한 도구다. 호리에 다카후미의 말을 빌리자면, "저축형 사고에서 투자형 사고로 옮겨가는 것"이다. 다시 말해서, 목표를 실현하는 가장 빠른 방법은 '돈을 쓰는 것'이다.

사고 싶은 것, 하고 싶은 것에 아낌없이 돈을 쓰면서도 그만큼 아니 그 이상으로 부자가 된 사람이 있다. 바로《지금 당장 롤렉스 시계를 사라》의 저자인 사토 도미오다. 이 책에서 저자는 부자가 되려면 돈을 모으는 것보다 쓰는 것이 중요하다고 말한다. 그리고 본인의 삶을 통해 이를 직접 증명해 보인다. 이십 대에 그는 당시 부자들만 알던 고가의 롤렉스 시계를 몇 개

월 치 월급을 몽땅 털어서 구매했고, 월급의 3분의 2를 털어서
고급 호텔에 거주했다. 어떻게 보면 허영심이 많고 낭비가 심
한 사람처럼 보이지만, 저자는 이렇게 탕진했기 때문에 더 성
공할 수 있었고, 더 행복할 수 있었다고 말한다.

그가 이렇게 돈을 지렛대 삼아 자신의 꿈을 이룰 수 있었던
건, '부자의 감각을 키우는 습관'을 들이고 '욕망에 걸맞은 사
람'이 되겠다는 강한 의지가 있었기 때문이다. 언뜻 그냥 부자
인 척하는 허세로 보일 수도 있지만, 원하는 것을 하고 갖고
싶은 것을 탐하는 행동이 그저 사치로 끝날지, 아니면 부자의
감각을 키우는 습관으로 이어질지는 결국 태도에 달려 있다.
그는 갖고 싶은 물건이나 하고 싶은 일에 망설임 없이 많은 돈
을 소비했고, 그럼으로써 더 열심히 일할 수 있는 동력을 얻었
다. 롤렉스 시계를 손목에 차고 있으면, 마치 자신이 이미 성공
한 사람처럼 느껴지면서 일에 대한 열정이 자연스럽게 솟아올
랐다는 것이다.

그래서 나도 한번 시도해봤다. 평생 만 원짜리 지갑만 들고
다니다가 명품 지갑을 한번 사보고, 매일 편의점 도시락으로
점심을 때웠는데, 일부러 고급 레스토랑에 가봤다. 그냥 아무
의미 없이 그렇게 했다면 별다른 변화가 없었겠지만, '나는 앞
으로 부자가 될 거니까 지금부터 충분히 누려보는 거야'라고

생각하니까 자연스럽게 일에 대한 의욕도 높아지고, 일상이 더 설레고 즐거워지기 시작했다. 무엇보다 결과적으로 더 많은 돈을 벌었다(사실 이게 제일 중요한 거 아니겠어?) 내가 원하는 것을 충분히 사고, 먹고, 경험하면서 기분이 좋아졌고, 기분 좋은 상태로 일하니까 성과도 덩달아 좋아졌다.

가볍게 시도해볼 수 있도록 이번에는 조금 더 일상적인 예를 들어보자. 그 전에 우리가 인정해야 하는 불편한 진실이 하나 있다. 바로 인간의 의지력은 쓰레기라는 것이다. 인정하고 싶지 않겠지만, 인간은 본능적으로 익숙함과 편안함을 추구하기에 새로운 도전이나 어렵고 고통스러운 과정은 회피하고 싶어 한다. 고로 의지라는 것은 마음먹은 대로 되는 것이 아니며, 때로는 아무리 노력해도 점점 더 게으름이라는 늪에 빠져들게 된다. 모든 일을 일사천리로 해결해 버리는 능력은 그저 환상에 불과하다. 그렇다면 대체 어떻게 해야 의지력을 키울 수 있을까? 그 방법은 간단하다.

당신의 의지를 믿지 말고, 환경을 믿는 것이다.

우리는 모두 자신의 의지를 과대평가한다. 의지만 있으면, 목표만 뚜렷해지면, 동기부여만 되면, 바로 시작할 수 있으리라 생각한다. 그렇게 해서 흘려보낸 시간이 얼마나 많은가. 인간은 본래 체력과 집중력, 에너지에 한계가 있고, 아주 사소한 일에도 쉽게 무너지는 존재다. 시간이 많은 백수든, 절실한 취준생이든, 잘나가는 사업가든, 열정 넘치는 스포츠 스타든, 그 누구든 따듯한 방구석에 앉아 있으면 잠이 솔솔 오는 법이니까.

호기롭게 시작했던 사업을 말아먹고 취업도 잘 안되었던 시절, 돈이 없어서 도서관에만 다녔던 적이 있다. 도서관에서는 돈 한 푼 안 쓰고 하루 종일 공부하고 일할 수 있었으니까. 그런데 나도 참 한심한 게, 당장 밥 사 먹을 돈도 부족하고 취업도 못하고 있는 절박한 상황에서도 게으름을 피웠다. '어차피 하루 종일 도서관에 있을 건데, 한두 시간쯤은 자도 되잖아? 고작 몇 시간 쉰다고 돈 나가는 것도 아니고, 시간은 많고 돈도 안 드니까.' 이런 생각이 무의식 속에 깔려 있다 보니 열심히 공부하고 일할 의욕이 생기지 않았다.

그러던 어느 날 문득 '아, 진짜 이대로는 안 되겠다'라는 생각이 들었다. 그래서 도서관 바로 앞에 있는 카페에 다니기 시작했다. 식사도 원래는 조금이라도 아끼려고 편의점 삼각김밥으로 때웠는데, 일부러 혼자 초밥을 먹고 비싼 뷔페를 다녔다. 돈 한 푼 없는데도 그렇게 했다. 왜? 일단 돈을 써야 그제야 정신을 차리고 겨우 행동할 수 있었기 때문이다.

자, 조금 전에 했던 말을 다시 떠올려보자. "당신의 의지가 아닌 환경을 믿어라." 이제 무슨 말인지 감이 올 것이다. 비용이 들더라도, 그 순간에는 그저 낭비처럼 보이는 무모한 짓일지라도 과감히 '환경'을 바꿔보라는 뜻이다. 여기서 환경은 '공간'일 수도 있고, 사소한 '도전'일 수도 있다. 가장 강력한 동기를 주는 '돈'이라는 자극적인 채찍을 적극 이용해보자. 무료로 이용할 수 있는 공간, 무료 강의, 의지력 등을 다 버려보는 것이다. 이것들이 무가치하다는 말이 아니다. 하지만 계속 망설이고 미루기만 하는 지금 이 순간에는 아무런 도움도 되지 않는다.

그러니까 이제 그만 집 밖으로 나와 돈을 쓰자. 카페든, 독서실이든, 아니면 더 투자해서 개인 사무실을 구하든, 의지가 약하면 약할수록 딱 그만큼 더 비싼 공간으로 가보자. 참고로 나는 의지가 너무 박약해서 카페나 사무실에서도 일을 미루면서 두세 시간 넘게 핸드폰만 들여다볼 때가 있다. 그런 한심한 모습을 인지하는 순간, 즉시 가방을 싸서 더 비싼 커피를 파는 카페로 자리를 옮긴다. 커피가 반이 넘게 남아 있어도 버리고 간다. 정신 좀 차렸다 싶으면 육칠천 원짜리 커피를 마신다. 아직도 폰만 붙잡고 있으면 '이 자식 정신 못 차렸네' 하면서 만 원짜리 커피를 시킨다. 혼자서 두 잔을 시킬 때도 있다. 누가 보면 돈을 흥청망청 쓴다고 욕할 수도 있다. 그런데 그렇게 낭비를 해도 한번도 후회한 적은 없다. 돈을 쓴 만큼 아까워서라도 어떻게든 본전을 뽑아야 한다는 마음이 생기기 때문이다. 그리고 마침내 돈이 나를 일하게 만든다. 움직이고 행동하기 시작하는 것이다.

참고로, 그 일이 꼭 '돈이 되는 일'일 필요는 없다. 앞서 언급한 '본전 뽑기'라는 말은 돈을 많이 썼으니 그만큼 더 많은 돈을 벌어야 한다는 의미는 아니다. 미뤄왔던 일을 조금이라도 하게 되고, 우울함에 잠식되어 아무것도 하지 못했던 당신이 세상을 향해 용기 있게 한 걸음 내딛는 것, 마음을 환기시키고 다시 한번 해보자고 마음먹게 되는 것, 이 또한 '버는 일'이다. 어쩌면 이런 것들이야말로 가장 가치 있고 값비싼 풍요를 버는 일이 아닐까. 혹시 오해의 소지가 있을까 봐 첨언하자면, 여기서 핵심은 돈을 쓰는 것이 아니다. 중요한 것은 돈을 쓰는 행위를 통해 '내가 얼마나 나약한 의지를 벗어던지고 조금이라도 행동하게 되는가', 그래서 '얼마나 성장하느냐', 나아가 '얼마나 큰 행복감을 느끼느냐'다.

지금 당신은 원하는 삶을 살기 위해 어떤 노력을 기울이고 있는가? 매일 '오늘 하루쯤이야' 하며 해야 할 일을 무한정 미루고 있진 않은가? 그렇다면 이젠 돈을 쓸 차례다. 앞서 이야기한 '건강한 조급함'과 더불어 돈이라는 도구를 '건강한 압박감'으로 활용해보는 것이다. 이는 사치를 부리는 일이 아니라, 가치를 불리는 일이다. 꼭 큰돈을 쓸 필요는 없다. 적은 돈으로도 당신이 이루고 싶은 목표나 해야 할 일을 완수할 방법은 얼마든지 있다. 당신만의 창의적인 아이디어를 최대한 끌어내 보자.

마지막으로, 진정으로 원하는 삶에 더 가까워지고 싶다면, 돈 자체를 탐하거나 더 많이 가지려고 욕심부리는 대신, 내가 진정 바라는 것을 얻고 행복한 인생을 누리는 데 도움이 되는 '발판'으로 돈을 활용하자. 즉 나를 둘러싼 환경에 돈을 투자하는 것이다. 돈을 내 것으로 만들려고 하는 대신 '내 편'으로 만들어라. 그러면 돈은 더 이상 욕망의 대상이 아닌, 욕망의 대가가 될 테니까. 그런 의미에서, 오늘부터는 동기부여 대신 '돈' 기부여 해보시길.

목표를 이루려면
거꾸로 살자

가장 쉽고 빠르게 꿈을 이루는 방법은 무엇일까? 바로 거꾸로 사는 것이다. 우리는 보통 '과거-현재-미래' 순으로 사고하고, 이루고자 하는 목표를 최종점으로 바라본다. 하지만 아인슈타인을 비롯한 수많은 과학자와 물리학자들은 '시간'이라는 개념은 환상일 뿐, 과거와 현재와 미래는 동시에 존재한다고 말한다. 시간의 흐름 또한 역방향(과거-미래가 아닌, 미래-과거)으로 흐를 수도 있다는 가능성을 주장해왔다. 세상에는 아직 과학적으로 명확히 밝혀내지 못한 현상들이 무수히 많다. 물론 여기서 시간이 존재하는가 존재하지 않는가, 사실이냐 가설이

냐를 따져보려는 건 아니다. 요지는, 진실이 무엇이든 그것과는 별개로 '거꾸로 보는' 사고방식이 우리가 꿈꾸는 목표를 빠르게 실현하는 데 큰 도움이 된다는 점이다. 거꾸로 보는 관점이란, 삶이라는 영화를 '되감기'하듯이 바라보는 것이다. 즉 우리가 마주하는 현실을 순차적으로 생각하지 않고 역순(과정-결과가 아닌, 결과-과정)으로 떠올려보는 것이다.

만약 당신이 '결론'에서부터 시작한다면, 자연스럽게 그 결론에 도달하기까지의 '과정'을 떠올리게 되고 그 과정을 특별하게 여기게 된다. 예를 한번 들어보자. 당신은 잠들기 전 침대에 누워 내일의 계획을 세운다. '내일 아침에는 꼭 6시에 일어나서 조깅을 해야지. 그리고 7시까지 아침을 먹고 씻은 다음 7시 30분에 지하철을 타는 거야. 여유롭게 8시 10분까지 출근해서 미리 자료조사를 좀 해놔야겠어. 점심 먹기 전까지 보고서 작성을 끝내고, 2시부터 프로젝트를 시작하면 칼퇴할 수 있겠군. 좋았어. 내일부터 파이팅이다!' 그리고 다음 날 아침, 시끄러운 알람 소리에 눈을 뜬다. '아, 딱 5분만 더 자자.' 그렇게 정확히 네 번의 알람을 끄고 나서야 겨우 몸을 일으킨다. '하, 오늘은 너무 피곤하네. 운동은 내일부터 하자.' 여유롭게 출근해서 2시부터 프로젝트를 시작하겠다는 목표는 이미 물 건너갔다. 오늘도 야근 확정이다.

다소 과장되긴 했지만, 이는 우리에게 늘 일어나는 일이다. 아무리 다이어리에 그날 할 일을 빼곡히 적고 시간표대로 움직이려 해도, 현실은 계획한 대로 흘러가지 않는다. 그럴 때 이렇게 해보는 건 어떨까? 다시 전날 밤으로 돌아가보자. 잠자기 전 침대에 누워 다이어리를 펼친다. 그리고 내일 하루의 최종 '결론', 즉 '가장 중요한 일'부터 적어나간다. '음, 정시 퇴근 전까지 이 프로젝트를 끝내려면 최소 2시에 시작해야 해. 그러려면 1시에는 점심을 먹어야 하고, 그전에 보고서 작성을 끝내야 해. 오전 9시 전에 리서치를 시작해야 하니까 출근은 8시 10분까지, 아침 식사는 7시까지, 기상은 6시부터….'

눈치챘겠지만, 이 시간표는 앞서 순차적으로 짠 시간표와 시간도, 내용도 모두 동일하다. 다만, 하루를 바라보는 관점과 방향이 달라졌을 뿐이다. 정확히 말해서, 계획하는 '순서'를 달리했다. 《실행이 답이다》에서 이민규 저자는 이를 '역산 스케줄링'이라고 한다. 이 개념을 적용하면, 같은 일을 하더라도 다른 마음가짐으로 대할 수 있다. 당장 눈앞에 놓인 하기 싫은 일을 회피하고 미루는 대신, '아, 이따가 중요한 일을 하려면 지금 이 귀찮은 일을 해야만 하는구나!'라는 합리적인 조바심이 생긴다. 이 방식은 하루 일과뿐 아니라, 당신의 인생 전반에 걸친 모든 목표와 꿈에도 적용할 수 있다. 이게 바로 급한 것보다 중요한 것을 선택하는, 과정이 아닌 결론부터 시작하는 '거꾸로 사는 삶'의 방식이다.

우리가 알고 있는 수많은 사람들이 이러한 사고방식을 적극 활용해 마침내 꿈을 이루고 성공했다. 100억 원대의 연봉을 받는 스타강사 이지영, 2000년대 최고의 인기를 누린 댄스가수 비, 이들은 어떻게 그렇게 큰 성공을 거둘 수 있었을까? 단순히 열심히 노력했기 때문일까? 사실 노력하는 사람은 정말 많다. 이들의 남다른 점은 누구보다 강한 '자기확신'이었다. 그리고 자기확신은 결과에서 시작했을 때, 즉 거꾸로의 관점으로 살아갈 때 얻을 수 있다. 비는 고등학생 시절, 시비가 붙을 만한 상황이 생기면 의도적으로 피하고 조심했다고 한다. '난 앞으로 유명한 가수가 될 텐데 이런 사고에 휘말리면 안 돼'라고 생각한 것이다. 앞으로 크게 성공할 것이라는 확신이 있었기에 미래의 시점에서 바라본 과거인 '현재'를 충실히 지켜낼 수 있었다. 이지영 강사 또한 찢어지게 가난했던 과거 시절, 환경을 탓하거나 주눅 들지 않고 '어차피 난 잘될 거니까'라는 마음으로 하루하루를 살아왔다고 한다. 이 또한 미래의 시점에서 현재를 해석한 것이 아닐까?

이들은 이미 거꾸로 사는 것의 의미를 완벽하게 이해하고 있었다. 이처럼 현재 시점에서 미래에 일어날 일을 염두에 두고 행동하는 것은 생각보다 큰 효과가 있다. 대표적인 예가 바로 '다이어트'다. 다이어트에 성공한 사람들이 흔히 쓰는 방식 중 하나는, 다이어트를 한 후에 입을 이상적인 사이즈의 옷을 미리 준비해두는 것이다. 앞으로 날씬하고 탄탄해질 내 몸에 딱 맞는 옷을 매일 바라보면 '미래의 나'가 차츰 현재로 이동하게 된다. 아주 자연스럽고 확실하게. 반대로, 현재 불만족스러운 몸에 맞는 편한 옷만 입게 되면 계속 지금의 몸 상태를 유지하게 된다. 사람은 현재 자신이 처한 상황에 따라 그에 걸맞은 모습을 갖추게 되기 때문이다.

앞서 예로 든 사람들의 공통점은 모두 미래의 관점에서 현재를 바라봤다는 점이다. 멀게만 느껴지고 지금 당장은 그리 중요하지 않아 보이는 '미래에 하고 싶은 일'을, 이제는 순서를 바꿔 '현재'로 가져다 놓아야 한다. 그래야만 시작할 수 있고, 도전할 수 있다. 이는 마치 '비행기 탑승 시간'과 비슷하다. 아무리 바쁘고 게으르고 무기력한 사람일지라도 여행을 가려고 예매해둔 비행기 시간은 어떻게든 지킨다. 그런 의미에서, 거꾸로 산다는 것은 미래의 관점에서 현재를 바라보는 것일 뿐 아니라, 유일하게 존재하는 현실(지금 이 순간)에 온전히 집중하며 사는 삶을 뜻하는 게 아닐까.

현재에 충실할수록 삶은 단순해지며, 오늘 해야 할 일이 명확해진다. 현재에 몰입하고 만족하기가 쉬워진다. 당신도 잘 알다시피, 인생에서 경험하는 괴로움의 대부분은 이미 지나가 버린 과거에 대한 후회나 누구도 확신할 수 없는 불투명한 미래에서 비롯된다. 즉 우리가 유일하게 행복을 만끽할 수 있는 순간은 오직 '현재'뿐이다. 그러니까 좀 더 쉽게 당신의 꿈을 이루고 싶다면 더더욱 현실에 집중해보자.

단, 오늘 하루에만 초점을 맞추지 말고, 이미 목표를 이룬 사람의 시선으로 지금 이 순간을 살아보자. 화가가 캔버스에 하나하나 붓질을 해나갈 때, 그 순간에는 별다른 의미가 없어 보이지만, 시간이 지나면 그 모든 터치가 완성된 작품의 필수적인 부분이었음을 깨닫게 되듯, 모든 사소한 순간들도 결국 미래를 위한 중요한 조각들이라 여기며 일상을 보내는 것이다. 마치 삶의 마지막 순간에 '나는 그 누구보다 충만한 인생을 살아왔노라'라는 내용이 담긴 자서전을 쓰고 있다고 상상하면서 말이다. 그 과정에서 어떤 난관을 만나든, 어떤 괴로움을 겪든, 어차피 결과는 이미 정해져 있다. 당신의 꿈은 미래에 이미 이루어져 있는 상태니까.

망해도
괜찮다면

인생을 아무리 쉽고 편하게 살려고 해도 그럴 때마다 시도 때도 없이 나타나 가로막는 방해꾼이 있다. 그건 바로 '이러다가 망하면 어떡하지?', '실패하고 싶지 않은데', '그러다 큰일 나면 어떡해' 같은 부정적인 생각들이다. 사실 이러한 불안감은 인간이라면 누구나 가질 수밖에 없는 당연한 본능이다. 지금 이렇게 글을 쓰고 있는 나도 그렇고, 겉보기에는 걱정 하나 없을 것 같은 사람들도 마찬가지다. 니체도 말하지 않았던가. 인간에게는 누구나 자신만의 지옥이 있다고.

실패할까 봐 두려워하는 마음은 우리가 인생의 목적을 '성취'나 '성공'에만 두기 때문에 생긴다. 성취와 성공을 바라는 건 어떻게 보면 당연할 수도 있다. 하지만 앞서 인간의 존재 이유가 행복이 아니라는 이야기를 했듯이, 진정으로 평온하고 아늑한 삶을 누리고 싶다면 그 반대의 상태인 불편하고 불안한 마음도 받아들일 수 있어야 한다. 그러기 위한 하나의 방편으로 삶의 목표를 성취로 한정 짓지 말고 이렇게 바꿔보면 어떨까? '인생의 목적은 성취가 아니라 체험이다.'

갓 구운 빵을 떠올려보면 좋을 것 같다. 따끈따끈하고 먹음직스럽게 생긴 빵의 초반 모습은 끈적하고 무거운, 더군다나 하나도 예쁘지 않은 그저 허옇기만 한 반죽이다. 하지만 뜨거운 열이 가해지고 발효되는 시간을 기다리고 나면, 마침내 고유한 맛과 향을 지닌 쫄깃하고 달콤한 빵이 된다. 우리네 삶도 갓 구운 빵이 나오는 과정과 별반 다르지 않다. 인생이라는 여정에서 겪는 어려움은 어떻게 보면 더 깊은 풍미를 내기 위한 '체험'일 수 있다. 그런 의미에서, 고통을 그저 괴로운 감정이 아니라 하나의 에피소드 정도로 바라보는 건 어떨까? 혹은 더 아름답고 멋진 불꽃을 피워내기 위한 땔감으로 생각해보는 것도 좋다.

일말의 실수도 용납하지 않고, 행복한 결과만 추구하며 살아가는 것은 마치 2시간짜리 영화에서 1분짜리 결말만 보려는 것과 같다. 만약 영화를 감상할 때마다 고난과 갈등이 난무하는 모든 스토리 전개 과정을 건너뛰고 엔딩만 골라 본다면, 진정으로 그 영화를 봤다고 말할 수 있을까? 아마 그 어떤 재미도, 감동도, 여운도 느낄 수 없을 것이다. 그러면 영화를 제대로 본 것도, 음미한 것도, 메시지를 분명히 이해한 것도 아닐 테니까.

인생도 이와 같다. 당신이 추구하는 목표가 무엇이든, 이를 거머쥐기 전까지의 갈등, 애타는 마음 등 자연스럽게 흘러가는 희로애락의 서사가 있어야 더 몰입하고 재미와 감동을 느낄 수 있다. 그리고 사실 이렇게 매일매일 달라지는 마음의 날씨가 우리 일상의 본모습이기도 하다. 《신경 끄기의 기술》의 저자 마크 맨슨은 자존감을 제대로 측정하려면 긍정적 경험이 아닌, 부정적 경험을 어떻게 받아들이는지를 봐야 한다고 말한다. 그리고 실제로 자존감이 높은 사람은 자신의 부정적인 면을 있는 그대로 볼 수 있다고 강조했다. 우리가 영화를 보는 이유는 단지 결말을 알기 위해서가 아니다. 스토리의 모든 과정, 특히 상황이 잘 안 풀리고 주인공이 고난을 겪는 장면들이 결말을 빛내주고 감동을 주는 것처럼, 우리도 매 순간의 시행착오와 좌절을 기꺼이 경험하고 껴안을 때 비로소 삶의 충만함을 체험할 수 있다.

당장 부정적인 감정과 상황에 어떻게 대처해야 할지 막막하다면, 스스로에게 이렇게 한번 질문해보자.

'망해도 괜찮다면?'

살면서 어쩔 수 없이 맞닥뜨려야 하는 최소한의 실패량이 있기에 우리는 이에 익숙해지고 실패를 잘 다루는 법을 배워야 한다. 한때 인기를 끌었던 책 제목 '미움받을 용기'처럼 실패할 용기도 필요하다. 지는 것에 대한 민감도를 낮추고 실패에 대한 면역력을 길러야 한다. 나아가 '일부러 실패하는 연습'도 해야 한다. 실패를 디폴트(기본값)로 삼아보자.

'성공하기도 힘든데, 굳이 실패까지 해야 해? 당연히 피할 수 있으면 피해야지'라는 생각이 드는가? 책《불안 해방 일지》에서 아동 불안장애를 전문으로 하는 부모 코치 돈 휴브너 박사는 '노출'과 '탈감각화'라는 개념을 통해 "실수를 두려워한다면 자꾸 실수를 저지르는 경험이 필요하다"라고 말했다. 그리고 부모들이 아이를 위험에서 보호하기 위해서 하는 행동이 때로는 두려움을 경험할 기회를 앗아갈 때가 있다고 설명한다. 나 역시 아이를 키우는 부모로서 이 이야기를 읽고 스스로를 돌아보게 됐다. 아이가 다칠까 봐, 불안해하는 것 같아서 조금이라도 위험해 보이는 물건이나 상황을 치워버리고 해결해 주려고 했다. 그런데 그럴수록 아이는 무언가를 만지고 시도 하는 데 지나치게 조심스러워하거나 눈치를 보는 것 같았다. 비록 아직 많이 어리긴 하지만, 부모의 과잉보호로 아이가 실수를 통해 배워나가는 과정을 두려워하게 되는 건 아닐까 하고 반성하게 됐다. 그래서 그 이후로는 너무 위험한 상황만 아니면 아이가 넘어지고 다치고 실수하면서 자신감을 가질 수 있도록 독려하고 있다. 오히려 그런 경험을 적극적으로 해봐야 세상을 똑바로 마주하고 어떤 역경이 와도 지혜롭게 헤쳐나갈 수 있을 테니까.

이미 어른이 된 우리도 힘든 고비들을 숱하게 거쳐왔음에도 여전히 실패를 두려워한다. 그런데 사실 실패는 성공으로 가는 여정의 일부다. 사회적으로 크게 성공한 사람들의 이야기를 들여다보면, 지겨울 정도로 반복되는 공통된 흐름이 있다.

도전 → 실패 → 재도전 → 또 실패 → 재도전 → 마침내 성공

'실패를 두려워하지 말고 도전을 멈추지 말라'는 식의 조언은 꼰대 소리를 들을 만큼 무척이나 진부한 공식이지만, 원래

모든 진리는 시시하고 지루한 법이다. 이를 뭔가 지적이고 세련된 언어로 표현하자면, '역경지수' 또는 '회복탄력성'이라고 할 수 있다. 굳이 이런 개념을 들먹이지 않더라도 당신은 이미 잘 알고 있을 것이다. 실수하고 실패하는 경험은 인생에서 그 누구도 피할 수 없다는 사실을 말이다. 흔히 사람들은 성공한 이들이 막대한 부와 명예를 거머쥘 수 있었던 비결은 그만큼 성공에 대한 욕망이 컸기 때문이라고 생각한다. 하지만 그들의 성취 과정을 자세히 들여다보면 '실패를 어떻게 다루는가'에 더 많은 초점이 맞춰져 있다.

불쾌하고 불편한 상황을 더 잘 다루기 위한 한 가지 팁이 있다면, 바로 '죽음'을 떠올리는 것이다. 너무 머나먼 일이라고 생각해 당장 와닿진 않겠지만, 죽음을 더 자주 떠올릴수록 두렵고 막막할 수 있는 인생이라는 게임을 더욱 과감하게 플레이할 수 있는 용기가 생긴다. 스티브 잡스는 33년 동안 매일 아침 거울을 보며 다음과 같은 질문을 스스로에게 던졌다고 한다. "오늘이 내 인생의 마지막 날이라면, 지금 하려고 하는 일을 할 것인가?" 그는 오늘 하려는 일이 가슴에서부터 우러나오는 진정 원하는 일인지 알고 싶을 때 이 질문을 지표로 삼았다. 그만큼 죽음이라는 건, 우리가 당장 무엇을 하고 싶고, 어떤 삶을 살고 싶은지를 깨닫게 해주는 가장 원초적이고 본능적이며 직관적인 도구다.

죽음은 일이 틀어지는 경험조차 하나의 에피소드 정도로 여기게 만든다. 죽음을 염두에 두면 그 일이 인생을 뒤흔들 만큼 중대한 사건이 아니라, 언젠가는 지나갈 것이며, 어떻게든 해결할 수 있는 일로 보이기 시작한다. 단순히 '삶의 마지막 순간을 떠올리며 현재에 감사하고 몰입하자'는 말이 아니다. 끝이 있음을 인식한 상태에서 현재를 바라보면, 지금 겪고 있는 고통의 의미를 이해하고 견뎌낼 힘이 생긴다는 뜻이다.

《지적 대화를 위한 넓고 얕은 지식》에서 저자는 죽음에 대해 이렇게 말한다. "죽음이라는 예정된 사건은 먼 훗날의 이야기가 아니라 지금 현재의 행위를 이해하게 하는 기준점이 된다." 지금 당장의 고통을 현재 시점에서만 해석하려고 하면 한없이 좁은 관점에서 나온 해결책만 떠올리게 된다. 하지만 같은 사건도 죽음 앞에서 바라보면 '내가 결국 이렇게 되려고 힘들었던 거구나', '이 지난한 시간들이 오히려 내 삶을 더 풍성하게 만들어주었구나'라는 깨달음이 온다. 물론, 이러한 경지에 이르는 건 결코 쉽지 않기에 연습과 훈련이 필요하다.

마음에 드는 책이나 영화를 두 번 이상 본 적이 있는가? 나는 같은 작품을 여러 번 반복해서 보는 걸 좋아한다. 그 이유는 볼 때마다 각기 다른 지점들이 눈에 들어오기 때문이다. 처음에는 별생각 없이 지나쳤던 장면이나 대사가 새롭게 다가오기도 하고, 잘 이해되지 않았던 인물의 입장과 행동이 공감되기 시작한다. 그리고 이미 봤던 작품을 다시 볼 때의 가장 큰 이점은 결말을 알기에 조급하지 않게, 여유롭고 편안한 마음으로 감상할 수 있다는 점이다. 어차피 해피엔딩이라는 것을 아니까 등장인물 사이의 갈등과 다툼도 하나의 과정으로 받아들이고, 모든 상황을 넓은 시야에서 관대하게 바라볼 수 있게 된다. '이러다 큰일 나면 어떡하지' 하고 안달하기보다 그 어려움을 무사히 통과한 주인공을 대견해하며, 마치 사춘기 시절 오래된 비밀 일기장을 다시 넘겨보듯, 다정한 시선으로 바라보게 된다.

〈500일의 썸머〉라는 영화도 그랬다. 처음엔 여자 주인공을 욕했다. 두 번째 봤을 땐 남자 주인공이 나쁜 놈이더라. 세 번째 봤을 때는 '참 힘들었겠다. 그래서 그렇게 행동한 거구나' 하는 생각이 들면서 그저 두 사람을 모두 꼭 안아주고 싶었다. 그토록 사랑했던 사람과 헤어지고 나서야 우리는 그 사람이 왜 그렇게 행동할 수밖에 없었는지 비로소 이해하게 된다. 그리고 다음 인연을 만날 때는 정말 잘해줘야겠다고 다짐한다. 인생의 축소판인 영화를 다시 보면서 깊은 통찰을 얻을 수 있듯이, 당신 삶에도 회상의 관점이 필요하지 않을까? 적어도 지금 이 순간의 실패를 사랑할 수 있다는 점에서 스포일러가 꼭 나쁜 것만은 아니다.

《라틴어 수업》의 저자 한동훈 교수는 "단 한 번의 실패를 나의 전부라고 생각하지 마세요"라고 말하며, 실수와 자신의 정체성을 동일시하지 말라는 위로의 메시지를 전했다. 막연히 '잘될 거야'라는 말로 현재 상황을 억지로 긍정하기보다는 지금 겪는 힘든 순간들이 미래에 어떤 결과를 가져다줄지 기대하는 마음으로, 지금 내가 할 수 있는 일들을 하면서 차분히 기다려보는 건 어떨까? 초조함 대신 호기심 가득한 태도로 말이다.

망해도 괜찮다. 정말 괜찮다. 실패는 인생에서 거쳐가는 하나의 경유지이자 삶을 더 풍요롭게 만들어줄 경험이 될 테니까.

4장
나와 타인에게
관대해지는 법

귀여우면
끝난 거야

학교에서 가르쳐주지 않은 게 하나 있다면 그건 바로 '유머'일 거다. 어릴 때부터 성인이 될 때까지 우리는 '어떻게 하면 잘 살 수 있는가?'라는 질문에 대한 답으로 수많은 이론과 방법들을 배운다. 하지만 그것들은 모두 '진지하게' 문제를 해결하는 방향에만 초점이 맞춰져 있다. 문제가 나타나면 어떻게 '제대로' 해결할 수 있는지, 갈등이 생기면 무슨 '전략'을 취해야 하는지, 어려움이 닥치면 어떤 '행동'을 해야 하는지 등 무엇이든 심각하게 바라본다. 물론 이런 방법은 사회구성원으로서 마땅히 갖추어야 할 덕목이지만, 안타까운 건 이 모든 방법이 가끔은 지나칠 정도로 진지하다는 점이다. 아무도 문제를 조금 더 가볍고 유머러스하게 대하는 법에 대해서는 가르쳐주지 않았다. 때로는 그게 더 쉽고 효과적인 해결책이 될 수 있는데 말이다.

그래서인지 우리는 모두 '진지병'에 걸린 듯하다. 예를 들어, 어떤 사소한 오해로 다투게 되었을 때 서로 자존심을 내세우며 감정적으로 맞서다 보면, 정작 우리가 '무엇 때문에' 이렇게 화가 났는지 망각하게 된다. 싸움의 원인이 아니라 그냥 지금 싸우고 있는 상황, 즉 '싸움 그 자체'에 목숨을 건다. 내 말이 무조건 옳아야 하고 상대방은 틀려야만 한다. 어쩌면 그냥 '미안하다. 그런 의도가 아니었다.' 이 한마디면 끝났을지도 모를 사소한 갈등인데, 자신도 모르게 마냥 심각해져서 흔히 일어날 수 있는 일을 마치 가장 중대하고 위급한 사건처럼 여기는 것이다.

이게 다 쓸데없이 무거운 태도 때문이다. 그렇다고 해서 모든 일을 가볍게 바라보라는 뜻은 아니다. 당연히 골똘히 고민하고 진중한 자세로 임해야 하는 상황들도 많고, 그럴 땐 마땅히 신중하게 행동해야 한다. 하지만 우리가 일상에서 겪는 대부분의 일들은 생각보다 그리 큰 문제가 아닐 때가 많다. 사소한 사건에도 매번 심각하고 진지하게 반응할 필요는 없지 않은가. 안 그래도 인생에는 해결해야 할 골칫거리들이 넘쳐나는데 말이다.

　인기리에 방영되고 있는 〈나는 솔로〉라는 프로그램을 보면, 가끔 출연진들이 관계에 과하게 몰두하는 상황이 연출된다. 어쩌다 한 번 표를 못 받을 걸 가지고 심하게 자책하거나 오늘 처음 본 사람을 마치 평생의 유일무이한 인연이자 전부인 것처럼 여기며 목숨을 건다. 혹은 좋아하는 마음이 너무 큰 나머지 자신의 가치관을 상대에게 성급히 강요하거나, 데이트 한 번 해보지 않고 나와 성향이 맞지 않다며 가차 없이 내치기도 한다. 반면, 시청자이자 제삼자인 우리는 그들보다 조금 더 시야가 넓다. 충분히 여유를 가지고 '저럴 땐 같이 공감해줘야지', '뭐 저렇게 빡빡하게 굴어?' 하며 상황에서 한 발짝 떨어져서 훈수를 두기도 한다(결코 그들보다 현명하고 연애를 잘해서가 아니라 단지 당사자가 아니어서 그런 것이다. 그러니 나도, 당신도 자만하지 말자. 우린 다 사랑 앞에서 미련하니까).

　여유가 있다는 건, 심각해지지 않을 수 있는 특권이 존재한다는 뜻이다. 예를 들면, 내가 호감 가는 상대가 다른 사람을 좋아할 때 그 순간의 감정에 휘둘리는 대신 이렇게 반응할 수 있다. '음, 그럴 수 있지. 그러면 다른 방법으로 나의 매력을 어필해볼까?' 혹은 '이번 기회에 나도 다른 사람을 알아봐야겠어. 혹시 알아? 나랑 더 잘 맞는 사람이 있을지.' 이렇게 생각의 회로를 여러 갈래로 분산시키면 행동의 반경도 넓어지고 예상치 못한 좋은 결과를 얻을 수도 있다. 전혀 관심이 없었던 상대에게 먼저 다가가 가벼운 대화를 나눌 수도 있고, 어제 나와의 데이트가 너무 좋았다고 말한 상대에게 "왜 그렇게 말해 놓고 다른 사람 선택했어요?"라고 부담스럽고 피곤하게 따지는 대신 나는 그런 것 따위는 전혀 신경 쓰지 않는다는 듯 호기심 어린 태도로 상대의 취미나 관심사에 대해 질문을 던질 수도 있다.

앞서 말했듯 우리는 누구나 사랑 앞에서 찌질해지기 마련이다. 하지만 잠깐 머리를 환기하고 살짝만 뒤로 물러서서 바라보면, 즉 '조금 덜 진지하고 덜 심각해지자'라고 마음만 먹어도, 생각보다 쉽게 관계가 회복되는 마법을 경험하게 된다.

친구 중에 연애를 정말 잘하는 녀석이 하나 있다. 그 친구는 참 쉽게 사귀고, 심지어 헤어진 연인을 다시 붙잡을 때도 큰 어려움 없이 성공했다. 노하우가 뭐냐는 질문에 친구는 이렇게 대답했다. "걔가 신중해질 틈을 주지 않아. 그럴수록 부담을 느끼거든." 가만히 생각해보니 정말 그랬다. 이십 대 초반 철이 없던 시절, 이 친구는 당시 연애를 하던 여자친구와 헤어졌다 다시 만나기를 반복했다. 그때 우연히 그 친구가 헤어졌을 당시 여자친구에게 보낸 문자를 본 적이 있다.

'뭐하냐? ㅋㅋㅋ'

'응? 내가 대체 뭘 본 거지?' 싶었다. 불과 며칠 전에 피터지게 싸우고 헤어진 여자친구에게 3일 만에 연락해서 한다는 말이 고작 '뭐하냐?'라니. 심지어 방정맞게 'ㅋㅋㅋ'까지 붙였다. 그런데 신기하게도, 그 이후로 둘은 계속 이런저런 문자를 주고받는 듯했고 얼마 지나지 않아 다시 사귄다는 소식을 전해 왔다. 그 당시 녀석의 여자친구와 나도 아는 사이여서 친구가 없는 틈을 타서 조심스레 물어봤다.

"아니, 너는 그런 이상한 문자를 받고도 다시 사귈 마음이 생기냐? 뭐 어떻게 된 거 아냐?"

그때 '그게 뭐 어때서?'라는 듯한 표정으로 해맑게 웃으며 한 대답이 아직도 기억에 남는다.

"왜~ 귀엽잖아~"

아… 흔히들 "귀여우면 끝난 거야"라고 하는데, 이게 그 말인가 싶었다. 듣고 보니 이러했다. 친구의 의도가 무엇이든, 본인(여자친구)이 받아들이기에 그렇게 심하게 싸우고 상처를 주고 자존심을 상하게 했음에도, 개의치 않고 '뭐하냐'고 묻는다는 건 그만큼 자신을 사랑해서 그런 게 아닐까 하는 생각이 들었다고. 또 문제의 원인에 대해 잘잘못을 따지거나 몰아세우지 않아서 그냥 별일 아닌 것처럼 받아들이게 된다고, 그런 편안함과 자연스러움이 참 좋다고 했다.

솔직히 말하면, 콩깍지가 제대로 씌여서 본 의미를 왜곡한 걸 넘어 확대 해석한 것 같긴 했지만, 인정할 수밖에 없었던 건 이런 가벼움이, 살짝 미소를 머금게 하는 익살스러운 뻔뻔함이 그녀의 마음을 움직였다는 사실이다. 화해가 꼭 진중해야 할 필요는 없으니까. 냉전 상태의 관계를 풀기 위해 꼭 옳고 그름을 가리거나 발전적인 방향의 해결책을 제시해야 할 필요는 없지 않을까? 우리가 마주하는 사건과 상황들이 항상 전략적인 방식으로만 해결되는 것은 아니다. 때로는 엉뚱하게, 가끔은 허무맹랑한 전개로 풀려버리기도 한다.

우리는 조금 더 가벼워질 필요가 있다. 열심히 말고 '귀엽게' 접근해볼 생각을 해야 한다. '갑자기 귀엽게라니, 그게 무슨 말이야?' 싶을 것이다. 여기서 '귀엽다'라는 말을 재정의해보자.

귀엽게 = 가볍게

우리는 공원에서 산책하며 아장아장 걷는 애기들을 보거나 복실복실 새하얀 털들이 마구잡이로 흐트러져 있는 조그만한 강아지들을 볼 때, 흐뭇한 표정을 지으며 이렇게 말하곤 한다.

"아웅~ 귀여워." 이 귀여운 생명체들에게 엄격한 잣대를 들이대며 냉혹하게 대하지 않는다. 그런데 유독 다 큰 어른들에게는 무척이나 가혹하다. 지극히 냉정하고 이성적이다. 그게 꼭 나쁘다는 건 아니지만 기준이 엄격해질수록 속이 한없이 좁아진다는 게 문제다. 내가 믿는 가치관, 내가 따르는 규칙을 기준으로 상대방을 재단하고 사회를 규정하기 때문에, 제한된 지식으로 문제를 해결해 나갈 수밖에 없다. 그렇게 우리는 모두 '꼰대'가 되어간다. 꽉 막히고, 빡빡하고, 까칠한 사람들은 모든 광경을 '심각하게' 바라본다.

하지만 만약 우리가 주변의 상황과 사람들을 '귀엽게' 바라볼 수 있다면 어떨까? 그러면 잔뜩 힘을 주느라 긴장했던 어깨가 느슨해지고, 나와 다른 이들을 모두 적으로 간주하던 경계가 무너지고, 높은 기대와 기준으로 까다롭게 굴던 태도도 한결 부드러워질 것이다.

귀여움은 다른 말로 '관대함'이다. 나만큼 남들도 가끔 두려움에 떨고, 주변 눈치를 살피고, 실수하고 넘어질 수 있다는 관대한 태도를 장착하고, 남들의 귀여운 면모를 찾아내는 것만으로도 우리는 한층 여유로워질 수 있다. 이러한 태도는 마음을 편안하게 만들어줄 뿐 아니라, 상대에게도 배려받고 있다는 느낌을 준다. 그렇게 서로 좋은 에너지를 주고받는 선순환이 일어난다. 혹시 이 말이 너무 이상적으로 들린다면, 주변에서 "귀엽다"를 남발하는 이들을 잘 관찰해보자. 덜 진지할수록, 귀여움을 더 자주 느끼는 사람일수록 세상과 사회를 바라보는 시선이 따뜻하다. 그러니까 당신도 신중함이라는 다소 거추장스러운 안경을 벗고 이번 기회에 귀여움이라는 렌즈를 장착해보는 건 어떨까?

생각보다 일이 잘 풀리지 않을 때, 누군가의 잘못이나 비난에 화가 치밀어 오를 때, 도무지 해결책이 떠오르지 않는 문제를 마주할 때, 한껏 심각해지기 전에 한번쯤 스스로 의심해보자. '이게 꼭 그렇게 진지하게만 다가가야 할 사안일까?' 대답이 '아니오'에 가깝다면 그때는 자신 있게 이렇게 외쳐보자.

"뭐가 그리 심각해? 그냥 귀엽게 생각해!"

세상을 귀엽게
바라볼 수 있다면

한때 사는 게 너무 힘들어서 조금이라도 기댈 수 있는 것들은 모조리 뒤져본 적이 있다. 책, 강의, 상담, 치료, 명상 등 세상에 존재하는 모든 방법들을 다 동원해서 말이다. 그때 만난 사람들이 해준 말이나 메시지들은 표현의 차이는 있었지만 본질은 비슷했다. "자신을 사랑하세요", "있는 그대로의 자신을 안아주세요", "모든 것에 감사하세요." 이 말들은 분명 어느 정도 도움이 되었다. 그리고 정말 많이 애쓰고 노력해봤다. '그래, 지금 이대로의 내 모습 그 자체를 사랑하자. 이미 가지고 있는 것들에 대해 감사하면 좋은 일들이 올 거야.' 하루에도 수백 번씩 되뇌며 나를 다독였다.

　그래서 나는 정말 괜찮아지고 내 인생은 좀 나아졌을까? 결론부터 말하자면 그렇지 않았다. 앞서 말했듯 도움은 되었지만 여전히 힘들고, 아프고, 우울한 현실은 계속해서 나타났다 사라졌다를 반복했다. 그렇게 수년의 시간을 보내고 깨달은 것이 하나 있다. 바로, 그 어떤 누구도 나 자신보다 나를 잘 알지 못한다는 사실이었다. 나를 사랑하고 매사에 감사하는 것은 동서고금을 막론하고 모든 현자들이 설파했던 메시지다. 수많은 자기계발서, 심리학, 종교, 영성에서 그토록 강조하는 것 또한 '자기 사랑'과 '감사'다. 그럼에도 불구하고, 나는 이 말들이 그리 와 닿지 않았다. 솔직히 고백하자면 여태까지 나를 사랑하는 척, 모든 것에 감사한 척, 긍정적으로 사는 척했을 뿐이다. 단지 머릿속으로만 이해했던 것들을 마치 온 가슴으로 이해한 것처럼 흉내 냈을 뿐, 단 한번도 진심을 다해 나 자신을 사랑해준 적은 없었던 것 같다.

　그러다 문득 현인들이 말한 것처럼 내가 그토록 사랑스러운 존재라면, 이미 완전하고 완벽한 존재이기에 모든 것에 감사를 느껴야 하는 사람이라면, 굳이 그 사람들로부터 정답을 구하지 않아도 괜찮지 않을까 하는 생각이 들었다. 그 사람이 유명한 사람이든, 깨달음을 얻은 사람이든, 위대한 업적을 이뤄낸 사람이든 그가 나보다 나를 더 잘 이해해줄 수 있을까? 나를 더 사랑해줄 수 있을까? 대답은 '아니오'였다. 그렇다면 어떻게 해야 스스로를 더 잘 위로해주고 사랑해줄 수 있을까? 몇 날 며칠 밤을 새워가며 끈질기게 묻던 질문이었다. 그리고 마침내 이런 결론을 내렸다. 삶에 대해 많은 영감과 가르침을 준 스승들이 '자기 사랑'에 대한 메시지를 각기 다른 단어로 묘사했듯, 나 또한 내가 좋아하고 내게 어울리는 문장으로, 다른 사람이 아닌 내가 만들어서 말해주면 되지 않을까?

이렇게 시작된 것이 "귀여워"다. 다른 좋은 표현들도 많았지만, 나에게는 "귀여워"라는 말이 가장 큰 위로가 되었다. 솔직히 "사랑해"라는 말은 좀 오그라든다. 가장 가까운 가족, 심지어 아내에게도 평소에 잘 하지 않는 이 말을 나 자신에게 건네는 건 결코 쉽지 않은 일이다. 물론 하려면 얼마든지 할 수는 있다. 하지만 진심이 우러나오지 않았다. 익숙하지도, 와 닿지도 않았다. 그리고 '사랑'이라고 하면 뭔가 숭고하고 고귀한, 아름다움을 상징하는 말 같아서 다소 부담스럽게 느껴졌다.

반면 '귀여워'라는 단어는 우리에게 꽤나 친숙하면서도 가벼운 표현이지 않은가. 산책하는 강아지의 총총거리는 발걸음을 볼 때, 카톡 대화창에 뜨는 신상 이모티콘을 발견했을 때, 입에 케첩이 묻은 줄도 모르고 신나게 핫도그를 먹는 연인의 해맑은 표정을 볼 때, 또 매장에 진열된 독특한 디자인의 컵을 볼 때조차도 우리는 "귀엽다"라는 말을 거리낌없이 한다. 그래서 이 말이 참 좋았다. 언제든 가볍게 누구에게나 해줄 수 있는 말. 큰 의미 없이 편하게 꺼낼 수 있는 말. 힘들어하는 친구에게 "힘내!"라는 강압적인 말 대신 건넬 수 있는 훨씬 더 다정하고 따뜻한 말. 굳이 진지하게 과거를 돌아보고, 반성하고, 거창한 다짐을 하지 않아도 그냥 웃으면서 '어차피 결국엔 잘 될 거야'라고 스스로를 다독일 수 있는 말. 그게 나에게는 "귀엽다"라는 말이었다.

'래릿아, 지금 힘들어하고 있는 네 모습. 그냥 그대로 너무 귀여워.'

'소심한 모습, 예민한 성격, 미래에 대한 불안함. 그런 고민을 하고 있는 네 모습 그 자체가 너무 귀여워.'

'1년 후 돌아봤을 때, 지금의 모습을 떠올리며 넌 말하겠지? 하, 이런 걸로 고민을 했다니. 귀여워, 귀여워.'

이렇게 나를 귀여워해주기로 한 순간부터 참 신기한 일이 일어났다. 주변 사람들이 모두 나를 귀엽게 봐주기 시작하는 것 아닌가? 그리고 마주하는 모든 고민과 걱정들이 조금은 단순하게 느껴졌다. 결국, 모든 것들은 그냥 다 '귀여운 것'에 불과하니까. 시간이 흐르고 세월이 지나면 '내가 이렇게 귀여운 고민을 하고 있었나?'라고 생각하는 순간이 반드시 올 테니까. 귀엽다는 말은 쓸데없는 진지함 없이도 언제든 가볍게 툭 내뱉을 수 있는 말이면서도, 부연설명이 필요 없는 '만능 리액션'이다. 그래서 당신이 실수하고 실패하고 어딘가 모자라 보이는 행동을 하더라도 '그런 나라도 그렇게 나쁘진 않아. 오히려 인간적인걸.' 하고 따뜻한 시선으로 바라봐줄 수 있는 관대함이 은은하게 묻어난다.

가만 보면 우리나라뿐 아니라 영어권 국가에서도 'cute(귀엽다)'를 남발한다. 뭐만 하면 "Oh, so cute(오, 정말 귀엽다)!"라고 말한다. 전형적인 미남은 아니지만 호감이 가는 외모의 남자를 봤을 때도 "Yeah, he's cute(와, 저 남자 귀여워)"라고 말하며 어중간한 태도를 취할 때 쓰이기도 한다. 대단하지는 않지만 나쁘지 않은, 평범하지만 그 안에 특별함을 발견할 수 있는 마법의 단어다. 그리고 무엇보다 '사랑'이나 '감사'처럼 이상적인 모습만 강조하는 뉘앙스가 아니라서 더 좋다. 사람은 누구나 다 장점이 있으면 단점이 있고, 자신감이 넘치는 부분이 있는 반면 남들에게 내비치고 싶지 않은 비밀도 있기 마련이다. 우리는 타인이 부족하고 어리숙한 모습을 솔직하게 드러내거나 실수로 발각되어 당황해할 때, '저 사람 참 귀엽다'라고 생각한다. 이게 바로 귀여움의 묘미다. 모자라도 괜찮고, 어딘가 어설퍼도 눈길이 가고, 미소를 짓게 된다.

〈나 혼자 산다〉, 〈전지적 참견 시점〉, 〈미우새〉와 같은 관찰 예능이 인기를 끄는 이유도 이와 비슷하다. 물론 여러 가지 요인이 있겠지만, 완벽해 보이고 항상 예쁘고 멋있을 것만 같은 연예인들의 꾸밈없는 인간적인 모습을 볼 때, 우리는 공감하며 친숙함을 느낀다. 빈틈이 보이니까 그 틈으로 그 사람의 날것 그대로의 멋이 흘러나온다. 그리고 우리는 이런 멋을 '귀엽다'라는 표현으로 뭉뚱그려 말한다.

너무 끼워맞추는 것 같다면, 그런 프로그램을 볼 때 당신의 반응을 떠올려보자. 한 아이돌 가수가 자취방에서 요리를 하는데 주방은 난장판이고, 김치찌개 하나 끓이는 데 한 시간이 넘게 걸린다. 또 어떤 배우는 매일 루틴처럼 지켜오던 다이어트가 치킨 한 조각에 무너지자 좌절하는 모습을 보이기도 한다. 우리는 그렇게 계획이 어그러지고, 하루를 망치고, 실수를 연발하는 장면을 보면서 혀를 차거나 비난하지 않는다. '저렇게 살면 큰일 나'라며 함부로 판단하지도 않는다. 그저 미소 지으며 '맞아, 나도 저럴 때가 있지', '와, 저렇게 성공했어도 참 어리바리하구나' 하고 때로는 흐뭇하게, 때로는 안타깝게, 때로는 온화한 마음으로 바라본다. 그리고 그런 모습이 밉지 않다. 그저 귀여울 뿐이다.

귀여움에 대해 많은 이야기를 했지만 사실 내가 전달하고 싶은 메시지는 아주 단순하다. 우리 삶에서 일어나는 모든 일들을 조금은 귀엽게 바라보자는 것이다. 물론, 말처럼 쉬운 일은 아니다. 우리는 각자 힘든 시간을 통과해왔고, 어쩌면 지금 그런 시간을 보내고 있을지도 모른다. 하지만 그럼에도 주제 넘게 이 말을 꼭 해주고 싶다. 어쩌면 세상이 복잡한 게 아니라, 당신의 마음이 복잡한 것일지도 모른다고.

어떻게 해야 우리가 삶을 좀 더 가볍게 바라보며 살아갈 수 있을까? 혹시 당신만의 방법이 있는가? 나에게 "귀여워"라는 말이 그랬듯, 당신에게도 어울리는 말이 있지 않을까? 어떤 단어, 문장, 표현이 당신의 인생을 좀 더 가볍고 빛나게 해줄 수 있을까? 과연 가볍게 사는 것만이 혹은 나 자신을 사랑하는 것만이 올바른 삶일까? 언제나 그렇듯, 답은 당신의 몫이다.

찌질함을
당당하게 드러내자

앞서 밝혔듯이, 과거에 나는 사람들 앞에서 발표하는 것을 극도로 두려워했다. 발표를 할 때마다 겉으로는 태연한 척했지만, 발표를 앞둔 날이면 아침부터 속이 울렁거리고 입맛이 하나도 없었다. 무대에 설 때마다 느끼는 절망감과 초라함이 너무 싫어서 조금이라도 극복하고자 여러 가지 교육을 찾아 듣곤 했다. 그중 우연히 참석했던 한 스피치 강의가 유독 기억에 남는다. 강사는 여느 전문가들처럼 "청중들의 심리를 미리 분석하세요", "PPT 첫 장은 무조건 외우시고, 마지막은 꼭 요약을 하세요"라며 기술적인 부분에 대해 이야기했다. 강사의 말을 들으면서 속으로는 이렇게 생각했다. '그렇겠지. 당신은 이미 프로니까 긴장되고 떨리는 건 별 문제거리도 아니겠지.' 그렇게 진부한 강연이 끝나갈 무렵, 마지막으로 그는 학생들의 눈을 하나하나 천천히 마주치고는 살짝 미소를 머금으며 담담히 이야기했다.

"여기까지가 제가 준비한, 말을 잘하는 노하우입니다. 현장에서 터득한 실질적인 방법들이에요. 그런데요. 그럼에도 불구하고, 여러분의 발표는 정말 구릴 겁니다. 진짜 최악일 거예요. 저의 대학시절 발표도 늘 그랬거든요. 뭐 여러분이라고 다르겠어요? 그러니까 '아무리 노력해도 내 발표는 정말 구릴 거야!'라는 사실을 그냥 받아들이세요. 그 찌질함을 사람들에게 보여주세요. '나 말 잘 못해요. 지금 너무 떨리네요. 그래도 예쁘게 봐주세요'라고 호소하세요. 그러면 참 신기하게도, 그때부터 청중들은 당신을 응원하게 될 거예요. 그리고 더 집중해서 당신의 이야기를 듣기 시작할 겁니다."

수많은 스피치 책과 전문가들로부터도 듣지 못한 이야기였다. 지금까지 "이렇게 해야 말을 잘할 수 있어요", "이 방법을 쓰면 쉽게 설득됩니다"와 같이, 발표자가 어떻게 하면 '능숙하고 멋져 보일 수 있는지' 그 방법을 알려주는 게 보편적이었으니까. 하지만 이 강사는 '멋짐'이 아닌 '찌질함'에 포커스를 맞쳤다. 그리고 사람들이 이런 찌질함을 좋아해줄 거라고 말했다. '내가 못한다는 것을 사람들에게 알리라고? 잘 보여야 하는 자리에서 굳이 약점을 드러내는 게 과연 올바른 방법일까? 그러면 더 신뢰가 가지 않을 것 같은데'라는 의문이 들 수 있다.

《어떻게 팔지 답답할 때 읽는 마케팅 책》에서 저자 리처드 쇼튼은 이와 관련된 흥미로운 실험 결과를 소개한다. 하버드 대학의 심리학자 엘리엇 애런슨은 퀴즈를 푸는 배우의 모습을 녹화하고 그 장면을 피실험자들에게 보여주었다. 한 영상에서는 배우가 퀴즈를 완벽하게 맞히는(90퍼센트 이상의 정답률) 모습이 담겨 있었고, 다른 영상에서는 배우가 퀴즈를 거의 못 맞히고(30퍼센트 이하의 정답률) 그것도 모자라 실수로 커피를 쏟는 모습까지 담겨 있었다. 이후 피실험자들에게 두 영상을 보여주며 배우에 대한 호감도를 물어봤다. 결과는 어땠을까? 놀랍게도, 대부분의 피실험자들은 퀴즈도 잘 못 풀고 실수로 커피까지 쏟은 사람에게 더 큰 호감을 보였다.

누군가를 만날 때, 우리는 그 사람의 완벽한 모습보다는 어딘가 부족하고 빈틈 있는 모습에 인간적인 매력을 느낀다. 마치 영화 속 주인공이 악당에게 당하거나 실연당하는 장면에서 연민을 느끼고 응원하게 되는 것처럼 말이다. 이러한 현상을 심리학에서는 '실수 효과Pratfall Effect'라고 부르며, 실수와 약점을 드러낸 사람은 인간미와 솔직함이 묻어나기에 더 많은 호감을 얻을 수 있다고 설명한다.

비즈니스 세계에서도 이 '부족함'은 효과적인 브랜드 전략 또는 마케팅 기법으로 활용된다.《어떻게 팔지 답답할 때 읽는 마케팅 책》에 따르면, 상품의 단점을 솔직하게 인정하고 드러냈을 때 소비자들은 정직한 제품이라고 생각하며 신뢰를 갖게 된다고 한다. 실제로 노스웨스턴대학 산하 스페길 조사센터에서는 상품 후기가 5점 만점인 제품보다 4.2~4.5점인 제품의 구매율이 더 높다는 사실을 연구를 통해 입증했다.

강사님의 마지막 말을 듣고 나서야 내가 왜 그토록 발표를 두려워하고 피하고 싶어 했는지 알 수 있었다. 나는 발표를 잘하고 싶었던 것이 아니라 '완벽하게' 하고 싶었던 거다. 일말의 어설픔이나 빈틈이 없는, 모두가 우러러보는 상황을 기대했기에 그만큼 더 부담이 클 수밖에 없었다. 게다가 내가 떨고 있다는 사실 자체가 너무 부끄러워서, 그 떨림을 어떻게든 숨기고자 했던 피나는 노력이 오히려 나를 더욱 긴장하게 만들었다. 그 이후로 새로운 전략을 구상했다(나는 이를 '찌질함 전략'이라고 부르고 다녔다). 실제로 이 전략은 나처럼 발표 울렁증을 갖고 있는 친구들에게 큰 도움이 됐다. 방법은 아주 간단하다. 오프닝에 무조건 다음과 같은 멘트를 날리는 것이다.

"제가 사실 발표 불안증이 심해서 많이 떠는 편입니다. 그래서 정말 열심히 준비하고 연습했는데도 너무 떨리네요. 비록 말하는 내내 목소리가 불안하고 어색해 보일 수 있겠지만 내용만은 좋다고 자부합니다. 그러니 저의 이 후들거림을 '아, 이 친구 열정이 대단한 친구구만. 얼마나 잘하고 싶었으면 저렇게 떨까?'라는 따뜻한 시선으로 봐주시면 감사하겠습니다. 사실 이 대사도 외워 온 건데, 그래도 떨리네요. 저 긴장하지 말라고 박수 한 번 쳐주시면 안 될까요?"

더 간단하게는 "제가 긴장을 많이 하는 편입니다. 그래도 열심히 준비한만큼 최선을 다할 테니, 조금 떨더라도 너그럽게 봐주세요"라는 뉘앙스로 말하는 것만으로 충분하다. 이렇게 자신의 미숙함을 솔직하게 털어놓으면, 사람들은 경계를 풀기 시작한다. 당신을 더이상 평가의 대상이 아니라, '이 순간을 중요하게 생각하고 잘하고 싶다는 부담감을 느끼는 자신과 다름없는 보통의 존재'로 바라보며 깊이 공감하고 이해하게 된다.

그렇게 나의 발표 울렁증은 서서히 나아졌고, 지금은 그 어떤 자리에서도 웬만하면 잘 떨지 않는다. 혹여나 떨더라도 상관없다. 누구나 발표할 때는 긴장하기 마련이니까. 이 사실을 쿨하게 인정하고 솔직하게 표현하자. 그러면 많은 사람들 앞에 서는 상황이 더 이상 큰 부담으로 다가오지 않을 것이다.

참 아이러니하게도, 발표하는 날이면 늘 체하고 화장실에서 헛구역질을 하던 그 미숙했던 내가 지금은 강사가 되어 수년째 사람들 앞에서 강의를 하고 있다. 물론, 약점을 솔직하게 드러내는 일이 항상 좋은 결과를 가져오는 것은 아니다. 발표든, 사업이든, 인간관계든, 우리는 그 일을 '잘' 해내야 한다. 사람들에게 좋은 결과를 보여줘야 하고, 유의미한 성과를 달성해야 하며, 상대를 만족시켜야줘야 한다. 하지만 그게 전부는 아니다. 반드시 기억해야 할 사실은, 우리는 언제나 완벽할 수 없고, 늘 빼어난 결과를 낼 수도 없는 '불완전한' 인간이라는 거다.

우리가 알고 있는 위대한 인물들도 마찬가지다. 모든 면에서 완벽하기만 할 것 같은 스티브 잡스는 성격이 괴팍하기로 유명했다. 직원들에게 온갖 욕을 퍼붓고 심지어 분에 못 이겨 울기까지 하는 사람이었다고 한다. 이뿐일까. 현재 가장 유명한 화가 중 한 명으로 추앙받는 반 고흐는 평생을 열등감과 싸우며 극심한 우울증에 시달렸고, 미국에 야구 열풍을 불러일으킨 세계 최고의 홈런왕이었던 베이브 루스는 1,330번이나 삼진아웃을 당하는 신기록을 세우기도 했다. 이처럼 위대한 업적을 남긴 사람들도 그 이면에는 남들에게 들키고 싶지 않은 찌질함과 결함이 무성하다.

실패가 있어야 성공할 수 있다는 진부한 말을 하려는 게 아니다. 목표를 이루려면 열등감과 단점을 극복해야 한다고 주장하는 것은 더더욱 아니다. 당신이 아무리 온 힘을 다해 최고를 추구하고 자기계발서를 읽으며 성공 의지를 다진다 해도, 우리는 결코 완벽해질 수 없다는 것을 이야기하고 싶었다. 맑은 공기를 마시기 위해 산책을 나가면 먼지도 함께 들이마셔야 하는 것처럼, 나의 부족한 점은 손등과 손바닥처럼 늘 나와 함께할 수밖에 없다.

우리는 모두 '완벽한 사람'이 되려고 애쓴다. 무시당하지 않기 위해, 앞서 나가기 위해 능력을 키우고 자신의 잘난 점을 부각시키려 부단히 노력한다. 하지만 그렇게 할수록 모든 면에서 끊임없이 비교당하고 비판받는 평가의 대상으로 살아가게 된다. 아무리 발버둥 쳐도 '나'라는 존재는 분명 누군가에게는 열등한 사람으로 보일 수밖에 없다. 그런데 만약 당신이 스스로의 결점을 감싸안고, 자신만의 고유한 색깔을 내는 데 집중한다면 어떨까? 그때부터 사람들은 당신의 단점을 '매력'으로 바라보게 된다. 당신에게 호감을 느끼고 더 편안하게 대하기 시작한다. 혹시 '그래도 나는 우유부단한 성격을 좀 고쳐야 돼', '나는 전자기기를 너무 못 다뤄', '운전을 못하는 모습을 들키면 무시당할 거야', '내가 좀 과하게 재미없긴 해.' 이런 생각이 든다면, 오히려 그 찌질함이 의외의 호감 요소가 될 수 있다는 사실을 꼭 기억했으면 한다. 생각보다 사람들은 당신의 '빈틈'을 훨씬 더 따뜻하고 인간적으로 바라봐줄 테니까.

수많은 히트곡을 탄생시킨 김이나 작사가는 청춘들을 위한 강연에서 "찌질한 나를 사랑하라"라며 다음과 같은 말을 건넸다.

"스스로 '별로다'라고 생각하는 건, 무언가가 과잉되어 있다는 뜻인데, 그게 남들 눈에 거슬리는 거잖아요. 그러니까 지적을 받는 건데, 남들보다 과잉되어 있다는 건 반대로 내가 남들보다 조금 더 가지고 있는 무엇이에요. 그리고 그 과잉된 면들은 내가 아직 발견하지 못한 재능과 연결된 경우가 많아요."

강의를 할 때 이제는 예전보다 덜 긴장하지만, 그렇다고 해서 내가 완벽한 강사일까? 모든 사람을 만족시키는 최고의 강의를 하고 있을까? 그건 국내 최고의 스피치 강사인 김미경도, 수십 년간 방송을 해온 오프라 윈프리도 가히 할 수 없는 일일 것이다. 내 강의는 분명 누군가에게는 별로일 것이며, 또 누군가에게는 두 번 다시 듣고 싶지 않은 내용일 수 있다. 강의뿐만 아니라 지금 쓰고 있는 이 글도, 유튜브에 올리는 영상도, 업체에 보낸 제안서도, 나름 분위기를 살리려고 야심 차게 준비한 개그도, 늘 허점 투성이에 찌질함 그 자체일 것이다.

그럼에도 나는 이 일을 계속할 것 같다. 누군가가 악플을 남기고 환불을 요청해도 내 강의는 계속될 거고, 구독을 취소하고 상처가 되는 피드백을 줘도 매일 아침 노트북을 두드릴 것이다. 누군가는 내 머리스타일을 싫어하고, 가벼운 말투와 목소리에 신뢰를 느끼지 못하더라도 오히려 나의 그 '멋없어 보이는 점'을 귀엽다고 해줄 사람이 있다는 것을 너무나도 잘 알기에, 오늘도 나는 그저 내 할 일을 묵묵히 해나갈 뿐이다.

부디 당신도 그랬으면 좋겠다. 떨리면 떨린다고 말하고, 부족하면 부족하다고 솔직하게 고백했으면 좋겠다. 찌질하면 찌질한 대로, 실수하면 실수하는 대로, 때로는 허세도 실컷 부리면서 그냥 그렇게 자신을 당당하게 드러냈으면 좋겠다. 당신도, 나도, 우리 모두 어딘가 부족하고 완벽하지 않으니까. 그리고 완벽하지 않기에 모순적으로 더 아름답고 매력적으로 보이는 법이니까.

"우주의 기본적인 법칙 중 하나는
그 어떤 것도 완벽하지 않다는 것이다.
간단히 말해, 완벽함이라는 것은 존재하지 않는다.
불완전함 없이는 당신도 나도
존재하지 못할 것이다."
– 스티븐 호킹

자격지심 대신
자격주심

"노래할 줄 아는 사람? 손!" 유치원에서 선생님이 아이들에게 이런 질문을 하면, 과연 몇 명이 손을 들까? 아마 한 명도 빠짐없이 모두 손을 번쩍 들 것이다. 반면, 똑같은 질문을 회사 대표가 사원들에게 한다면? 아마 아무도 선뜻 손을 들려고 하지 않을 것이다. 왜 이런 차이가 생겨난 걸까? 어른이 되면서 우리는 어떤 변화를 겪는 걸까? 엠제이 드마코의 《부의 추월차선》에 따르면, 아이들은 주변에서 아무도 자신에게 노래를 못한다고 말하지 않기 때문에 스스로 노래를 잘한다고 믿는다고 한다. 하지만 자라면서 우리는 "넌 안돼", "부족해", "너보다 잘난 사람은 정말 많아" 같은 말들을 듣게 된다. 그러다 보니 '내가 과연 자격이 될까?'라는 의심을 기본적으로 지니고 있다. 나는 충분하지 않다는 생각, 남들보다 한참 모자라다는 자격지심이 당신을 앞으로 나아가지 못하게 만든다.

영화 〈곡성〉에서 "뭣이 중헌디"라는 명대사를 남긴 아역배우 출신 김환희는 한 예능에 출연해 더 멋진 배우가 되기 위해 부단히 노력하는 모습을 보여줬다. 하지만 한동안 배역을 맡지 못해 원치 않는 공백기를 가져야 했고, 이로 인해 공허함을 느꼈다고 한다. 다른 배우들의 연기를 지켜보며 상대적 박탈감에 괴로워하기도 하고, 자신의 연기력이 한참 부족한 것 같아서 그런 자신이 미웠다고 한다. 그때 연기 선배인 김선영이 그녀를 다독이며 이렇게 말했다. "누구나 다 자신이 부족하다고 생각하지만, 잘하는 건 또 잘한다고 생각해야 하는 거잖아." 계속되는 선배의 따뜻한 응원에 그녀는 결국 참아왔던 눈물을 왈칵 쏟았다.

짬바가 있는 원로배우라고 다를까? 영화 〈마더〉로 극찬을 받았던 배우 김혜자. 이 작품을 촬영할 당시 봉준호 감독을 비롯한 현장 스태프들은 매 테이크마다 그녀가 보여주는 훌륭한 연기에 감탄했다고 한다. 하지만 정작 그녀는 자신의 연기력이 부족하다고 느껴 눈물까지 흘리며 속상해했다. 몇 차례의 시도 끝에 감독의 오케이 사인이 떨어졌지만, 그녀는 '내가 계속 못하니까 그냥 넘어간 거겠지'라는 생각에 화를 내고 버스로 돌아갔다고 한다. 그 후 봉준호 감독이 그녀에게 보낸 문자가 세상에 알려지면서 많은 이들에게 감동을 주었다. "사람들이 환호할 때는 인정하십시오."

한때 '연기 신동'이라 불리던 배우 김환희, 백상예술대상을 무려 네 번이나 받을 정도로 탄탄한 연기력을 가진 배우 김혜자, 이처럼 뛰어난 배우들조차 자신의 실력을 박하게 평가했다는 사실은 우리에게 '자격'이란 무엇인지 많은 생각을 하게 한다. 자격이라는 건 대체 어떻게 주어지는 걸까? 좋은 성적을 내고 박수갈채를 받으면 자연스럽게 갖게 되는 걸까? 만약 그렇다면 김혜자 선생님은 왜 자신을 여전히 부족한 존재로 인식했을까. 어쩌면 자격이란 스스로 부여하지 않는 이상 결코 얻을 수 없는 게 아닐까? 아무리 주변에서 나를 북돋아주고 칭찬해도, 혹은 반대로 "너는 아직 한참 멀었어"라는 핀잔을 들어도, 결국 가장 중요한 건 '내가 나를 인정해주느냐'이다. 즉 스스로 인정해주고 치켜세워주면, 그걸로 충분하다는 뜻이다. 그게 가장 중요하다.

그렇다면 어떻게 스스로에게 자격을 부여할 수 있을까? 가장 쉽게 시도할 수 있는 방법은 바로 '남의 비위가 아닌 나의 비위'부터 맞추는 것이다. 우리나라는 남의 눈을 과하게 의식하는 문화가 존재한다. 눈치는 일종의 배려이자 예의로 간주되기도 하지만, 너무 지나치면 어느새 나 자신을 잃어버리게 된다. 타인의 눈에 비친 모습에만 신경쓰다 보면 정작 내가 좋아하고 잘하는 일에 몰입하기가 어려워지기 때문이다.

한 유튜브 영상에서 인상 깊은 댓글을 본 적이 있다. 한국의 발레 교습소에 가면 하나같이 다 예쁜 발레복을 입은 사람들로 가득하지만, 외국은 그렇지 않다는 것이다. 성인 초급반이나 취미로 배우는 수업에서는 몸의 움직임이 잘 보이기만 하면 복장에 특별한 규정을 두지 않는 경우가 많다. 그래서 배나온 아저씨가 목이 늘어난 티셔츠나 추리닝 차림으로 발레를 배우러 오는 모습이 일상적이다.

과연 발레만 그러할까. 등산을 할 때도 유명 아웃도어 브랜드의 옷과 신발이 있어야만 할 것 같고, 헬스나 골프를 할 때도 복장을 제대로 갖추지 않으면 초짜처럼 보일까 봐 괜히 신경을 곤두세운다. 물론 좋은 옷은 즐거운 마음으로 운동을 할 수 있게 해주는 훌륭한 도구가 된다. 하지만 단순히 복장 때문에 하고자 하는 취미에 선뜻 도전하지 못한다면 이는 남들로부터 '자격'을 얻고자 하는 마음이 그만큼 크다는 뜻이다. 외부의 기준에 억지로 자신을 끼워 맞추지 말자. 무엇이 됐든 자격이라는 것을 내가 나에게 직접 쥐여주는 연습을 해보자. 그리고 그 시작은 '의심'을 하는 것에서부터 출발한다.

여기서 의심이란, '내가 잘할 수 있을까?'에 대한 불신이 아니라 '내가 왜 못해? 잘할 수도 있잖아?'라는 기존의 패턴과 도식에 대한 의심이다. 이는 부정적인 의심이 아닌 긍정적이고 건강한 의심이다.

한참 예능에 적응하지 못하고 힘들어하던 시절 유재석이 정형돈에게 이런 말을 했다고 한다. "야, 스타는 아무나 되는 줄 아냐?" 처음에는 이 말을 듣고 너무 서운했는데, 이어지는 말이 반전이었다.

"그런데 그 스타가 네가 되지 말란 법은 없어."

이 말에 깊은 감명을 받았는지, 어느 날 술자리에서 잔뜩 취한 정형돈이 사람들 앞에서 이렇게 외쳤다고 한다.

"야, 그중(스타들)에 내가 끼지 말란 법 있냐?"

만약 같은 상황에서 정형돈이 "나는 최고의 스타야!"라고 말했다면 어땠을까? 이 말과 "나라고 스타가 되지 말란 법 있어?"라는 말에는 어떤 차이가 있을까? 바로 '의심'을 했다는 것이다. "나는 스타야." 이 말은 언뜻 자신감과 확신에 찬 말처럼 보이지만, 실제로는 현실과 괴리가 있기 때문에 무의식 속에서 거부감과 저항감이 생기기 쉽다. 반면 "내가 스타가 되지 말란 법 있어?" 이렇게 의구심을 품고 반문한다면 어떨까? 세상 사람들이 "넌 못해. 그건 불가능한 일이야"라고 말해도, 이 말을 그대로 받아들이지 않게 된다. '왜 못해?', '왜 불가능해?', '나라고 못하라는 법 있어?'라고 스스로 계속 의문을 품게끔 만들기 때문이다.

이처럼 우리에게는 '의심의 전환'이 필요하다. '내가 되겠어?'라는 나약한 의심이 들 때마다 여기에 딱 한 단어만 추가해 보자.

내가 '안'되겠어?

어떤가. 단어 하나만 넣었을 뿐인데 느낌이 확 달라지지 않는가? 지금 당장은 이 말이 와닿지 않을 수 있지만, 일상에서 될 수 있는 한 여러 번, 자주 이 말을 되뇌어보자. 그러면 어느 순간 '오, 이거 나도 할 수 있겠는데?'라는 근거 없는 자신감이 차오를 것이다. 그리고 여기서 한 발짝 더 나아가보자. '내가 안 되겠어?'라는 말에 '왜'라는 단어를 덧붙여서 좀 더 강한 의혹을 품어보는 것이다.

내가 '왜' 안되겠어?

스스로 자격을 부여하고 가치를 높이는 일은 단순히 긍정적인 말을 반복한다고 해서 되는 게 아니다. 부족하고 무능하고 불가능하다고 '의심하는 것들에 대해 의심'해야만 한다. 역으로 되묻고 반론을 제기하는 것이다.

역사를 돌이켜보면, 모든 훌륭한 업적과 성취도 다 의심에서 비롯됐다. 사회 문제, 기존 제품의 불편함, 익숙한 것들에 끊임없이 반문을 던짐으로써 혁신이 이루어진 것이다. '왜 컴퓨터는 사무실에서만 사용해야 하지? 지하철이나 공원에서도 사용하면 좋지 않을까?' 이 생각이 스마트폰과 와이파이를 만들어냈고, '꼭 연예인들만 방송하라는 법 있어?' 이 의문이 유튜브, 팟캐스트, 개인 방송이라는 플랫폼을 낳고, 덕분에 오늘날 다채로운 콘텐츠가 세상에 나오게 되었다. 챗GPT, 전기차, 넷플릭스, 에어비앤비 등등 나열하자면 아마 끝이 없을 것이다. 이 모든 혁신은 다 기존의 현실과 현상에 반문을 제기하고, '이게 정말 맞아?'라고 사유하는 '의심'에서 시작됐다. 이처럼 건전한 반박이 있었기에 문명은 지속적으로 발전해올 수 있었다.

이렇게 의심하는 문장들은 공통적으로 '질문' 형태를 띠며, 자동으로 그에 대한 답을 떠올리게 만든다. 그리고 어떻게든 그 답을 실현시키려고 노력하게 된다. 하지만 이렇게 확신과 의문이 결합된, 이론적으로 완벽해 보이는 문장일지라도 여전히 거부감이 들 수 있다. '나는 지금 하는 일마다 잘 안 풀리는데'라는 생각에 현실의 장벽 앞에서 흔들리는 것이다.

많은 사람들이 '계속 주입하면 언젠가는 실현된다'라는 식으로 말한다. 하지만 누차 말했듯이, 억지스럽고 강박을 갖게 하는 확언은 아무리 긍정적인 확언이라 해도 부작용을 낳는다. 그러니까 누군가가 만들어놓은 문장을 곧이곧대로 따라 하기보다는 당신을 기분 좋게 해주고 편안하게 해주는 나만의 문장을 찾는 것이 중요하다. 시한부 인생을 선고받은 후 3개월 만에 자가 치유를 했던 세계적인 영적 스승 레스터 레븐슨은 이렇게 말했다. "당신에게 자연스러운 것이 (당신에게) 가장 좋은 것이다."

내 경우에는 앞서 언급한 '나라고 안 될 게 뭐 있어?'라는 식의 질문을 좋아한다. 삶이 나락으로 떨어질 때마다 이 말이 정말 큰 힘이 됐기 때문이다. "나라고 안 될 게 뭐 있어?", "까짓것 왜 못해?"라는 문장을 내뱉는 것만으로도 뭔가 든든한 배짱이 생긴달까. 갑자기 배포가 커지고 뭐든 다 할 수 있을 것만 같은 기분이 든다. 당신도 당신만의 방식으로 마음껏 이를 응용해보자. 분명 기존의 그 어떤 확언보다도 훨씬 더 강력하고 즉각적인 변화를 느끼게 될 것이다. 물론 단지 확언만으로 인생이 드라마틱하게 달라지지는 않는다. 다만 의아한 마음을 내포한 질문을 통해 해답을 끌어내면, 그때는 아주 자연스럽게 영감에 따라 행동하게 될 것이다.

마지막으로, 누군가가 당신에게 "넌 안 돼", "그건 불가능해", "아무나 할 수 있는 일이 아니야" 같은 말을 한다면, 최선을 다해 그 말을 '의심'해보길 바란다. 그들은 당신의 숨겨진 가능성과 재능을 모른다. 그러니까 스스로 자격을 주고 인정하고 계속해서 의구심을 갖자. 다음의 문장들을 기억하라.

- 불가능하다고 의심하는 것들에 대해 의심하기
- 자격은 남이 아닌 내가 베푸는 것
- 남의 비위 말고 내 비위 먼저 맞추기
- '나라고 안될 게 뭐 있어?'

단점은 사실
반전의 기회다

성공 욕구가 최고점을 찍었던 이십 대 후반 무렵, 특정 분야에서 큰 성취를 이뤄낸 사람들을 무작정 만나 인터뷰한 적이 있다. 분야마다 성공 방정식은 제각기 달랐지만 표현의 차이만 있을 뿐 소름 돋을 정도로 거의 비슷한 조언을 해주었다. "일단 지금 갖고 있는 걸로 시작해보세요." 사업이든 영상 편집이든 여행이든, 거창한 목표를 세우거나 치밀한 준비를 하기 전에 다소 부족하고 어수룩할지라도 현재의 환경 안에서 무엇이든 시작해보라는 것이었다.

아마 다들 한 번쯤은 '나도 유튜브나 해볼까?' 하는 마음을 가져봤을 것이다. 유튜브 앱을 켜고 '유튜브 하는 법'이라고 검색해 보면 열에 아홉은 똑같은 이야기를 한다. "일단 지금 갖고 있는 걸로 시작해보세요." 앞서 만났던 성공한 사람들이 한 말과 정확히 일치한다. 어쩌면 무언가를 새롭게 도전하고 한 걸음 더 성장하기 위해 가장 필요한 건 독특한 것, 특출난 것, 뛰어난 것을 개발하는 능력이 아니라 이미 내 안에 있는 소소한 재료들을 요리조리 잘 '조합'해내는 재주가 아닐까?

아이폰이라는 혁신적인 제품을 세상에 선보인 스티브 잡스도 아이폰은 새롭고 창의적인 것이 아니라 기존에 이미 있던 기술들을 편집한 결과물에 불과하다고 말한 적이 있다. 그만큼 하늘 아래 새로운 것은 없다. 우리가 흔히 크리에이티브하다고 말하는 대부분의 상품들은 교묘하고 영특하게 '짜깁기'를 한 결과물일지도 모른다. 여기서 기술과 인간의 차이점이 하나 있다면, 기술과 달리 인간은 꼭 장점들만 결합할 필요가 없다는 것이다. 당신이 늘 모난 점이라고 생각했던 면이 알고 보면 엄청난 매력과 가능성으로 분출될 수 있다.

'그래도 내 단점들은 아무짝에도 쓸모가 없어. 다 별로야'라는 생각이 들 수도 있다. 충분히 공감한다. 나 역시 '열등감' 하면 그 누구에게도 뒤지지 않는 사람이었으니까. 하지만 그럴수록 더더욱 치열하게 '단점'에 집중해야 한다. 보통 많은 자기계발서들이 장점을 극대화하라고 말하지만, 아직 자신의 뚜렷한 특장점을 볼 수 있는 여유가 없는 사람에게는 크게 와닿지 않는 조언이다. 반대로, 자신의 단점을 순순히 받아들이고 이를 어떻게 '이용'할지 골똘히 고민하다 보면, 어느새 단점을 활용하는 방향으로 나아가게 된다. 원래 집중하면, 이전에는 보이지 않던 것들이 더 잘 보이는 법이니까.

그러면 어떻게 해야 고치고 싶은 자신의 단점을 좋은 방향으로 발전시킬 수 있을까? 딱 한 문장만 기억하면 된다.

단점은 곧 반전의 기회다.

앞서 성공한 사람들을 만나면서 느낀 것 중 또 하나는 의외로 허당이 많다는 것이다. 솔직히 말하면, 큰 성과를 이뤄낸 인물들인 만큼 뭔가 카리스마 있고 평범한 사람들보다 돋보이는 모습이 있지 않을까 내심 기대했었다. 그런데 실제로 만나보니 그런 모습은 거의 없었고 그냥 주변에 있을 법한 보통의 사람이었다. 오히려 말을 심하게 더듬거나, 눈도 못 마주칠 정도로 부끄럼이 많거나, 물 한 잔을 마실 때도 손을 덜덜 떠는 등 '이 사람 왜 이렇게 어설퍼?'라는 인상을 줬다. 그런데 그런 모습이 반전 매력이었다. 내내 수줍은 얼굴로 낯을 가리던 사람이 자신이 발명한 제품 얘기가 나오자 갑자기 눈을 반짝이며 호기심 가득한 얼굴로 변했고, 같은 말을 반복하며 횡설수설하던 대표는 한 시간 내내 단 한 번도 멈추지 않고 자신의 비전을 설명하는 열정을 보이기도 했다. 그게 참 멋져 보였다. 그리고 그 어리숙하지만 순수한 열정 덕분인지, 그 사람들 주변에는 항상 능력 있는 파트너나 직원들이 함께했다. 그의 부족한 부분을 채워줄 수 있는 사람들이 알아서 모여드는 느낌이었다. 이러한 끌어당김은 영향력 있는 권위나 뛰어난 사업수완 때문이 아니라, 묘하게 마음과 마음으로 전달되는 기분 좋은 에너지에서 비롯된 게 아닐까 하는 생각이 들었다.

《삼국지》에 등장하는 유비는 다른 군주들에 비해 리더십이나 카리스마는 다소 부족했지만, 훌륭한 인재를 영입하는 데 빼어난 재능이 있었다. 그가 당대 최고의 전략가인 제갈량(제갈공명)을 세 차례나 찾아가 자신의 편으로 만든 이야기는 너무나 유명하여, '삼고초려'라는 고사성어가 생겨났을 정도다. 옛 시대의 왕들이나 현재의 리더들이 세상을 놀라게 할 만한 위대한 업적을 달성할 수 있었던 건 그가 특별히 잘나서가 아니었다. 그들 곁에는 언제나 실력이 출중한 인재들이 있었다.

미숙한 점이 많아도 이를 솔직하게 인정하고 드러내는 순간, 생각보다 많은 사람들이 스스로 발 벗고 나서서 그 부족한 부분을 채워주기 위해 손을 내민다. 우리는 누구나 나와 비슷한 모습을 지닌 인간이라는 존재에 따듯한 인류애를 느끼기 때문이다. 때로는 동정심으로, 때로는 순수한 호의로, 애정을 쏟고 관심을 보이며 돕고 싶어 한다.

하지만 단점은 숨긴 채 자신의 장점만 부각하려는 사람에게는, 설령 겸손이라는 가면으로 약삭빠르게 눈가림하더라도 왠지 모르게 정이 가지 않는다. 굳이 다가가서 편이 되어주고 싶지 않다. '나는 완벽하니까 그대들의 도움 따위는 필요 없어요'라고 말하는 듯한 젠체하는 아우라를 풍긴달까. 그래서 지나치게 올곧고, 넘사벽으로 성실하고, 범접할 수 없을 정도로 다재다능한 사람들은 은근히 외로운 법이다(당연한 얘기지만 그들 역시 단점이 있다. 단점을 노출하는 순간, 단언컨대 그 사람은 훨씬 더 편안해지고 행복해질 거다).

늘 대중들의 냉정한 평가를 받아야 하는 배우들은 자신의 못난 점을 어떻게 바라볼까? 매 작품마다 다채로운 매력을 보여주고 있는 배우 천우희는 한때 자신의 모난 점이 마냥 싫었다고 한다. 예를 들면, 자신의 얼굴이 비대칭인 점이 마음에 들지 않았는데, 곰곰이 생각해보니 이게 꼭 나쁜 것만은 아니었다. 맡은 캐릭터나 역할에 따라 날카롭고 강렬한 이미지를 풍기고 싶을 때는 오른쪽 얼굴을, 유하고 귀여운 면모를 강조하고 싶을 땐 왼쪽 얼굴을 중심으로 보여준다고 한다. 덕분에 양가적인 매력을 표현할 수 있어서 지금은 그런 자신의 모습이 무척 마음에 든다고 했다. 그녀는 알았던 거다. 단점이 사실은 반전이 될 수 있음을. 참 안타깝게도, 배우들은 연기 하나만으로 평가되지 않는다. 완벽한 비율, 매끈한 피부, 균형 잡힌 얼굴 등 외모에 대해 대중들의 까다로운 평가를 받게 된다. 그런 점에서 비대칭 얼굴은 어쩌면 연예인으로서 치명적인 결함일 수 있음에도, 그녀는 이를 반전 요소로 활용할 줄 아는 혜안이 있었다.

지금까지 예로 든 이야기들을 '아, 그러니까 단점을 사랑하라는 거지? 다 좋게 좋게 보라는 거잖아?' 정도로만 이해했다면, 꼭 억지로 단점을 좋아하라고 강요하는 것은 아니다. 남들이 아무리 "그 단점이 오히려 너의 장점이야"라고 말해줘도 정작 본인은 거부감이 든다면 구태여 강박적으로 자신을 설득할 필요는 없다. 다만 '단점'이라고 '단정' 짓지만 말자는 것이다. 왜냐하면 당신은 아직 아무것도 모르기 때문이다. 치명적인 결핍이라고 여겼던 그 성격과 성향들이 어느 환경, 어떤 사람, 어느 순간을 통해 전혀 상상하지도 못했던 길로 당신을 이끌지 모른다. 소심해서, 건강이 약해서, 종잣돈이 없어서 꿈을 이루지 못할 거라는 생각은 자신감이 부족한 게 아니라 오히려 넘쳐 흐르는 거다. 앞으로 어떤 미래가 펼쳐질지 그 누구도 확신할 수 없으니까.

《정체성 수업》의 저자 로버트 프리츠는 "당신이 누구인지 따위는 신경 쓰지 말고 뭐가 됐든 그냥 할 수 있는 일(창조)을 하라"고 힘주어 말한다. 자신에 대해 좋게 생각하든 나쁘게 생각하든, 자존감이 높든 낮든, 이러한 정체성은 당신이 이뤄낼 성취와는 아무런 관련이 없다는 것이다. 다소 냉소적으로 들리기도 하지만, 잘 생각해보면 맞는 말이다. 자신감 없고 우울해도 우리는 행동할 수 있고, 성공할 수 있고, 심지어 행복해질 수도 있다. 우리나라 최고의 연기파 배우 전도연 또한 한 인터뷰에서 자신은 자존감이 정말 낮다고 말했다. 그렇다고 그녀가 뛰어난 연기자가 아니라고 그 누가 말할 수 있을까.

그러니까 자기혐오는 잠시 제쳐두고 '단점도 언젠가는 쓸모가 있겠지, 뭐'라는 조금은 쿨한 태도로 내버려둔 채 그냥 지금 해야 할 일들을 하자. 그러면 그 단점이 아주 자연스럽게 어느 지점과 만나 예상치 못한 결실을 맺게 되는 순간이 온다. 자존감, 자기 긍정도 필요 없다. 그냥 있는 그대로 내버려두기만 해도 알아서 무언가를 창조해낸다.

나는 사소한 일에도 쉽게 상처받고 반응하는 예민함과 소심함을 큰 단점이자 고쳐야 하는 성격으로 생각해왔다. 그래서 오랫동안 고치려고 노력했지만 어렸을 때부터 지닌 성향인지라 쉽지 않았다. 그런데 이러한 성격이 빛을 발할 때가 있었으니, 바로 대학교 때 팀플을 할 때였다. 워낙 작은 것에도 신경을 쓰는, 즉 눈치를 많이 보다 보는 성격이다 보니 회의를 하다가 소외되거나 기분이 안 좋아 보이는 팀원들이 보이면 자꾸만 눈에 밟혔다. 또 이런 상황을 가만히 보고 있지 못하는 예민함 때문에 그 친구들에게 일부러 말을 더 걸고 공감해주려고 했다. 단지 그런 상황을 견디지 못해서 그렇게 행동한 것뿐인데, 사람들은 그런 나를 사려 깊고 심지어 리더십이 뛰어난 사람으로 봐주었다. 나의 치명적인 단점이 반전이 되는 순간이었다. 덕분에 동아리나 대외 활동을 하면서 조장, 팀장, 리더 역할을 자주 맡을 수 있었고, 그 과정에서 많은 것을 배웠다. 이 경험은 훗날 내가 사업을 할 때나 강사가 되었을 때도 고객들과 학생들을 이끄는 데 큰 도움이 되었다.

글을 쓸 때도 예민함은 강점으로 작용했다. 워낙 섬세한 탓에 싸이월드나 페이스북에 글을 끄적일 때도 "어떻게 이렇게 공감되는 글을 쓸 수 있냐"며 평소에 연락이 되지 않던 오랜 동창들로부터 고맙다는 인사를 받기도 했다(한편으로는 사춘기 소녀의 글 같다며 "허세 부리지 마라", "오그라드네" 같은 장난스러운 놀림을 받기도 했다). 그렇게 어느 순간 정신을 차리고 보니, '편안함'이라는 주제로 블로그와 유튜브 채널을 운영하고, 관련 책과 강의도 만들게 되었다.

세상 찌질할 정도로 온갖 것에 신경 쓰는 소심함이 이런 식으로 이어질 줄이야, 단 한 번도 상상한 적이 없던 미래다. 게다가 지금은 이렇게 책도 쓰고 있다. 만약 그토록 사소한 것들에 고통스러워하는 연약한 유리멘탈이 아니었다면, 그 단점을 극복하기 위해 철학, 심리학, 종교, 물리학 등 다방면의 지식을 탐닉했던 여정도 없었을 거고, 지금 이렇게 나와 비슷한 경험을 한 사람들을 위로해줄 기회도 갖지 못했을 거다. 이쯤 되면 '예민함'이라는 내 평생의 숙제가 사실은 단점이 아니라 장점이 아니었을까? 이건 반전을 넘어 이제는 나의 어마어마한 강점이 된 것 같은 기분이다.

당신은 어떠한가? 단점이라 여겨왔던 나의 특성이 어떤 상황에서는 오히려 이득이 되고, 기회가 되고, 누군가에게 도움을 주는 반전이 될 수도 있지 않을까? 예를 들어, '나는 말주변이 없다'라는 단점이 있다면, 말을 아끼는 편이기 때문에 상대방의 말에 귀 기울일 줄 알고 이런 면 때문에 나를 좋아해주는 친구들이 많을 수 있다. 또 입 밖으로 꺼낼 수 없는 말들을 글로 쓰면서 작문 실력이 늘고, 타인에게 좋은 영향을 끼칠 수도 있다. 반전의 속성을 지닌 당신만의 특성을 성급하게 단점이라고 단정 짓고, 나쁜 것으로만 치부해버린 건 아닌지 신중하게 재고해 보자. 당신이 미처 상상하지 못한 곳에서 훌륭한 아웃풋으로 드러날 순간이 반드시 올 테니까.

그러니 더 이상 남이 지닌 장점을 부러워하거나 나와는 결이 다른 것을 억지로 따라 하려 애쓰지 말고, 이미 내가 갖고 있는 것들에 집중해 보자. 장점이든 단점이든, 그 퍼즐 조각 하나하나가 어떤 그림이 될지 우리는 절대 예측할 수 없다. 그 가능성을 실현시킬 수 있는 건 오직 당신뿐임을 기억하자. 반전은 드라마에만 존재하는 게 아니다. 당신 삶에도 언젠가, 무조건 나타날 것이다. 기억하자. 단점은 반전의 기회가 될 수 있다!

이봐,
좀 경솔해지라고

우리나라 사람들은 유독 영어에 있어서 참 겸손한 태도를 보인다. 실수할까 봐, 못한다고 무시당할까 봐 두려워하고 겁을 낸다. 그러다 보니 비교적 어렸을 때부터 교육을 받아왔음에도 여전히 영어를 반드시 정복해야 하는 하나의 과제나 평생 짊어지고 가야 하는 짐짝처럼 생각하는 경우가 많다. 영어를 가르치는 일을 5년 넘게 해온 나조차도 그렇다. 여러 가지 이유가 있겠지만, 이 또한 '겸손함', '예의 범절'과 관련이 있다. 교포도 아닌데 발음을 너무 굴리면 왠지 재수 없다고 욕먹을 것 같고, 반대로 틀리거나 못하면 창피해서 눈치를 보게 되는 것이다.

유럽 여행을 갔을 때 현지인 친구들과 어울릴 기회가 많았다. 유럽에서 온 외국인들과 스스럼없이 어울리는 내 모습을 보며, 여행을 온 한국인 분들은 이렇게 말했다. "와, 영어 잘하셔서 부러워요. 저도 외국인들이랑 같이 놀고 싶은데…." 이 말을 듣고 나는 오히려 조금 부끄러웠다. 왜냐하면 나도 영어를 그렇게 잘하지는 않기 때문이다. 유학이라도 몇 년 다녀왔으니까 그나마 이 정도지, 절대 잘하는 편이 아니었다. 강의할 때 이 말을 하면, 수강생들은 어이없다는 표정으로 이렇게 말하곤 했다. "에이, 그러면 어떻게 영어 잘하는 유럽 애들이랑 어울렸어요? 말도 안 돼."

지금부터 그 비밀을 알려주겠다. 이건 엄청난 노하우이자 꿀팁이다(그러니까 집중하자). 그 비밀은 바로, 유럽 친구들은 영어를 생각보다 '엄청 못한다'는 것이다. 그냥 하는 말이 아니라 진짜다. 유럽 사람들과 영어로 대화를 해보면, 그들의 회화 실력은 언뜻 보기엔 굉장히 유창해 보인다. 이들은 자신의 생각과 감정을 거침없이 표현한다. 하지만 자세히 들어보면, 이들의 영어가 얼마나 오류가 많고 엉망진창인지 쉽게 알 수 있다. 영어 조기교육을 받지 않았거나 전문 학원을 다니지 않은 사람들도 생각보다 많다. 그래서 문법이 틀리거나 발음이 부정확할 때가 많고, 말의 앞뒤가 맞지 않는 경우도 비일비재하다.

그런데 왜 그들은 영어를 잘하는 것처럼 보일까? 이유는 간단하다. 바로 '자신감' 덕분이다. 아니, 자신감을 넘어 '잘난 척'이 아주 하늘을 찌르기 때문이다. 그들은 영어를 할 때 늘 이런 태도로 말하는 것처럼 보인다. '영어는 내 모국어가 아닌데 군이 잘 해야 돼? 꼭 완벽하게 해야 해? 틀리면 어때. 말만 통하면 됐지.' 남들이 자신의 영어 실력에 대해 어떻게 생각하든 별로 신경 쓰지 않는다. 모국어가 아닌 영어로 의사소통할 수 있다는 것만으로도 충분히 멋지고 자랑스러운 일이라는 걸 스스로 잘 알고 있기 때문이다.

중국인들도 마찬가지다. 이들이 영어로 말하는 것을 보면, 분명 영어인데 꼭 중국말을 하는 것처럼 들린다. 비꼬는 것이 아니라 정말 그렇다. 물론 한국인을 비롯해 다른 동양인들도 마찬가지다. 하지만 차이점이 있다면, 중국인들은 당당하다는 것이다. 이들 역시 '난 이 정도면 잘하는 거니까 네가 알아서 이해해. 못 알아들으면 네 손해지'라는 마인드로 자신 있게 말한다. 유학 생활을 하며 꽤 많은 중국인 친구들을 만났는데, 이들은 한국인들보다 영어 실력이 훨씬 빠르게 늘었다. 틀리든 말든 철판 깔고 자신 있게 계속 말하다 보니 자연스럽게 실력이 좋아진 것이다.

분명 객관적으로 봐도, 한국 사람들은 영어를 꽤 잘하는 편이다. 어릴 때부터 많은 단어를 외워왔기에 기본적인 소통은 충분히 가능하다. 그런데 우린 무엇이 그리 두려운 걸까? 왜 그렇게 틀릴까 봐 부끄러워하고 눈치를 보는 걸까? 이게 다 '겸손'을 넘어 절대 '경솔'하면 안 된다는 심리적인 압박감 때문이다. 영어 강사로 활동할 때, 나는 이 관념을 깨부수고 싶었다. 그래서 학생들에게 영어를 '잘하게' 되는 방법이 아니라, '잘나게' 하는 방법을 가르쳤다. 그렇게 시작된 수업이 바로 '영어, 암기하지 말고 연기하세요!'라는 콘셉트의 연기 수업이다. 말 그대로 학생들이 직접 영화 속 배우가 되어 원어민처럼 연기하고 대화하는 방식의 수업이었다. 처음엔 부끄러워하고 쑥스러워하던 학생들도 날이 갈수록 점차 익숙해졌고, 어느새 마음껏 '잘난 척'을 하며 그 누구보다 자신 있고 뻔뻔하게 영어로 대화했다. 이게 바로 '경솔함'의 힘이다.

한국인이라면 누구나 그렇듯, 나 역시 겸손함이 미덕이라고 주입받으며 자랐다. 그런데 고등학교 때 유학 생활을 하면서 '겸손함'만큼이나 '경솔함'이 중요하다는 사실을 깨달았다. 그 계기가 된 에피소드는 이렇다.

처음 유학을 떠나 뉴질랜드의 학교에 입학했을 때 현지의 서양인들은 인종차별은 기본이고, 특히 새로 전학 온 동양인에게 다소 지나친 장난과 조롱을 일삼았다. 그때 먼저 유학 온 한국인 선배들이 매우 진지한 표정으로 다음과 같은 조언을 해주었다. "애네들 앞에서는 무조건 잘난 척해야 해. 안 그러면 개무시당한다, 너. 그러니까 적어도 한 가지는 잘하는 게 좋을 거야."

나는 도리어 그 선배들의 말을 무시했다. 내가 고작 이 친구들한테 무시당하지 않으려고 이렇게 큰마음 먹고 유학을 결심한 것도 아니고, 굳이 그럴 필요가 있나 싶었다. 하지만 그렇게 안일하게 넘겨버리기에 녀석들의 장난은 날이 갈수록 점점 더 심해졌다. 뒤에서 몰래 뒤통수를 치거나 지우개 가루 따위를 던지기도 했고, 점심시간에는 벤치에 가만히 앉아 있던 나에게 여러 명이 몰려와 과일 껍질 같은 음식물 쓰레기를 마구 던지기도 했다. 새로 전학 온 데다가 동양인에, 자신들보다 덩치도 한참 작은 아이. 이들 무리에서는 나라는 존재가 얼마나 만만해 보였을까. 그들은 만만한 나를 처절하게 무시하고 짓밟으려 했다. 그때 선배의 조언이 떠올랐다.

'잘난 척을 한다라….'

생각해보면, 나는 여태껏 살면서 잘난 척이란 걸 해본 적이 없었다. 한국에서의 학교생활을 돌이켜보면, 나뿐만 아니라 대부분 그랬다. 수업 시간이든 친구들과 노는 시간이든, 젠체하거나 괜히 나서서 튀는 행동을 하면 무리에서 따돌림을 당하곤 했으니까. "왜 이렇게 나대?", "깝치네." 이런 소리를 들으면서 말이다.

하지만 이곳의 아이들은 달랐다. 수업 시간이 되면 끊임없이 손을 들어 올리는 광경이 펼쳐졌다. 어떤 친구는 수업 도중에 모르는 것을 적극적으로 질문했고, 또 다른 친구는 자기 생각을 어필하며 선생님과 토론을 넘어 언쟁을 벌이기까지 했다. 그리고 이 모든 게 그들에게는 전혀 어색하거나 불편해 보이지 않았다. 그냥 자연스러움 그 자체였다. 공부뿐만이 아니었다. 운동을 하든 게임을 하든, 매우 적극적으로 자신의 장점을 자랑하고 어필했다.

반면, 한국인을 포함한 수많은 동양인들은 늘 부끄럼을 타고 겸손하게 행동했다. 하지만 서양인들의 눈에 동양인의 겸손함은 그저 잘하는 것 하나 없고, 매사에 자신감이라곤 없는 '고리타분하고 지루한 모습'으로 비칠 뿐이었다. 그게 싫었다. 사실 우리는 외국이라는 타지에 있다 보니 언어적·환경적으로 움츠러들 수밖에 없는 상황이었다. 말도 안 통하는 데다 생전 처음 보는 사람들 앞에서 어떻게 자신감 있게 행동할 수 있단 말인가. 그렇다고 이대로 포기할 수는 없었다. 뭔가를 보여줘야 했다. 그래서 그때부터 '너희가 그렇게 잘하는 잘난 척? 한

번 제대로 보여줄게.' 하고 본격적으로 '잘난 척'을 하기 시작했다.

이렇다 할 특별한 재능은 없었지만, 가장 먼저 떠오른 건 축구였다. 대단한 실력은 아니었지만, 그래도 동네에서는 항상 잘한다는 소리를 들어왔기에 나름대로 자신이 있었다. 그러던 어느 날, 드디어 본때를 보여줄 때가 왔다. 체육 수업에서 축구를 배우게 된 것이다.

뉴질랜드는 럭비가 인기 종목이었기 때문에 축구를 하는 학생들은 그리 많지 않았다. 먼저 선생님의 지휘 아래 교육을 받고 학생들끼리 시합을 시작했다. 그리고 나를 포함한 한국인 친구들은 아주 그냥 제대로 잘난 척을 해줬다. '봤냐? 이게 4강 신화의 한국 축구다, 이 자식들아!'라고 말하는 듯한, 거만하고 우쭐한 표정을 잔뜩 지으면서 말이다. 이 친구들은 많이 놀란 듯했다. 그리고 그날 이후로 나를 대하는 태도가 조금씩 달라지기 시작했다.

"What's up, Tony(안녕, 토니)!" 이곳에 온 지 3개월 만에 처음 들어보는 인사였다. 그전까지 아무도 나에게 그 흔한 인사조차 건네지 않았다. 하지만 축구를 마치고 그다음 날부터 하나둘씩 내 이름을 부르며 인사를 해 주기 시작했다. 맙소사. 이 인사를 시작으로 우리는 조금씩 가까워졌다. 같이 공부를 하기도 하고, 등하교를 함께하고, 운동과 게임도 같이 했다. 이 과정에서 나는 더욱 '잘난 척'을 해댔다. 시험을 잘 보면 온 동네에 떠벌리고 다녔고, 게임에서 누군가를 이기면 온갖 자랑을 하며 허세를 부렸다. 그 결과 더 많은 친구들을 사귀고 더 돈독한 관계를 이어 나갈 수 있었다.

겸손함과 예의 바름, 이 단어들은 내게 한평생 유념해야 할 덕목이자 사회 구성원으로서 당연히 따라야 할 태도였다. 아마 한국에서 자랐다면 당신도 나와 크게 다르지 않을 거라 생각한다. 우리는 늘 겸손하고 예의 바르게 행동해야 한다고 부모님, 학교, 사회로부터 귀에 딱지가 앉을 정도로 들으며 살아왔으니까.

하지만 꼭 공손하고 자신을 내세우지 않는 태도만이 정답이 아니라는 것을 유학 시절의 '잘난 척' 쩌는 외국인 친구들을 통해 알게 되었다. 그리고 깨달았다. 자신의 가치는 다른 사람들이 아닌 오직 나만이 높일 수 있다는 사실을. 가만히만 있으면 그들은 절대 알아봐주지 않는다. 스스로 나를 드러내고 표현해야 한다. 때로는 뽐내고 생색도 내야 한다.

경솔함의 또 다른 장점은 잘난 척을 하는 만큼 그에 준하는 실력으로 서서히 나아간다는 것이다. 비록 지금은 그만큼의 역량을 갖고 있지 않더라도, 떠벌려 놓은 만큼 입증해보이려는 건강한 부담감을 느끼게 되므로 빠르게 성장해나갈 수 있다.

아직도 잘난 척하는 것이 마냥 재수 없는 행동이라고 생각하는가? 잘한 일을 스스로 떠벌리는 것이 추잡하고 없어 보인다고 생각하는가? 유학 생활의 경험을 통해 생각과 행동이 바뀌었던 나도 이 고정 관념에서 벗어나기까지 꽤 오랜 시간이 걸렸다. 아니, 사실 지금도 여전히 그런 강박증이 남아 있다. 당신은 어떠한가? 충분히 인정받을 만한 장점이 있는데, 그것을 숨기려고만 하진 않는가? 아니면 분명 다른 사람이 갖지 못한 탁월한 강점이 있는데, 본인이 이를 너무 과소평가하고 있지는 않은가?

지금 당장은 자신의 강점을 드러내고 어필하는 것이 어렵고 부담스러울 수 있다. 욕먹을까 봐 겁나고, 무시당할까 봐 눈치 보일 수 있다. 이러한 불안감은 인간이라면 누구나 느끼는 감정이다. 특히 한국에서 자라왔다면 더욱 그럴 것이다. 하지만 당신이 어떻게 행동하든, 어차피 누군가는 당신을 싫어한다. 아무리 친절하고 상냥하게 굴어도, 자신의 잘난 점을 드러내지 않아도 누군가는 여전히 당신을 오해하고, 차별하고, 비난한다.

'만약 그러다가 주변 사람들까지 다 떠나가면 어떡하지?'라는 생각이 든다면, 걱정하지 않아도 된다. 있는 그대로의 나를 드러냈는데 상대방이 그 모습을 싫어한다면, 그건 그 사람과 당신의 결이 맞지 않는 거다. 단지 그뿐이다. 그러니 억지로 연을 이어가지 말고, 쿨하게 보내주면 된다. 어딘가에는 나를 있는 그대로 인정해주고 받아들여주는 사람들이 반드시 있기 마련이다. 그리고 사실 사람들은 겸손한 사람, 예의 바른 사람, 그렇게 행동해서 성공한 사람을 좋아하는 것이 아니라, 지극히 '그 사람답게', '나답게' 사는 사람을 좋아한다.

〈시티홀〉이라는 드라마에서 풀이 죽은 채로 자신감 없는 모습을 보이는 아들에게 아버지는 이렇게 말씀하신다. 그리고 그 아들은 커서 자신의 직원에게도 이 말을 해준다.

"고개 숙이지 마. 비굴도 습관이야."

오늘도 수많은 사람들이 겸손을 떠느라 바쁘다. 그놈의 예의범절을 지키느라 자기 생각과 능력을 감추고 죽인다. 그러는 동안 당신 안에 내재되어 있는 수많은 가능성은 빛을 잃는다. 우리는 조금 더 꾸밈없고 경솔해질 필요가 있다. 마음껏 으스대고 자랑도 좀 해야 한다. 사람들은 당신이 어떤 사람이고, 무엇을 좋아하고 잘하는지, 어떤 잠재성을 지니고 있는지, 회사와 어울리는 인재인지 아닌지 절대 알지 못한다. 당신이 직접 드러내고, 떠벌리며 뽐내고 잘난 척하기 전까지는.

그러니까 이제 우리 그만 겸손 떨고 경솔해지자. 그리고 지켜보라. 당신의 잘난 척이 당신을 어디로 이끄는지. 분명 이전과는 전혀 다른 세상을 마주하게 될 것이다. 기대해도 좋다.

5장

긍정만 좇는 것은
반쪽짜리
긍정이다

오케이보다
오케이한 건 없다

클레멘타인 당신은 나의 싫은 점을 발견하게 될 거야.
그리고 나는 당신에게 싫증을 느낄 거고 같이 있는 걸
답답해할 거야. 나랑 있으면 결국 그렇게 될 거라고.
조엘 오케이. 알겠어. 괜찮아.

영화 〈이터널 선샤인〉의 마지막 장면이다. 한때 연인이었던
두 남녀는 뜨겁게 사랑했지만, 시간이 지나 서로를 증오하고
미워하게 된다. 그래서 기억을 지우는 병원을 찾아가 아름답
고 동시에 끔찍했던 함께한 추억을 지운다. 그런데 참 운명적

이게도, 기억을 잃은 두 사람은 그럼에도 다시 서로에게 이끌리고 사랑에 빠진다. 이 사실을 알게 된 클레멘타인(여자 주인공)은 조엘(남자 주인공)에게 말한다. 우리는 어차피 서로를 미친 듯이 미워하게 될 거고 상처를 줄 것이며 힘들어하게 될 텐데, 결국 뻔한 결말인데 그게 무슨 의미가 있겠냐고. 어찌 보면 이미 겪어본 관계이기에 결과를 충분히 예측할 수 있음에도 조엘은 그저 온화한 미소를 지으며 담담하게 답한다. "오케이. 오케이."

고작 이 단순한 한마디가 뭐라고, 한참을 울먹이고 자책하고 원망했던 그녀의 복잡한 마음을 한순간에 녹이고 미소 짓게 만들었을까. 어떻게 "오케이"라는 지극히 평범한 표현이 수많은 관객과 시청자들의 마음을 후벼판 것일까. 사실 우리는 모두 그 한마디를 듣고 싶었던 건 아니었을까. "너는 참 제멋대로고 나와 잘 맞지도 않아. 우리는 계속해서 부딪힐 거고 서로를 상처 입히겠지. 그래도 괜찮아. 그래도 돼. 그런 거지 뭐. 그렇게 가보는 거지 뭐. 그럼에도 함께 있는 게 좋으니까. 그게 너라서 괜찮아. 사랑하니까." 다소 오그라드는 말일지도 모르겠다. 하지만 죽도록 사랑하고 원하지만 헤어지는 게 나을 수도 있다는 양극단의 강점을 오가는 동안 사실은 간절히 듣고 싶은 말이었을 것이다. 너를 그만큼 아끼고 소중히 여기기에 그런 고민은 큰 문제가 아니며 대수롭지 않다는 태도. 그 모든 것을 감수하고서라도 함께하고 싶은 마음. 그것이 얼마나 큰 위로가 되었을까.

영화 속에서는 사랑하는 사람에게 건네는 따뜻한 말이지만, 사실은 누구보다도 나 스스로에게 해주어야 하는 말이라고 생각한다. 우리는 "힘내", "이겨내", "버텨", "끝까지 견뎌" 같은 말을 타인이나 나 자신에게 하는 데 꽤 익숙하다. 하지만 때로는 "힘내"라는 말이 더없이 잔인하게 다가오기도 하고, "그래, 참 힘들겠다"라는 공감의 말조차 기운을 빠지게 만들 때가 있다. 감정에 맞장구를 쳐주면 따뜻한 위로가 되기도 하지만, 동시에 '힘들 수밖에 없는 거구나.' 하는 무기력감이 생기기도 한다.

반면 "괜찮아, 그거 별거 아니야"라는 말은 단숨에 상황을 가볍게 만들어주는 힘이 있다. 분명 중대하고 복잡하게 느껴졌던 문제였는데, 한순간에 그 심각함을 농담처럼, 게임처럼, 장난처럼 느껴지게 만드는 힘이. 물론 살면서 겪는 모든 일들을 가볍게만 여겨서는 안 되겠지만 "야, 그거 별거 아니야. 금방 지나가. 너무 걱정하지 마"라고 말해주는 친구의 한마디가 때로는 엄청난 힘이 된다. 적어도 나에게는 그랬다. 맞장구를 넘어 대신 맞짱을 떠주는 느낌이랄까. 뭔가 든든하고 커다란 백이 생긴 기분이었다. 딱히 그 문제의 해결책을 준 것도 아닌데, 그 한마디만으로 뭐든 할 수 있을 것만 같은 자신감이 생겼다. '그래, 그렇게 심각하게 바라볼 필요는 없지. 어떻게든 되겠지' 하는 마음. 근거 없는 자신감이 아니라 없는 근거도 어떻게든 만들어내고 싶은 자신감을 준다.

《삶을 예술로 만드는 법》에서 저자 로버트 프리츠는 열다섯 살의 어린 딸을 잃은 한 엄마의 사연을 소개한다. 그녀는 사랑하는 자식을 먼저 떠나보낸 후, 괴로운 마음에 여러 치료를 받아보았지만, 아무런 소용이 없었다. 그러다 한 정신과 의사와 일주일을 함께 보내는 방송 프로그램에 출연하게 된다. 의사는 "당신은 딸의 얼굴을 두 번 다시 볼 수 없습니다"라고 딸의 죽음을 직접적으로 언급하며, 그녀가 애써 외면해온 사실을 계속해서 상기시켰다. 결국 그녀는 참아왔던 눈물을 왈칵 쏟아낸다. 그리고 놀랍게도, 단 일주일 만에 그녀에게 극적인 변화가 일어난다. 당장은 냉혹한 현실 앞에서 극심한 고통을 느껴야 했지만, 결국에는 딸의 죽음을 받아들이고, 있는 그대로의 현실을 용기 있게 마주보기 시작한다. 그리고 더 이상 상실의 고통 속에 자신을 방치하지 않고, 다시 삶을 충실히 살아가게 된다. 책에서는 이 에피소드를 소개하면서 다음과 같은 문장이 나온다.

"현실을 그저 받아들이는 게 아니라, 힘든 그대로 껴안았다."

이 말은 '슬퍼해봤자 아무 소용이 없으니까 그냥 받아들여라'는 식의 냉소적인 의미가 아니라, '비록 너무 힘들고 괴롭고, 가끔은 사무치게 그리울 때도 있겠지만, 그 마음을 있는 그대로 안아주자. 충분히 아파하고 마음껏 슬퍼하되, 진실을 기꺼이 마주해보자'라는 현실적이면서도 따뜻한 메시지를 담고 있다. 우리는 힘든 일이 생기면 이 악물고 이겨내려고 하거나, 반대로 침울해져서 그 감정과 상황에 휘둘리곤 한다. 과거에 갇히거나 미래에만 기대게 된다. 하지만 괜찮다는 건, 지금 내가 처한 현실을 솔직하게 직시하고 수용하는 태도에 가깝다. 그리고 문제를 회피하지 않고 정면으로 맞설 줄 아는 용기다.

"오케이"라는 말은 단순하지만 힘이 있다. 우직하게 그러나 가볍게 경쾌한 발걸음을 내디뎌보게 하는 힘. 위의 예처럼 극단적인 사건이 아니더라도 우리는 살아가면서 수많은 고통의 순간들을 직면하게 된다. 그럴 때마다 어떤 행동을 할지 선택할 수 있다. 이겨내려고 발버둥 칠 수도 있고, 우울감에 깊이 빠질 수도 있고, 이러지도 저러지도 못한 채 방황할 수도 있다. 사실 어떤 선택을 하든 괜찮다. 그 또한 삶의 방식이니까.

하지만 일상을 조금 더 편안한 마음으로 보낼 수 있는 방법이 하나 있다면, 모든 일에 성급히 판단하지 않고 일단 '오케이'를 하는 것이다. 조엘이 클레멘타인에게 앞으로 벌어질 일을 충분히 예측할 수 있음에도 감수하겠다는 뜻으로 "오케이"라고 말해준 것처럼, "괜찮아" 이 한마디는 우리를 한없이 자유롭게 만들어준다. 우리는 흔히 앞길이 아무런 장벽이나 가로막힘 없이 뻥 뚫려야 마음이 홀가분해질 거라 생각한다. 하지만 아무것도 없는 텅 빈 도로를 달리다 보면, 자유롭기는커녕 오히려 두렵고 지루해질 것이다. 신호에 걸려서 잠시 멈춰 서고, 가끔은 방해꾼이 끼어드는 순간도 있어야 한다. 내 뜻대로 되지 않는 일들의 연속이 인생이지만, 그 모든 것들에 과감히 오케이를 할 수 있다면, 예기치 못한 사건들과 그리 달갑지 않은 상황들도 훨씬 더 관대한 시선으로 바라볼 수 있게 된다. 쉽지는 않겠지만 삶을 좀 더 폭넓은 관점에서 바라보고 가볍게 대할 수 있는 배짱이 생긴다.

아이가 태어났을 때 가장 먼저 떠오른 문장이 있다. 평소 나 자신에게 늘 해주던 말이었고, 아내에게 결혼할 때 했던 약속이었고, 나중에 아이가 말을 알아들을 만큼 크면 아이에게도 꼭 해주고 싶은 말이다. "When you can't look on the bright side, I'll sit with you in the dark(네가 도저히 밝은 면을 바라볼 수 없을 때는 내가 그 어둠 속에 너와 함께 앉아 있어 줄게)." 이 말을 들을 때마다 아내는 부정적인 말 하지 말라며 투덜대곤 한다. 하지만 나는 "항상 너를 행복하게 해줄게"라는 지킬 수 없는 약속보다는 "힘든 순간에도 함께하겠다"는 이 말이 더 큰 힘이 된다. 살다 보면 단맛뿐만 아니라 쓴맛도 경험할 때가 올 것이다. 그때 비록 그 문제를 해결해주지는 못하더라도, 때로는 고통의 시간이 길지라도 항상 "괜찮아, 다 괜찮아"라고 말해줄 수 있는 아빠가 되고 싶다.

당신도 그랬으면 좋겠다. 분명 힘든 순간이 오겠지만, 이겨내려고 발버둥 치기보다는 '그럴 수 있지' 하며 받아들이고, 여유롭고 쿨하고 가볍게, 그렇게 하루하루를 살아갔으면 좋겠다. 인생의 풍파에 쓰러져도 우리는 언제 그랬냐는 듯 다시 일어설 거고, 해는 다시 떠오를 거고, 기적은 찾아올 것이다.

가끔은
져도 돼

한 배드민턴 선수가 있었다. 그녀는 세계 최고의 실력을 갖춘 선수였고, 모두가 그녀의 우승을 확신하고 있었다. 심지어 감독조차 딱히 도와줄 게 없다며 별다른 코치를 해주지 않을 정도였으니까. 하지만 그녀는 불안했다. 압도적인 기량을 갖고 있다는 걸 스스로 너무 잘 알고 있었지만, 그럼에도 걱정과 불안을 떨칠 수가 없었다.

동료들은 타지에 나와 있는 그녀를 응원하며 다 함께 영상 메시지를 보내왔다. "넌 잘해낼 거야." "우승은 무조건 너야!" 그런데 이런 희망차고 감동적인 말에도 이상하게 전혀 힘이

나지 않았다. 오히려 무언가 말할 수 없는 무기력감과 허탈함이 몰려왔다. 그때 한 동료가 뜻밖의 말을 건넸다.

"져도 돼."

"…."

잠시 침묵이 흘렀고, 그녀의 눈에 눈물이 맺혔다. 이어서 그는 말했다.

"꼭 이번이 아니더라도, 앞으로도. 그동안 고생했다."

전혀 예상치 못한 그의 말에 그녀는 하염없이 눈물을 흘렸고 그렇게 한참을 오열했다.

드라마 〈라켓소년단〉에 나온 한 장면이다. 어쩌면 그녀가 가장 듣고 싶었던 말은 "이길 거야. 잘할 수 있어"라는 응원의 말보다 "져도 돼. 그래도 괜찮아"라는 말이 아니었을까. 응원의 말은 반드시 이겨야 한다는 무언의 압박을 주지만, "져도 돼"라는 말은 듣기만 해도 마음이 홀가분해진다.

우리는 살아가면서 많은 칭찬과 응원을 받는다. 그런데 생각보다 '위로'에 있어서는 무척이나 서투르고 인색하다. 어렸을 때는 부모의 기대에 부응하느라, 성인이 되어서는 사회의 요구에 맞추느라 계속해서 자신을 채찍질하며 '더 잘해야 돼!'라고 다그친다. 물론 실력을 키우고 더 나은 삶을 만들어 나가는 것은 중요한 일이지만, 그 과정에서 꼭 좋은 결과를 내야 한다는 압박감을 느낄 필요는 없다.

가수 아이유는 "힘들 때 어떻게 이겨내세요?"라는 질문에 이렇게 답한 적이 있다.

"가끔 져요."

한번 자신에게 이렇게 질문해보길 바란다. '내가 인생에 패배자가 된다면?' 좀 더 구체적으로는 이렇게 질문해볼 수 있다. '이 시험에서 떨어진다면?', '고백했다가 차인다면?', '사업에 실패한다면?' 왜 굳이 부정 타게 이런 질문을 하느냐고? 바로 '질' 준비를 잘하기 위해서다.

《나는 나를 파괴할 권리가 있다》,《살인자의 기억법》등으로 알려진 김영하 작가는 소설에 대해 이런 말을 한 적이 있다.

"소설은 우리와 경쟁하지 않는다."

소설은 주로 주인공의 고뇌, 문제, 고통, 실패를 다룬다. 독자를 새로운 세계와 낯선 사람의 삶으로 데려가, 그 인물의 실패를 간접적으로 경험하게 해준다. 대부분의 자기계발서나 드라마처럼 무조건 '성공'에 대해 이야기하지도 않고, 재벌 2세의 삶을 통해 과한 기대감이나 열등감을 심어주지도 않는다. 대신, 주인공이 겪는 고민과 고통에 감정이입을 하면서 공감하게 되고 동시에 위로를 받게 된다. 그리고 그 인물이 고난을 헤쳐 나가는 과정을 지켜보면서 자신의 문제를 해결할 수 있는 실마리를 찾게 된다.

앞서 부정적인 결과를 초래할 수 있는 일들에 대해 질문을 던져보라고 한 것도 마찬가지 이유에서다. 바로, 내가 걱정하는 일, 겪고 싶지 않은 사건, 마주하고 싶지 않은 감정들을 미리 상상해보는 것이다. 이렇게 다소 불편한 질문들을 통해 마침내 스스로에게 말해줄 수 있게 된다.

"져도 돼. 그래도 돼."

우리는 일상에서 종종 원치 않는 상황들도 필연적으로 마주하게 된다. 그렇기 때문에 "잘될 거야!"라는 응원이 위험할 수 있다. 물론 이런 말이 큰 힘이 될 때도 있지만, 아파 죽겠는데, 실패했는데, 욕을 먹었는데, 화가 나는데 어떻게 사람이 항상 힘이 넘치고 긍정적일 수만 있겠는가. 스스로에게 너무 동기부여만 하려고 애쓰지 않았으면 좋겠다. '이겼으면 좋겠다'라는 간절함이 클수록 오히려 그 바람과는 반대로 일이 흘러갈 때가 많다. 이를 '역노력의 법칙'이라고 한다. 과거를 떠올려보면 쉽게 이해될 것이다. 무언가를 가지려고 애쓸수록 이상하게 오히려 점점 멀어진 경험이 있지 않은가? 예를 들면, '잘난 사람이 되고 싶다'라는 다짐은 오히려 '현재의 나는 그렇지 못하다'는 현실을 더욱 부각시킨다. 목표가 뚜렷하고 절실함이 클수록, 그 목표에서 한참이나 벗어나 있는 현실이 더 괴롭고 비참하게 느껴진다. 즉, 지고 있는 이 상황이 더 견디기 힘들어진다.

인간은 본능적으로 부정적인 것에 더 쉽게 집중하는 경향이 있다. 기분이 좋을 때는 아무 생각 없이 그 상황을 온전히 즐기지만, 조금이라도 슬프거나 안 좋은 일이 생기면 그 일을 깊이 파고들어 분석하고 속상해한다. 말 그대로 '집착'하게 되는 것이다. 남녀 간의 관계에서도 그렇다. 누군가를 너무 깊이 사랑하게 되면, 그 마음이 아무리 진실되고 순수하다 할지라도, 오히려 상대방은 부담을 느끼고 도망가고 싶어진다. 그런데 욕망을 살짝 내려놓고 어느 정도 거리를 유지하는 순간, 신기하게도 그때부터 서서히 마법이 시작된다. 쌀쌀맞게 굴고 매번 거절만 하던 이성이 마침내 당신에게 먼저 말을 걸고 관심을 보이기 시작한다. 아마 한 번쯤 이런 경험을 해봤을 것이다. 상대방이 나를 계속 쫓아다닐 때는 귀찮아했는데, 반대로 상대방이 흥미를 잃자 오히려 관심이 생겼던 경험. 그래서 개인적으로 참 피곤하게 느껴지지만, 이성 관계에서는 어쩔 수 없이 '밀당'이 필요한지도 모르겠다.

어렸을 때 무척이나 갖고 싶었던 로봇 장난감이 있었다. 동네에서 유일하게 한 친구만 그 장난감을 가지고 있었는데, 아무리 조르고 화내고 설득해봐도 그 아이는 절대 그 로봇을 만지게 해주지 않았다. 달콤한 초콜릿 과자도, "우린 친구잖아!"라는 우정을 담보로 한 회유도 전혀 통하지 않았다. 그 친구도, 그 장난감도 늘 나의 통제권 밖에 있었다.

어른이 되어서도 마찬가지다. 단지 대상만 바뀌었을 뿐, 우리는 여전히 원하는 무언가를 갖기 위해 모든 노력을 기울인다. 돈, 외모, 연인, 차, 집, 학위 등 자신이 갖고 싶은 것을 쟁취하기 위해 온갖 떼를 쓴다. 마치 어린 시절, 로봇 장난감을 만지고 싶어서 징징거리던 그 꼬마 아이처럼 말이다. 가지려 하면 할수록 멀어진다는 알 수 없는 세상의 법칙 따윈 무시하고 정확히 원하는 시점에, 원하는 방식으로, 원하는 형태로 얻을 수 있다고 우기고, 욕심 내고, 착각한다.

지금까지 설명한 모든 이야기의 메시지는 이렇다. 내가 원하는 방향으로만 상황이 전개되기를 바라며, 빠르게 성공하고 성취하려는 마음은 욕심과 집착을 키운다. 이러한 마음이 지속되는 한, 더욱 조급해지고 일이 더 꼬일 가능성이 높아진다. 이 사실을 반드시 깨달아야 한다. 아니 인정해야만 한다. 또한 실수하고 실패하는 것이 꼭 나쁜 것만은 아니다. 세계적인 영적 스승이자 정신과 의사였던 데이비드 호킨스는《놓아버림》

이라는 책을 통해 집착을 내려놓아야 한다는 메시지를 '항복'
이라는 단어로 표현했다. 그리고 "항복이란 어떠한 저항이나
판단 없이 지금 이 순간을 있는 그대로 받아들이는 것이다"라
고 말했다. 즉, 우리가 느끼는 감정이나 주변에서 일어나는 일
들에 대해, 그것이 긍정적이든 부정적이든 아무런 판단도 하
지 말고 그저 자연스럽게 지나가도록 내버려두라는 것이다.
이는 수동적이거나 나약한 태도가 아니다. 모든 상황과 감정
이 나름대로 의미가 있음을 받아들이는 겸허하고 열려 있는
자세다. 실수해도, 일이 좀 어긋나도, 이기지 못해도, 못났어도,
남들보다 뛰어나지 않아도, 다소 부족해도, 어설프고 초라해
도, 그 또한 '나'이고 '내 삶'이니까.

매번 잘난 나, 괜찮은 나, 성공한 나, 이기는 나만 지향하며
살다보면, 단 한 번의 실패에도 쉽게 무너지고 좌절하게 된다.
그러니까 아이유가 "가끔 져요"라고 말하면서 '인생은 때로는
참 모질며 가끔은 넘어져도 괜찮다'라는 메시지를 전해준 것처
럼 "져도 돼", "못나도 돼", "그래도 돼"라고 스스로에게 말해줄
수 있었으면 좋겠다. 그러면 참 신기하게도, 걱정되고 불안했
던 마음이 오히려 한순간에 사라지는 경험을 하게 될 것이다.

혹시 오늘 너무 고되고 지친 하루를 보냈다면, 모자란 내 행
동 때문에 또는 누군가의 오해로 도무지 의욕이 생기지 않는

날이었다면, 그래서 나와 내 삶을 미워하고 있다면, 그럴수록
더 스스로에게 이렇게 말해주자.

"져도 돼. 그래도 돼."

나답지 않아도
괜찮아

어느 날 드라마 〈도시남녀의 사랑법〉을 보고 있는데, 여주인공이 헤어진 남자친구와 재회하면서 그들이 다시 만날 수 없는 이유에 대해 이렇게 이야기했다. "나도 내가 어떤 사람인지 모르겠어. 이제 나를 찾고 싶어." 그때 같이 TV를 보고 있던 아내가 대뜸 나에게 물었다(이럴 때면 내가 또 뭐 잘못한 게 있나 싶어 괜히 긴장하게 된다).

"오빠가 저 남자라면 뭐라고 말할 거야?"

"음… 같이 찾아볼까? 내가 도와줄게. 아마도 이렇게?"

'좋았어. 겁나 스윗했어'라고 내심 흐뭇하게 생각하며 미소

짓고 있었는데, 그 순간 아내가 난데없이 등짝 스매시를 날리며 한심하다는 표정으로 내가 센스가 없다고 했다. 답은 이미 나와 있다고.

"저럴 때는 그냥 '네가 어떤 모습이든 난 다 좋아. 다 괜찮아.' 이렇게 말하면 되는 거야."

처음에는 '아니, 나를 찾겠다는 사람한테 괜찮긴 뭘 괜찮아야. 질문의 요지를 파악 못 했네, 눈치 없게'라고 속으로 투덜댔다. 그런데 그날 밤 누워서 가만히 생각해보니 '꼭 남녀 관계가 아니더라도, 누구에게나 참 위로가 되는 말이겠구나' 싶었다. 그리고 나 역시 듣고 싶은 말이기도 했다. "네가 어떤 모습이든 다 괜찮다"는 말이 이토록 따뜻하게 느껴졌던 이유는 "나답게 사세요"라는 말이 때로는 부담스럽게 느껴질 때가 많았기 때문이다. 수십 년을 살아도 아직도 진짜 내가 어떤 사람인지 잘 모르겠는데, 마치 나다움을 찾지 못하면 실패자가 된 것 같은 기분이랄까. 그런데 그 부담을 내려놓고 '이런 나여도 괜찮고, 저런 나여도 괜찮아'라고 스스로를 다독여주니 마음이 얼마나 홀가분해지던지.

물론 '나다움'을 추구하는 것은 한 인간으로서 자신만의 개성을 발견하고 창조해나가는 귀중한 과정이다. 하지만 아무리 숭고한 목적이라 할지라도 강요받는 듯한 압박감이 느껴진다면 본래의 의미가 퇴색된다. 나답다는 건 나만의 고유한 스타일과 솔직한 모습을 보여준다는 뜻일 텐데, 그 성격과 이미지가 항상 똑같을 수는 없다. 우리는 1년도 채 지나지 않아 작년에 고수했던 패션을 보고 '내가 어떻게 저런 촌스러운 옷을 입고 다녔지?'라며 전혀 다른 스타일의 옷을 사 입기도 한다. 지난달까지만 해도 즐겨 마시던 프라푸치노가 질려버리기도 하고, 한순간에 취향이 바뀌어버리기도 한다. 이렇듯 인간은 고정된 존재가 아니라 계속해서 변화하고 이랬다저랬다 하는 변덕스러운 존재다.

예전에 한 인터뷰에서 힙합그룹 에픽하이의 멤버 투컷은 "초심을 잃은 것 같다"는 인터뷰어의 말에 이렇게 대답했다.

"사람들이 자꾸 초심, 초심 하는데… 만약 그 초심이 쓰레기였다면?"

농담이었는지 진심이었는지는 모르겠지만, 굉장히 통찰력 넘치는 답변이어서 놀랐다. 실제로 사람은 그때그때 상황에 따라 시시각각 변하며, 과거를 돌이켜보면 '내가 왜 그랬지?' 하고 후회하는 순간들이 참 많다. 그런데 왜 우리는 항상 일관성 있게 살아야 하고, 한번 굳어진 가치관을 끝까지 고수해야 한다고 생각할까? 그럴 필요는 없다. 세상도, 계절도, 날씨도 다 변화무쌍한데, 왜 유독 인간은 한결같아야 한다고 생각하는지 한번쯤 의문을 품어볼 필요가 있다. '나다움'에 지나치게 몰두하면 피곤해질 뿐이다. 그런 의미에서 그냥 나답게 살지 말자. 다시 말해, 자신을 고정불변한 존재로 보지 말고 다양한 모습의 나를 허용해보자.

방송에서 가수 이효리가 남편 이상순에게 들은 인간관계 꿀팁을 공개한 적이 있다.

"누군가를 만나면 다 이상한 사람이라고 생각해!"

즉, '이상한 사람'을 기본값으로 두고 처음부터 기대를 하지 않으면 실망할 일도 적어진다는 것이다. 예를 들어, 상대가 알고 보니 예상대로 이상한 사람이라면 '그럴 줄 알았어' 하고 넘기면 된다. 반대로 좋은 사람이라면, '오, 반전!' 하고 반길 일이다. 우리는 누구나 이상한 구석이 하나쯤은 있기 마련이고, 서로를 완전히 이해할 수 없다. 나조차도 나를 온전히 이해하지 못하는데, 타인이 어떻게 나를 이해하겠는가. 솔직히 말하면, 아내랑 7년 넘게 연애하고 결혼한 지 3년이 넘었지만, 아직도 '재 참 이상해'라고 생각할 때가 있다(여보 미안. 근데 그녀 역시 아직도 내가 이해 안 간다고 할 때가 많다).

이제 이 전제를 자신에게도 적용해보자. 오늘부터 이렇게 외쳐보자.

"난 원래 이상해."

"난 참 유별나. 특이해."

"솔직히 나 좀 별로야."

이렇게 말하는 것만으로도 거부감이 들고 불쾌한 기분이 든다면, 그만큼 당신은 평소 자신에게 가혹하고 기준이 까다로운 사람일 가능성이 크다. 한치의 부족함도 용납하지 못하는 것이다. 사실 우리는 누구나 부족한 점이 있기 마련이고, 부족해도 괜찮다. 내가 별로여도 상관없다는 태도가 필요하다. 그리고 그렇게 생각할수록 역설적으로 자신을 더 사랑하게 된다.

생각해보면 연애도 이와 비슷하다. 30년이 조금 넘는 세월 동안 나와 전혀 다른 사람들과 몇 차례 연애하면서 틀림을 '다름'으로, 다름을 '다양함'으로, 다양함을 '매력'으로 받아들일 수 있게 되었다. 처음엔 게으른 여자친구가 못마땅했지만, 덕분에 나도 여유롭게 일상을 보내는 습관이 생겼다. 미술관을 좋아하는 그 사람의 취미는 내 취향과는 거리가 멀었지만, 함께 작품을 감상하며 영화보다 더 감동적인 순간들을 수없이 경험했다. 말을 너무 천천히 하는 성격이 답답했지만, 속 깊은 생각과 배려심이 느껴져서 나도 누군가에게 그런 사람이 되어야겠다고 다짐하게 되었다.

당신도 한 번쯤 이런 경험을 해봤을 것이다. 입에 대고 싶지 않았던 음식이 상대방으로 인해 내 최애 메뉴가 되고. 운동이라곤 숨쉬기만 했던 내가 그로 인해 헬스에 빠지게 된 경험. 음악도, 패션도, 말투도, 삶을 대하는 자세도, 걷는 습관과 늘 고집해온 성격도, 그 사람의 '다름'과 부딪히고 갈등을 겪고 이해하는 과정을 통해 자연스럽게 변화하고 성장해 나가는 자신을 발견한 적이 있을 것이다.

이러한 경험은 비단 연애를 통해서만 얻을 수 있는 것이 아니다. 직장 동료, 새로 알게 된 이웃, 오늘 구독한 유튜브 채널, 올해 읽은 책, 어쩌다 떠난 여행에서 만난 사람까지, 우리는 수없이 많은 '나와 다른 존재'들을 만나며 새로운 생각과 가치관을 받아들이게 된다. 다른 사람이 어떤 유형이든, 그들의 존재 자체를 인정하고 존중하게 된다. 그렇게 '다름'을 받아들이면 경험의 폭이 넓어지고 타인을 더 깊이 이해하게 된다.

하지만 그보다 훨씬 더 중요한 것이 있다. 타인의 다름뿐만 아니라 내 안에 있는 '다름(내가 인정하고 싶지 않은 내 진짜 모습)'을 받아들일 때, 우리는 비로소 자신을 더 사랑하게 되고 행복해질 수 있다. 심리학과 인문학에서도 있는 그대로의 나를 인정하는 것에서 모든 치유와 성장이 시작된다고 말한다. 그런 의미에서 더 이상 나만의 생각과 틀을 고집하지 말자. 내가 좋아하는 것만이 최고의 것이라고 여기며 편을 나누지 말자. 그것이 마음이든, 성격이든, 인간관계든 마찬가지다. 세상과 사람의 다양성, 나 자신의 다양성(장점과 단점을 포함한 모든 특성)을 있는 그대로 받아들이고 사랑해주자.

그러면 그때부터 놀라운 기적이 일어나기 시작한다. 매일 마주하는 일상이 더 다채로운 색깔로 물들고, 내가 싫다고 생각했던 사람과 일들이 조금씩 괜찮아 보이기 시작한다. 무지개는 한 가지 색깔이 아닌 다양한 색깔을 지니고 있기에 더욱 아름다운 법이다. 이제부터 주변의 모든 사물과 사람의 다양한 색깔을 물감으로 삼아 삶이라는 캔버스를 더욱 다채로운 모습으로 그려나가 보는 건 어떨까? 어렵게 생각할 필요는 없다. 그냥 '나와 다른 취미를 가진 사람도 좋아', '그동안 해보지 못했던 다른 취미도 도전해보자'라는 태도 하나면 충분하다.

다시 처음에 소개했던 드라마 〈도시남녀의 사랑법〉으로 돌아가보자. 진짜 내가 누구인지 모르겠다고 고민하는 주인공(이은오)에게 오랜 친구들은 이런 말을 해준다.

"옛날의 너도, 지금의 너도 다 이은오(너)야."

"그랬구나"라는
말의 위력

우리는 누구나 인생을 편하게 살고 싶어 한다. 그래서 조금이라도 곤란한 일이나 기분 나쁜 상황이 닥치면 곧바로 '진지 모드'에 돌입한다. 어떻게든 그 일을 해결하기 위해 모든 신경을 곤두세우고 스트레스를 받는다. 심지어 며칠만 지나면 까맣게 잊어버릴 아주 사소한 일에도 득달같이 달려들어 최선을 다하는 버릇이 몸에 배어 있다.

일상에서 일어나는 모든 크고 작은 일들을 별거 아닌 듯 무심하게 넘길 수는 없을까? 방법에 대해 논하기 전에 내가 좋아하는 한 문장으로 답을 대신해볼까 한다.

"Don't sweat the small stuff. It's all small stuff(별거 아닌 작은 것들에 신경 쓰지 마. 다 별거 아니니까)."

이 문장은 《사소한 것에 목숨 걸지 말라》라는 책의 원서 제목이기도 하다. 이 책의 도입부에는 작가의 일화가 짧게 소개된다. 보통 책을 출간할 때 지인들에게 추천사를 부탁하는데, 저자는 출판사로부터 저명한 심리학자이자 베스트셀러 작가인 웨인 다이어 박사에게 요청을 해보는 게 어떻겠냐는 제안을 받는다. 웨인이 예전에 그의 책에 추천사를 써준 적이 있었기 때문이다. 저자는 메일을 통해 직접 그에게 추천사를 부탁했지만 끝내 답장을 받지 못했다. 그래서 출판사 담당자에게 추천사를 받기 어려울 것 같으니 없던 일로 하자는 말을 전한다. 그런데 책이 출간된 후 저자는 표지를 보고 충격을 받는다. 출판사에서 자신과 아무런 상의도 없이 웨인 다이어 박사가 예전에 써준 추천사를 그대로 사용한 것이다.

그는 출간한 책을 즉시 수거하는 한편, '법적으로 문제가 생기면 어쩌지?', '왜 좀 더 세심하게 살피지 않았을까?' 같은 생각으로 불안감에 휩싸인 채 웨인 다이어 박사에게 사과의 메시지를 전한다. 그리고 마침내 그에게서 이런 답변을 받게 된다.

"별거 아닌 작은 것들에 신경 쓰지 마세요. 그저 사소한 일들일 뿐이니까요. 추천사는 그냥 그대로 두시죠."

역시 베스트셀러 작가라 그런지, 참 대인배다. 이 사례를 소개한 이유는 우리도 이처럼 사소한 것들에 신경 쓰지 않는 연습을 해보자는 뜻이다. 물론 쉽지 않겠지만, 몸처럼 마음도 훈련을 통해 근력을 키워놓아야 점점 더 사소한 일들을 가볍게 넘길 수 있게 된다.

예전에 인기리에 방영했던 예능 프로그램 〈무한도전〉에서 '그랬구나'라는 게임을 진행한 적이 있다. 방식은 간단하다. 출연자들이 서로 헐뜯기도 하고 서운했던 일들에 대해 거리낌 없이 이야기하는 것이다. 단, 이 게임에서 반드시 지켜야 하는 규칙이 하나 있는데, 상대방 말에 답할 때 반드시 "그랬구나"라는 말로 시작해야 한다. 단순 재미를 위해 한 말이었지만, 이 대사는 다양한 상황에서 활용할 수 있다. 가령, 아내가 집안일이 힘들다고 토로할 때는 "그래도 어떡해? 참고 해야지"라고 다그칠 게 아니라 "그랬구나. 참 피곤했겠다"라고 반응하는 것이다. 이렇게 상대방에게 절대적으로 공감을 해주는 것이 소통의 첫걸음이다.

나는 당신이 이 공감의 초점을 남이 아닌, '나'에게 맞춰 봤으면 좋겠다. '그랬구나'라는 무조건적인 이해를 타인을 위로해줄 때만 쓰는 것이 아니라, 나 자신을 다독여주는 방편으로 쓰는 것이다. 관계 솔루션 프로그램들을 보면, 공통적으로 상대방의 마음에 공감해줘야 한다는 이야기를 많이 한다. 그런데 이렇게 인간관계에서 효과적인 방식을 우리는 왜 나 자신과의 관계에는 적용하려고 하지 않는 걸까?

상대방에게 건네는 공감과 위로를 이제는 자신에게도 건넬 줄 알아야 한다. 방법은 간단하다. 당신이 무슨 일을 겪든, 누가 무슨 말을 하든, 사건이나 상황에 대해서 일단은 '그렇구나', '그랬구나' 하고 반응하는 것이다. 가령 '상사가 나에게 막말을 해서 불쾌했구나', '큰 실수를 저질러서 자책감이 드는구나', '나름대로 열심히 했는데 원하는 결과가 안 나와서 속상했구나.' 이렇게 말이다.

그렇다고 해서 모든 상황을 수용하고 대충 넘기자는 뜻은 아니다. 당연히 상황에 따라서 화를 내야 할 때도 있고, 따지고 넘어가야 할 때도 있다. 하지만 같은 상황이더라도 억울한 마음을 참지 못하고 분출하는 데 급급한 것과 화가 난 감정을 솔직하게 받아들이고 난 후에 차분하게 전달하는 것에는 큰 차이가 있다. 표현 방식에 따라 받아들이는 상대의 반응도 달라진다. 최악의 상황을 피할 수 있을 뿐만 아니라 어쩌면 관계가 더 좋아지는 반전의 계기가 되기도 한다(실제로 그런 일을 수도 없이 경험하고 목격해왔다).

'살다 보면 이런 일 저런 일이 생길 수도 있지', '오늘 좀 운이 안 좋았네, 그래서 내 기분도 엉망진창이네' 이렇게 상황을 있는 그대로 수용하는 순간, 신기하게도 뭐라 말할 수 없는 해방감이 느껴진다. '이게 과연 그렇게 심각한 일인가?' 하고 잠깐 멈춰 서서 의심을 해볼 수 있고, 나아가 사소한 일로 여기게 되는 여유까지 생긴다.

중증 외상 분야의 최고 권위자인 이국종 교수는 한때 극심한 우울증을 겪었다고 고백한 적이 있다. 위급한 환자들을 자주 마주하다 보면 감정 소모도 심하고 체력적으로도 지칠 테니 어찌 보면 당연한 일인지도 모른다. 가끔은 몸을 가누기조차 힘들었고, 약을 처방받아도 먹을 시간조차 없었다고 한다. 그래서 나름대로 자신만의 극복법을 찾아냈는데, 그 방법은 바로 '남들도 다 그렇다'라고 생각해버리는 것이다.

"인생이란 원래 그런 것이다."

힘들 때마다 이 문장을 떠올렸고 그 결과, 우울증이 많이 완화되었다고 한다. 앞서 말한 '그랬구나'처럼 있는 그대로 받아들이는 것, 상황을 바꾸려고 애쓰기보다 그럴 수 있음을 인정하고 적극적으로 환영하는 것이다. 표현만 보면 단순히 포기하는 것처럼 보일 수도 있지만, 이국종 교수가 이야기한 의도나 '그랬구나'라는 말의 핵심은 자포자기가 아니다. 누구나 살다 보면 힘든 시기가 찾아온다. 이때 숨고, 피하고, 괴로워하고, 좌절해도 되지만, 그 이상의 어떤 의미를 부여하지 말자는 것이다.

'왜 나한테만 이런 일이 일어나지?'

'언제쯤 고통이 멈출까?'

'어떻게 해야 행복해질 수 있을까?'

안타깝지만 이에 대한 명쾌한 답은 없다. 애초에 인생이란 원래 고통스러운 것이기 때문이다. 대신, 다음과 같이 질문을 바꿔보자.

'나한테 이런 일이 일어나지 않으란 법은 없잖아?'

'사는 동안 고통이라는 건 계속해서 찾아오지 않을까?'

'매일 행복하기만 하면 과연 인생이 재미있을까?'

원래 삶은 불공평하다. 원래 인생은 고통의 연속이며, 행복과 불행 사이를 왔다가 갔다가 한다. 하지만 한 가지 희망적인 사실은, 그 힘겨운 여정에서도 소소한 즐거움은 늘 존재한다는 것이다. 이국종 교수는 구내식당에서 맛있는 음식을 먹을 때의 기쁨 같은 사소한 순간들을 자주 떠올리며 감사를 느꼈다고 한다. 이처럼 끝없는 고통의 여정 속에서도 잠시 쉬어가며 허기진 마음을 달랠 수 있는 쉼터가 간간이 모습을 드러낸다. 그렇기에 우리는 지친 몸을 이끌고 앞으로 나아갈 수 있는 것이다. 음악도 듣고 수다도 떨고 맛있는 음식도 먹으면서, 즉 순간순간의 작은 행복들을 자주 음미하면서 말이다.

모든 상황을(그것이 최악의 상황일지라도) 기꺼이 인정하고 받아들이기 시작하면 중대하게 느껴졌던 모든 일이 점차 사소해 보이기 시작할 것이다. 물론 겉으로 보기에 삶은 중대한 일투성이고 내 뜻대로 되지 않는 경우가 많다. 설레는 마음으로 여행을 갔는데 갑자기 비가 내리거나, 잔뜩 기대하며 찾아간 식당이 예고 없이 문을 닫거나, 야심 차게 준비한 프로젝트가 무산되거나, 믿었던 친구에게 배신을 당하거나, 사랑 앞에서 늘 을이 되는 등 살면서 내 뜻대로 되지 않는 일들이 부지기수다. 그런데 그저 사소하게 바라보라니, 분명 내겐 중요한 사안인데 어떻게 대수롭지 않게 받아들이란 것인지 의문이 들 것이다. 힘들고, 아프고, 견디기 괴로운 감정은 누구나 경험할 수밖에 없는 삶의 일부다. 하지만 꼭 기억해야 할 사실은, 지금 이 순간이 '전부'가 아니라는 것이다. 지금 이 시기에 그런 일이 일어났다고 해서 앞으로도 '그런 일들만' 계속되는 건 아니다. 그러니 하나의 사건이나 감정에 너무 중요성을 부여할 필요는 없다.

앞서 이야기했던 〈무한도전〉의 '그랬구나'를 다시 떠올려보자. 아무리 무겁고 심각한 상황일지라도, 당신은 언제나 이 말을 스스로에게 건넬 수 있다. 그러면 어떻게 될까? 분명 심각하게 여겼던 그 일이 한순간에 사소한 일이 되어버린다. 이 한 마디의 위력을 나는 일상에서 늘 체감한다.

그랬구나. 아팠구나. 힘들었구나. 속상했구나.
그럴 수 있지.

이렇게 말하다 보면 어느새 마음속 응어리가 풀리고 안정감을 느끼게 된다. 심지어 다시 일어설 힘이 생기기도 한다. 속상한 일이 생겼을 때 가장 필요한 것은 억지로 하는 긍정이나 감사의 말이 아니라 스스로에게 건네는 진심 어린 위로다. 그리고 그 첫마디를 "그랬구나"로 시작해보는 건 어떨까? '그랬구나. 그런 일은 충분히 일어날 수 있고, 너는 지금 속상해할 만해"라고 그 순간 느끼는 감정에 공감해주는 것이다. 그러고 나서 당신이 다른 사람들에게 듣고 싶었던 말을 내가 나에게 스스로 해주자.

처음에는 이렇게 반응하기가 어려울 수 있다. '현실을 회피하고 너무 감정적으로 대처하는 건 아닐까' 하는 생각이 들 수도 있다. 하지만 매일, 매 순간 습관이 될 때까지 이 연습을 반복하다 보면 어느 순간 마음이 홀가분해질 것이다. 중요했던 것들이 사소해 보이기 시작하고, 그렇게 점점 더 일상 속 많은

순간을 사소하게 여길 수 있게 된다. 기억하자. 충분히 인정하
고 공감해주면 아무리 거대한 감정도 어느새 작아진다는 것
을. 원래 모든 건 인정하면 해방되는 법이다.

흔들리는 건
흔한 일이야

정신분석학의 창시자인 프로이트가 그랬다. "인간이 겪는 모든 고통의 원인은 이상주의다"라고. 생각해보면 정말 그렇다. 이상주의는 일종의 지나친 기대를 한다는 뜻이고, 다른 말로는 욕심 또는 집착이다. 그렇다면 우리 삶에서 욕망이 가장 강하게 분출되는 순간은 언제일까. 아마 행복을 당연시할 때가 아닐까? 당신은 이미 이러한 상태에 익숙해져 있다. 그래서 늘 기분 좋고 평화로운 상태이기를 바라고, 불쾌하고 불안한 상태는 빨리 없애야 하는 비정상적인 것처럼 대한다.

'아니, 그게 당연한 거 아니야?'라고 생각한다면, 이 또한 지나친 이상주의다. 앞서 여러 번 이야기했듯이, 어차피 인생은 긍정 반 부정 반, 행복 반 불행 반이다. 이건 일종의 자연법칙이기에 인간은 이 흐름을 인위적으로 거스를 수 없다. 이 사실을 끝내 인정할 수밖에 없었을 때, 세상은 절대 내 마음대로 움직이지 않는다는 걸 깨달았을 때, 마음이 참 불편했다. 수년간의 끈질긴 노력과 다짐이 허무하게만 느껴졌고 더는 열심히 버텨내야 할 의지가 생기지 않았다. 그래서 의문을 가졌던 것 같다.

'그러면 그냥 이렇게 평생 무기력하게 살아야 하는 건가?'

'불안하면 불안한 대로 나약하게 받아들여야만 하는 걸까?'

이 질문을 시작으로 10년 넘게 삶에 대한 탐구가 이어졌다. 이렇게 말하면 뭔가 대단한 철학적 고뇌로 보이지만, 실상은 그냥 인생 자체가 너무 힘드니까 어떻게든 이겨내 보려고 발악한 것에 불과했다. 아마 당신도 한 번쯤 이런 궁금증이 들었던 적이 있을 것이다.

'나는 왜 이 세상에 태어났을까?'

'너무 지치고 피곤하고 짜증만 나는 이 엿 같은 인생을 군이 왜 겪어야만 하는 걸까?'

'왜 하필 나에게만 이런 일이 일어나는 걸까?'

특히 나는 우울감이 극에 달했을 때, 하루에도 수십 번씩 감정이 요동치며 천국과 지옥을 오갔을 때, 이 질문을 붙잡고 끈질기게 늘어졌던 것 같다.

'왜… 도대체 왜… 왜 하필 나로 태어나서 이 고생일까….'

그렇게 수년간 방황한 끝에 비로소 얻은 해답은 참 허무할 정도로 단순했다.

'체험'

수많은 철학서와 인문학과 종교의 도움을 받고, 또 스스로 많은 생각과 고민을 한 결과, 정답은 아닐지 몰라도 가장 위안이 됐던 단어였다. 그리고 문득 이런 생각이 떠올랐다.

'우리는 모두 체험하기 위해 이곳에 왔구나. 그것이 좋은 것이든 나쁜 것이든 전부 다.'

이원성의 세상에 온 이상, 좋든 싫든 우리는 결국 모든 것을 경험해야만 한다. 삶의 목적을 행복이 아닌 체험(경험)에 두고, 이러한 태도를 습관화하면 불행조차 하나의 경험으로 받아들이게 된다. 일상에서 마주하는 크고 작은 불행들, 가령 식당에서 밥을 먹다가 하필이면 새로 산 흰옷에 김칫국물이 튀기는 봉변을 당하거나 회사에서 내가 한 실수도 아닌데 상사가 오해해서 역정을 내는 억울한 상황이 생기더라도 '음, 또 재밌는 에피소드 한 편이 생겼군', '이걸 누구한테 말하지? 글로 한번 써볼까?' 하고 불행한 경험을 '활용'의 관점에서 바라보게 된다. 그래서 많은 예술가들이 고통은 창작의 원천이라고 말한 것인지도 모른다(예전에는 이런 말이 그냥 있어 보이려고 하는 허세인 줄 알았다).

유튜브를 하다 보니 나 역시 가끔 기분 나쁜 상황에 부닥칠 때 마냥 그 감정에 빠져드는 대신 이 또한 콘텐츠화할 수 있겠다는 흥분감에 신이 난다. 이런 걸 보면 '나도 참 변태구나' 싶다. 이처럼 '체험'을 목표로 두면, 방황도 즐거워진다. 여기서 말하는 즐거움은 신나서 마냥 들뜬 상태를 의미하는 게 아니다. 부정적인 감정조차 기꺼이 음미하고 싶은 호기심과 더불어 상황에 더욱 능동적으로 대처할 수 있는 여유와 자신감이 생긴다는 뜻이다. 힘들 때 '힘들지 않아. 이건 좋은 일이야!'라는 식의 억지스럽고 강박적인 긍정을 하는 것이 아니라, '힘들어? 그럼 실컷 힘들어하자. 그게 당연한 거니까. 이 또한 일종의 체험이니까.' 이렇게 있는 그대로 받아들이자는 거다.

작년 겨울, 아이를 위한 식탁 의자를 조립했다. 한 살도 채 되지 않은 아기가 앉을 의자라 절대 흔들리지 않도록 심혈을 기울여서 나사를 아주 꽉 조였다. 몇 번이고 확인하고 또 확인

하면서(아내는 적당히 좀 하라며, 육아하기 싫어서 일부러 그러는 거 아니냐고 핀잔을 줬지만 단언컨대 난 진심이었다). 혹여 의자가 주저앉진 않을까, 부러지진 않을까 노심초사하며 완벽을 기했다. 그런데 이상하게 다음 작업으로 넘어갈 때마다 진행이 잘되지 않았다. 등받이가 뒤로 제대로 넘어가지도 않고 키에 맞춰 칸을 조절해야 하는데 그것조차 작동이 안 되었다. 처음 시작했을 땐 분명 '뭐, 이쯤이야. 설명서 따윈 필요 없어'라는 생각으로 얕잡아 봤는데 막상 해보니 만만치가 않았다. 빨리 좀 하라는 아내의 잔소리를 듣기 전에 정신을 가다듬고 다시 설명서를 들여다봤다. 그런데 웬걸, 대문짝만하게 다음과 같은 주의 사항이 적혀 있는 게 아닌가.

"너무 세게 조이지 마세요."

안전을 가장 중요시해야 하는 아기 의자인데 너무 조이지 말라고? 처음에는 이게 무슨 말이지 싶었는데, 곧 이유를 알게 됐다. 나사를 적당히 조여야 조립이 더 쉬워지기 때문이다. 조금이라도 흔들릴까 봐 타이트하게 결합해버리면, 이후 조립 과정에서 마찰이 생긴다. 조금씩 수정하고 변형해가며 완성해야 하는데 나는 처음부터 너무 세게 조인 탓에, 정작 나사를 풀어야 할 때 풀지 못해버린 거다. 또 어느 정도는 헐거워야 금방 자라는 아기의 신체 변화에 맞춰 언제든 조정할 수가 있는데, 너무 튼튼하게 나사를 조이면 그 기능을 할 수가 없다.

이게 바로 흔들림의 역할이 아닐까? 불편한 상황을 마주했을 때, 무조건 멘탈을 단단히 하고 잔뜩 힘을 주며 견뎌내려고 하기보다는, 흔들림에 흔들릴 수 있도록 마음의 나사를 풀어줘야 한다. 그렇다고 완전히 풀어버리면 너무 깊은 우울에 빠질 테니 뭐든 '적당히'가 중요하다. 식탁 의자 조립 설명서에 적혀 있던 것처럼 '너무 세게 조이지 않는 것'이 핵심이다. 그러면 적당히 기름칠 된 자전거의 바퀴처럼, 적당히 뻑뻑하고 적당히 부드러운 상태로 앞으로 잘 나아갈 수 있다. 결국, 의자도 사람도 살짝은 흔들리게 내버려두면서 미세한 움직임 정도는 허락해줘야 편해지는 법이다.

모든 스포츠에서 수축과 이완의 과정이 골고루 섞여 있듯이, 우리 마음도 마찬가지다. 인생도 그렇고 세상 모든 일이 그렇다. 체험을 위해 이 세상에 온 것이라면, 결국 불안도, 불행도, 흔들림도 당연한 것이고 이 당연함을 즐기는 최고의 방법은 까짓것 같이 흔들려주는 것이다. 거대한 나무들이 거친 비바람에도 쉽게 꺾이지 않는 건 꺾이지 않으려고 악을 쓰고 버텨서가 아니다. 바람이 부는 방향으로 같이 꺾여주기에, 즉 따라가 주기에 가능한 일이다. 어쩌면 이건 단호한 태도보다는 물렁물렁한 태도에 가깝다. 다시 말해서, 수용적인 태도다.

한때 합기도를 배웠다고 온갖 센 척을 하는 친척 동생이 꼴보기 싫어서 상대해준 적이 있다. 그때 나는 태권도를 배우고 있었고 나름대로 자부심이 있었기에 한 치의 망설임 없이 한판 붙자고 했다. '아주 그냥 두 번 다시 까불지 못하게 박살을 내줘야지' 생각하면서. 그렇게 나름 세기의 대결을 상상하며 경기를 펼쳤는데, 결과는 처참했다. 매섭게 공격했던 나의 발은 동생의 아주 작은 손짓에 잡혔고 바로 중심을 잃고 넘어졌다(맹세코 울진 않았다. 그냥 억울했을 뿐).

합기도라는 무술은 이 흔들림의 당연함과 위대함을 보여주는 무술이다. 무작정 상대를 무찌르기 위해 공격을 해대는 게 아니라, 일단은 그들의 움직임을 그대로 따라간다. 그러다 상대가 공격을 해오면 그 방향대로 같이 움직이되, 그 과정에 틈이 보이면 그 부분을 집중적으로 공략한다. 방어하는 동시에 공격하는 것이다. 그때 상대방은 '아차' 하며 당혹스러워하고 약점을 보이며 쓰러진다. 이게 바로 합기도의 원리다. 그때의 기억을 떠올리며 인생도 이와 닮았다는 생각을 했다. '흔들리는 게, 그 고통에 함께 참여하는 게 꼭 나쁜 것만은 아니구나.'

드라마 〈굿 파트너〉에서 잘나가는 변호사인 차은경(장나라 분)은 억울한 일로 위기에 처한다. 그때 분명 다른 대안이 있었음에도 그녀는 모든 커리어를 걸고 정면 승부한다. 후배 변호

사는 걱정하며 그녀에게 말한다. "그러다 모든 걸 잃을 수 있어요. 여태까지 쌓아 온 모든 커리어가 다 무너진다고요." 그 말을 듣고 담담한 표정으로 말했던 그녀의 대사가 기억에 남는다.

"무너질 때가 온 거라면 무너지게 놔둬야지.
진작 그랬어야 했어."

무너짐을 그대로 내버려두는 것. 상상만 해도 참 어려운 일이다. 솔직히 나도 그렇게 할 수 있다고 장담은 못 하겠다. 하지만 상황에 내맡기는 것이 얼마나 마음을 홀가분하게 해주는지 정도는 잘 알고 있다. 무수히 경험해봤으니까. 당장은 모든 게 끝날 것 같지만, 막상 그 상황을 받아들이고 '무너지는 것도 충분히 일어날 수 있는 일이야. 나라고 겪지 말라는 법 있어?'라는 태도로 임하면, 생각보다 상황이 그렇게 나쁘게만 흘러가진 않는다.

앞서 말했던 '우리가 이 세상에 태어난 이유'를 기억하는가? 바로 '체험'하기 위해서, 좋은 일도 나쁜 일도 모두 다 겪기 위해서다. 사실 나쁘다고 우리 멋대로 결론 내린 체험을 했다면, 그 반대의 것도 반드시 온다. 만약 오늘 유난히 힘든 하루를 보냈다면 스스로에게 이렇게 말해줬으면 좋겠다.

"흔들리는 건 당연한 일이야. 때로는 넘어질 수 있고, 일이 잘 안 풀릴 수 있고, 슬플 수도, 자책할 수도 있어. 하지만 그것 또한 우리가 체험해야 할 삶의 일부인걸."

온몸에 잔뜩 힘을 주며 절대 무너지지 않으려 버티지 말고, 까짓것 그 슬픔을 따라가주자. 꺾여주자. 흔들려주자. 그 다음 엔 그 반대의 체험인 편안함이 찾아올 테니까.

6장

계획대로
되지 않아서
오히려 좋아

까짓것
수정하면 되잖아요

한 연예인이 집에 친구들을 초대해 맛있는 요리를 해주고 있었다. 그런데 모든 게 자신의 계획대로 되어가지 않자, 그녀는 그 자리에서 울어버렸다. 그 모습을 보면서 너무 안타까운 마음이 들었다. 마치 예전의 나를 보는 것 같았기 때문이다. 완벽주의자였던 나는 모든 일이 예상한 대로 척척 진행되어야만 직성이 풀렸다. 나와 같은 성향을 지닌 사람들은 아마 200퍼센트 공감할 것이다. 내가 의도한 대로 되지 않았을 때 느껴지는 좌절감, 실망, 허무함, 짜증, 불안… 실제로, 우울증을 겪는 사람 중 대다수가 완벽주의 성향을 갖고 있다고 한다. 실수하거나 실패하는 것을 절대 견디지 못하는 것이다. 가령, A라는 스케줄을 짰다면 반드시 A라는 방향으로 흘러가야만 하고, 목표를 정하고 노력하면 그에 따른 합당한 결과가 반드시 나와야만 한다.

그런데 문제는, 세상은 절대 그렇게 움직이지 않는다는 거다. 한번 과거를 돌이켜보자. 어디 만사가 다 내 마음대로만 흘러가던가? 목표, 일, 꿈은 물론이고 인간관계, 쇼핑, 약속, 전략, 하물며 여행을 가거나 하루 계획표를 짤 때조차 내 뜻대로 진행되지 않는다. 애초에 우리 입맛대로 인생을 통제할 수 있었다면 '꿈'이라는 단어 자체가 존재하지 않았을지도 모른다. 가끔 삶의 흐름은 신의 영역이라는 생각이 든다.

이렇게만 생각하면 참 안타까운 일이지만, 사실 예상 밖의 일들은 오히려 인생을 더 흥미롭게 만들어주는 기회가 되기도 한다. 이를 확신하게 된 계기는 유럽 배낭여행을 통해서였다. 여행을 떠날 당시, 나는 완벽주의자이자 프로계획러답게 정말이지 모든 가능성을 열어두고 사소한 것 하나하나까지 치밀하게 계획했다. A안, B안, C안을 넘어서 만에 하나 여행이 취소됐을 때의 상황까지 만반의 준비를 다했다. 그런데 그 완벽한 일정표는 단 이틀 만에 박살이 났다. 게다가 첫 여행지에서 핸드폰을 떨어뜨리는 바람에 핸드폰도 박살이 났다. 어찌저찌

급하게 영국에서 중고폰을 샀지만, 그것마저도 사기를 당했다. 이런 일들은 분명 내 완벽한 계획에는 없던 변수였다.

결론부터 말하자면, 나는 핸드폰 없이 거의 한 달 동안 홀로 유럽을 돌아다녔다. 플랜 C까지 촘촘하게 짠 일정표는 진작에 찢어버렸다. 예산도 이미 한참 틀어졌고, 숙소도 최저가로 바꾸는 바람에 죽을 뻔한 위기에 처하기도 했다. 전부 얘기하면 너무 길어질 것 같아서 결과만 이야기하자면, 그 여행은 망했다. 고독했고, 처참했고, 초라했다. 그리고 동시에 성공적이었다. 단언컨대, 내 인생 최고의 여행이었다고 자부할 수 있다. 왜냐하면 삶을 '수정해나가는 것'이 얼마나 재미있는 일인지 깨달았기 때문이다.

분명 처음 계획과는 전혀 다른 여행이었지만 그 덕분에 상상도 못했던 특별한 경험을 했다. 길 한복판에서 종이지도를 보며 쩔쩔매던 나에게 수많은 현지인과 여행객들이 먼저 손을 내밀어줬고, 밑줄로 가득한 가이드북에는 나와 있지 않은, 토박이들만 아는 죽여주는 명소를 가게 되었다. 무엇보다도 '계획대로 되지 않아도 괜찮구나', '언제든, 어떻게든 더 좋은 방향으로 수정할 수 있구나'라는 확신을 갖게 해준 모험이었다.

당신은 그런 생각을 해본 적 없는가? '과거로 다시 돌아갈 수 있다면, 다시는 이렇게 살지 않을 거야' 또는 '이것도 하고 저것도 할 거야.' 우리는 항상 바꿀 수 없는 과거에 대해 미련을 갖고 후회를 한다. 그런데 중요한 사실이 하나 있다. 그 과거를 마음껏 내키는 대로 '수정'할 수 있다는 것이다. 아니, 과거뿐만 아니라 현재, 미래도 마찬가지다. 이게 허무맹랑한 이야기인지 아닌지는 좀 더 들어보고 판단해보자.

우리는 과거의 '기록'을 바꿀 수는 없지만, '기억'은 바꿀 수 있다. 실제 일어난 사건 자체를 조작하라는 의미가 아니다. 마땅히 '최악'이었다고 치부했던 일조차도, 그 안에 숨겨진 이면을 재탐색하고 새롭게 구성해보면 오히려 '나에게 반드시 필요했던 사건'으로 기억될 수도 있다는 뜻이다.

쉽게 말해, 교훈이나 배움을 얻는 계기가 되었다고 생각할 수도 있고, 적어도 '더 나쁠 수도 있었는데 이만하면 다행이다'라고 생각하며 감사함을 느낄 수도 있다. 또 그날의 아픈 기억을 인생의 전환점을 맞이할 수 있었던 '깨달음의 순간'으로 변모시킬 수도 있다. 이 모든 건 당신이 어떻게 '수정'하느냐에 따라 얼마든지 달라질 수 있는 결말이다.

그런 의미에서, 우리는 '현재 상황'을 변화시킬 수는 없지만, 그에 대한 '해석'은 다르게 할 수 있다. 미래에 대한 '예측'은 불가능하지만, '계획'은 만들어 나갈 수 있다. 기억을 바꾸고, 해석을 달리하고, 계획을 만들 수 있다는 건 곧 우리 인생은 '수정'이 가능하다는 의미와 같다. 마치 게임을 할 때 한 번 실패하고 죽으면 새 목숨을 갖고 다시 시작할 수 있는 것처럼 말이다. 그렇게 생각하면 참 재미있지 않은가?

수천억 자산가로 알려진 김승호 회장은 《사장학개론》에서 이렇게 말했다.

"내가 내린 옳은 결정 때문에 내가 이 자리에 있는 게 아니라, 내가 내린 잘못된 결정들을 '수정'하는 과정 덕분에 내가 이곳에 있는 것이다."

이렇게 보면 수정은 단지 바꾸는 것만을 의미하지 않는다. 실패에서 배운 것을 바탕으로 조금씩 방향을 조정해나가는 과정에 가깝다. 가끔은 한두 발 엇나가더라도 결국 초점이 옮겨가며 조금씩 목표를 향해 나아가는 것이다.

양궁에는 '오조준'이라는 것이 있다. 야외에서 진행되는 경기 특성상 날씨의 영향을 크게 받게 되는데, 비가 오거나 바람이 불 때는 일부러 조준점을 빗겨 겨냥하는 것이다. 그래야 원하는 방향에 가까워지기 때문이다. 그래서 〈유 퀴즈 온 더 블럭〉에 출연한 국가대표 선수들은 '진짜 틀려도 되나? 이 방향이 맞나?'라는 의심이 들어도 자신 있게 오조준해야 한다고 말했다. 그리고 방송 화면에는 다음과 같은 자막이 나왔다.

"자신을 믿고 과감하게 틀려야 하는 스포츠."

이 문장은 내게 마치 끊임없이 수정을 거칠 수밖에 없는 우리네 삶을 압축한 말처럼 느껴졌다. 하지만 인생은 양궁보다 훨씬 나은 게임이지 않은가. 단 한 번의 실수로 몇 년을 기다려야 하는 스포츠에 비해 우리에게는 수정할 기회가 수도 없이 많다.

앞서 요리를 망쳤던 연예인의 이야기로 다시 돌아가보자. 그녀는 계획했던 파스타는 못 먹게 됐지만 대신 더 맛있는 피자를 시켜 먹을 수도 있다. 아니면 '됐고, 오늘은 치킨 각이다!'라며 훌훌 털어버리고, 그 실수를 친구들과의 재미난 추억거리로 삼을 수도 있다. 당신의 창의성에 따라 수정할 수 있는 선택지는 무수히 많다. 우리는 리포트를 쓸 때는 아무렇지 않게 수없이 지웠다 썼다를 반복하고 점심 메뉴를 정할 때, TV 채널을 돌릴 때, 쇼핑을 할 때, 요금제를 고를 때, 음악을 들을 때는 아주 쉽게 결정을 바꾼다. 그런데 삶이라는 큰 틀에서의 결정은 마치 '수정'이 허용되지 않는 것처럼 노심초사하며 살아간다. 물론, 그만큼 중요한 일이고 잘 해내야 하니까 신중해질 수밖에 없을 것이다. 하지만 충분히 고민하고 철저히 준비했다고 해서 어디 모든 일이 완벽하게만 흘러가던가? 당신도 살면서 이미 충분히 경험해 봤듯이, 꼼꼼해도 실수할 때가 있고, 대충 해도 성공할 때가 있다. 지난번에는 잘됐던 일이 이번엔 안 될 수 있고, 예전에는 통하지 않았던 방법이 지금은 통할 수도 있다. 중요한 건 일이 어떻게 흘러가든, 우리는 언제든 '수정'할 수 있다는 사실이다. 앞서 말한 것처럼 '기억'과 '해석'과 '계획'은 얼마든지 우리 입맛대로 바꿀 수 있으니까.

이 말은 현실을 바꾸기 위해 최선을 다하라는 뜻이 아니다. 그보다는 어떤 선택을 하든 무슨 경험을 하든, 설령 그 결과가 좋지 않더라도 '나에게는 언제든 수정할 기회가 있다'는 가능성을 활짝 열어두는 태도에 가깝다. 그러니까 너무 초조해할 필요도, 조급해하고 불안해할 필요도 없다. 원했던 일이 실패로 끝나서 마음이 아프다면, 실패를 경험으로, 아픈 기억을 추억으로, 고생을 미래의 성공을 위한 땔감으로 수정하면 된다.

이는 무조건 긍정적으로만 생각하자는 말이 아니다. 반전의 기회는 늘 존재하고, 지금 느끼는 감정도, 현재의 상황도 계속해서 바뀔 수 있다는 의미다. 어쩌면 아주 우연한 기회로 드라마틱한 일이 일어날 수도 있지 않을까? 역주행은 가수들에게만 주어지는 특권이 아니다. 언제, 어디서, 어떻게 우리에게 그런 반전의 기회가 찾아올지 아무도 모른다. 그러니까 자신과 세상을 조금만 더 믿어보자. 한마디로 마음 넉넉한 태도를 갖자는 뜻이다. 그러면 우리를 힘들게 하는 완벽주의, 선택 장애, 예민함 같은 것들도 손쉽게 다룰 수 있는 여유가 생긴다.

과거에 일어난 어떤 일이 아직도 당신의 발목을 잡고 있는
가? 현재의 상황이 나를 힘들게 하는가? 미래가 걱정되고 불
안해서 미칠 것 같은가? 그러면 까짓것 수정해 버리자. 당신의
인생을 후회와 불안감으로 채우지 말자. 우리의 삶에는 행복
해질 가능성이 무궁무진하고 수정에는 제한이 없으니까.

"의심이 든다면 변화(수정)를 선택하라."

– 릴리 렁

인생을 통제할 수
있다는 오만함

"김 대리, 이건 좀 아니지 않아? 다시 똑바로 써서 제출해!"

오늘도 일진이 좋지 않다. 매일 아침 출근길에 '오늘은 좋은 일이 생길 거야. 파이팅!' 하고 수십 번을 외쳐도, 상사의 막말에 각오는 한순간에 무너져버린다. '그래도 한 시간만 있으면 점심시간이니 조금만 더 힘내자'라고 생각하는 찰나 '띠링' 하고 문자 메시지가 도착한다.

"[**카드] 김**님 11월 결제금액 2,284,452원 11/25 출금 완료"

아… 이렇게 죽어라 일해도, 월급은 한순간에 사라져버리는

구나. 정말이지 내 마음대로 되는 게 하나도 없다. 그렇게 어찌 저찌 하루가 지나가고, 드디어 퇴근이다. 집에서 TV나 보면서 쉬어야겠다고 생각하던 찰나 친구에게서 연락이 온다.

"야, 일 끝났지? 치맥이나 하자. 나와. 네 회사 앞이야."

"됐어. 나 오늘 피곤해. 다음에 한잔하자."

친구는 갑자기 버럭 화를 내며 잔소리를 쏟아내기 시작한다.

"야, 너는 항상 그게 문제야. 지가 필요할 때만 찾고, 좀 피곤하면 맨날 거절하고. 왜 이렇게 이기적이냐?"

'너까지 왜 그러니, 친구야. 나 힘들다고…' 결국 하루 종일 꾹 눌러왔던 짜증이 폭발한다.

"뭐, 인마? 너 무슨 말을 그딴 식으로 하냐? 그러는 너는? 너도 맨날 너 편할 때만 연락하잖아!"

그렇게 녀석과 언성을 높이며 한 시간 넘게 통화한 끝에야 겨우 화해한다. 이게 뭐 하는 짓인지, 오늘도 역시 내 마음대로 되는 게 하나도 없다.

김 대리의 이야기는 우리의 일상과 크게 다르지 않다. 늘 이런 날만 반복되는 건 아니겠지만, 가끔은 정말 삶이 왜 이렇게 내가 기대한 것과 정반대로만 흘러가는지 의아할 때가 있다.

상황이 나빠질 때마다 내 모든 지성과 힘을 다해 극복하고 해결하려고 애썼다. 그런데 정말 신기하게도, 그렇게 적극적으로 뭔가를 해결하려고 할 때마다 상황은 보란 듯이 더욱 나빠지곤 했다. 아마 당신도 비슷한 경험이 있을 것이다. 어떻게든 상황을 개선해 보려고 했지만 오히려 일이 점점 더 꼬였던 경험. 반전은 고사하고, 더 깊은 나락으로 빠져드는 기분.

우리 삶은 왜 이토록 제멋대로인 걸까? 왜 늘 내 의도와는 전혀 다른 방향으로 흘러가는 걸까? 이해할 수 없는 인생의 원리에 괜한 반발심이 들어 그 해답을 찾고자 노력해 봤다. 수많은 책과 강의를 섭렵하고, 성공한 사람들에게 질문해봤지만. 돌아오는 대답은 한결같았다.

"원래 인생은 그런 거야. 인정하고 받아들여. 더 노력해. 버티는 사람이 이기는 거야."

또 그 소리. 지겨웠다. 도대체 얼마나 더 극복하고 견뎌내야 하는 걸까? 이 악물고 혼신의 힘을 다해 살아온 지가 20년이다. 이쯤 되니까 성공하고 싶은 마음도 달아나버렸다. '내가 무슨 부귀영화를 누리겠다고 이렇게까지 힘들어야 하지?'라는 생각도 들었다. 그렇게 일은 물론이고, 삶 자체에 질려버려서 모든 걸 내려놓았다. 말 그대로, 일도 그만두고 아무것도 하지 않았다. 친구도 만나지 않고 그냥 집에서 누워만 있었다. 그러다 한 권의 책을 만났다. 《리얼리티 트랜서핑》은 내가 20년 넘게 품어왔던 '왜 삶은 내 뜻대로 되지 않고 제멋대로일까?'라는 질문에 대해 지금까지 들어왔던 대답들과는 정반대의 방향을 제시했다. 여태껏 믿어왔던 인생의 가치관과 성공 방정식이 무너져 내리는 순간이었다. 그 책에 나온 한 문장은 지금도 내 핸드폰 사진첩에 고이 저장되어 있다. 그리고 매일 아침, 마치 인생의 나침반처럼 나를 편안하면서도 설레는 방향으로 이끌어준다.

> "상황을 통제하기를 사양하면,
> 오히려 통제력을 얻게 될 것이다."

역사적으로 볼 때, 인류는 늘 위험에 맞서 싸워왔다. 목숨을 위협하는 짐승들, 가족을 해치려는 다른 부족들, 시대에 뒤처지면 바로 낙오시켜 버리는 잔인한 사회 시스템 속에서 긴장과 불안을 느끼며 온몸을 다해 투쟁하고 버텨왔다. 이제는 생존이나 생계에 대한 걱정은 많이 줄어들었지만, 남들보다 뒤처지거나 원하는 것을 갖지 못할까 봐 불안해하는 감정이 그 자리를 대체했다. 사회적으로 큰 성공을 거둔 사업가들이나, 각 분야에서 최고의 자리에 오른 스타들도 이 '불안함'을 극복하지 못하고 수십 년간 쌓아온 것을 단 한 순간에 잃기도 한다. '누가 나를 공격하면 어떡하지?', '실패하면 어떡하지?'와 같은 미래에 대한 걱정과 아직 충분하지 못하다는 불만족은 마치 피부처럼 인간에게 있어서 절대 떼려야 뗄 수 없는 감정이다.

그래서 사람들은 모든 것을 '통제'하려고 한다. 지금 마주하고 있는 현실과 앞으로 어떻게 될지 모르는 불확실한 미래, 일터나 관계에서 나를 위협하는 사람들, 나아가 이에 불안함을 느끼는 내 마음까지. 일상에서 겪는 모든 상황과 사람들을 내가 안정감을 느낄 수 있는 방식으로 움직이게 하려고 노력한다. '저 사람이 나를 우습게 보지 못하게 하려면 더 강해져야 해', '사회에서 낙오되지 않으려면 더 많은 스펙을 쌓아야 해. 더 높이 올라가야 해', '이 게임에서 이기려면 내 편을 많이 만들어 놓아야 해.' 하지만 이러한 강한 의지와 노력이 무색하게, 삶은 늘 예측하지 못한 방식으로 우리의 마음을 혼란스럽게 만든다. 통제하려 애쓸수록 우리가 원하는 삶은 멀리 달아나 버린다.

한 프로그램에서 선장과 선원들이 드넓은 태평양을 항해하며 고난을 겪는 장면을 본 적이 있다. 마침내 거칠고 험난한 여정을 마친 그들은 회포를 풀며 항해를 통해 느낀 점들을 솔직하게 나뉘었다. 먼저, 바다에서 오랜 시간을 보낸 선장이 선원들에게 이야기했다.

"극한의 모험을 해본 사람들은 그걸 모험이 아니라 삶의 일부로 생각하게 돼. 우리는 이런 모험(항해)을 통해서 바다를 삶으로 받아들이지."

그는 알고 있었던 것이다. 거대한 폭풍우와 고난을 맞닥뜨렸을 때 우리가 해야 할 일은 이에 맞서 싸우고 통제하려고 안간힘을 쓰는 것이 아니라, 마땅히 겪어내고 받아들이는 것임을. 가만히 선장의 말을 듣고 있던 한 선원이 그의 말에 동의하며 한마디를 거들었다.

"항해를 하면서 어쩔 수 없이 항로를 변경했던 것은, 곧 나 자신의 한계를 인정하는 일이었어요. 하지만 그게 실패라고 생각하지는 않아요. 오히려 '세상은 정말 크고, 그에 비해 나는 아주 작은 존재구나'라는 것을 깨닫는 성장의 과정이었죠. 자연(세상)은 우리가 정복할 수 있는 대상이 아니었어요. 단지 우리가 할 일은 자연의 아주 작은 부분으로서 기능하는 일뿐이라는 걸 느낀 것 같아요."

많은 작가가 흔히 인생을 항해에 비유하곤 하는데, 이 장면을 보니 그 이유를 알 것 같았다. 물론 삶과 바다는 다르다. 삶의 풍파를 있는 그대로 받아들이기는 결코 쉽지 않다. 하지만 분명한 사실은, 삶이라는 거대한 힘 앞에 정면으로 맞서는 일은 바다의 파도를 거슬러 항해하려는 것만큼이나 무모하고 불가능한 일이라는 것이다.

그렇다고 해서 배가 흔들리고 부서지고 방향을 잃어도, 그냥 가만히 앉아서 당하고만 있어야 할까? 아니다. 핸들을 잡고, 운전하고, 노를 젓는 등의 최소한의 노력은 해야 한다. 어쨌든 우리는 방향을 잡고 앞으로 나아가야 하니까. 그러나 원하는 방향과 목적지를 고집하느라 자연의 흐름을 거슬러 뚫고 나아가려고 하는 '막대한 노력'은 오히려 '나'라는 배를 전복시키는 결과를 초래한다.

당신은 이미 이 사실을 아주 잘 알고 있다. 과거의 기억을 떠올려보면 쉽게 이해가 될 것이다. 어떤 문제를 해결하려고 안간힘을 쓸 때는 아무 소용도 없더니, 정작 포기하고 내려놓으니 자연스럽게 그 일이 아주 잘 풀렸던 경험, 아무런 액션을 취하지도 않았는데도, 누군가가 나서서 모든 걸 해결해줬던 순간들, 끊임없이 관심을 표현하고 사랑을 구걸할 때는 냉정한 태도로 일관하다가, 돌아서고 나니 그제야 비로소 나에게 다가왔던 사람들. 왜냐하면 이것은 자연의 법칙이기 때문이다.

우주를 연구했던 물리학자들도, 세상을 탐구하고 인간사를 연구했던 수많은 철학자와 인문학자들도 입을 모아 말했다. 모든 일을 그르치는 원인은 작디작은 존재인 인간의 어리석음에서 비롯된 '통제하려는 오만함'에 있다고. 이는 다른 말로 '집착'이라고도 한다.

'집착'. 이 단어를 들으면 어떤 느낌이 드는가? 집착이 있어야 더 행복해지고 성공할 수 있다고 생각하는가? 대부분은 그렇지 않을 것이다. 그런데 우리는 매 순간 세상과 사람에게 집착한다. 내 딴에는 열심히 해결하려고 했던 행동이 누군가에게는 '통제하려는 오만함'으로 느껴질 수 있다. 다른 사람이 나를 통제하는 것이 불쾌하듯이, 타인도 세상도 나의 통제를 달가워할 리 없다.

그렇다면 우리는 문제에 어떻게 대처해야 할까? 답은 우리의 경험에서 찾을 수 있다. 당신의 삶에서 포기했을 때 오히려 자연스럽게 문제가 해결되었던 순간들을 떠올려보자. 그렇게 물 흐르듯이 지나갔던 모든 일의 바탕에는 '통제하지 않음'이라는 수동적인 자세가 있었다. 내가 할 수 있는 일은 하되, 최소한의 힘만 주고 세상의 흐름에 가만히 몸을 내맡기는 것이다. 이 말은, 모든 걸 내가 원하는 방향으로 끌고 가려는 욕심을 조금은 내려놓고 결과에 대해서는 크게 집착하지 않는 것,

나아가 그저 흘러가는 대로 내버려두는 태도를 의미한다. 때로는 노를 세차게 젓지 않아도 물살에 따라 배가 알아서 잘 나아가는 것처럼, 삶도 어느 순간 나에게 가장 어울리는 곳으로 데려다줄 때가 있다.

중국에서 우주의 만물에 대해 생각한 최초의 인물이자 공자에게 예(禮)를 가르친 것으로 알려진 철학자 노자는 《도덕경》에서 '무위(無爲)'라는 개념을 강조했다. 자연의 순수한 흐름을 억지로 거스르지 말고, 그저 맡은 일을 자연스럽게 해낼 때 세상에 다스리지 못할 일은 없다는 것이다. 굳이 철학자들의 이론으로 스스로를 설득시키지 않더라도, 당신은 '통제하지 않는' 행동을 통해서 이 진리를 몸소 깨달을 수 있다. 이는 단순히 철학적이거나 학문적인 견해가 아니라, 일상에서 늘 일어나는 사실이기 때문이다.

오늘부터 당신도 세상과 맞서 싸우기를 멈추고 그저 자연의 섭리와 흐름을 가만히 지켜보는 것은 어떨까? 당장은 큰 변화가 일어나지 않더라도, 적어도 예전보다 훨씬 더 마음이 편안해질 것이다. 삶을 좀 더 가볍게 바라보게 되고, 애쓰고 버티는 것이 아니라 마치 노는 기분으로 삶이라는 바다를 자유롭게 항해할 수 있을 것이다.

아니,
다 운이라니까

한창 열정이 넘치던 이십 대 때, 성공한 사람들을 직접 찾아가서 이야기를 나눈 적이 몇 번 있다. 그때 가장 많이 들었던 말이 있다. "나도 내가 이렇게 될 줄 몰랐어." 솔직히 좀 실망스러웠다. 뭔가 대단한 노하우를 기대했는데…. 하지만 가만히 생각해보면, 방송에 나온 톱스타나 부자들의 인터뷰에서도 이런 말이 꽤 자주 나온다. 성공은 정말 그저 우연에 불과한 걸까?

한 연구자가 수많은 성공한 사람들의 자서전을 분석한 적이 있다. 경영자, 예술가, 운동선수 등 각기 다른 분야에서 큰 성취와 명성을 얻은 이들을 대상으로 그들의 자서전과 회고록에 어떤 단어가 가장 많이 쓰였는지 조사했다. 과연 어떤 말이 가장 많이 나왔을까? 노력? 인내? 재능? 전부 아니었다. 바로 '운', 정확히는 '운 좋게', '우연히', '어쩌다가'와 같은 표현이 많았다고 한다. 재미있지 않은가? 방송이나 인터뷰에서 그냥 자세히 설명하기가 번거로워서 "어쩌다 보니 이렇게 됐어요. 저도 이렇게 될 줄은 꿈에도 몰랐죠"라고 말한 게 아니었다. 실제로 성공에 있어서 운의 영향이 막대하게 컸던 것이다.

지난 내 인생을 돌아봐도 그렇다. 당신이 만약 프로 자기계발러라면 이번 글이 다소 불편하게 느껴질 수도 있다. 하지만 과거의 내가 그랬던 것처럼, 아무리 노력해도 크게 달라지는 것이 없고, 죽어라 고생하고 열심히 사는데도 삶이 힘겹게만 느껴진다면 이 글이 분명 큰 도움이 되리라 확신한다. 자, 결론부터 말하자면, 모든 건 '우연'이다. 당신의 목표, 꿈, 앞으로 일어날 일들? 다 운이야, 그거. 그런데 재밌는 건, 여기서 말하는 운은 내가 어찌할 수 없는 불가항력의 운명이 아니다. 마치 다중우주처럼, 좀 더 쉽게 말하자면 배스킨라빈스의 다양한 맛처럼 무수히 많은 선택지가 존재한다.

이렇게 생각해보면 쉽다. 당신은 면접에 떨어지는 걸 계획한 적이 있는가? 오늘 아침 출근길에 깜빡하고 핸드폰을 집에 두고 나온 것, 카페 테이블에 옆구리를 부딪친 것(이거 진짜 무

288

지 아프다) 모두 당신이 원하던 일이었는가? 갑자기 옛 친구에게 연락이 오고, 회사에서 생각지 못한 보너스를 받고, 어떤 우연한 계기로 새로운 일을 시작하게 된 것, 이 모든 일 역시 내가 미리 계획하고 목표한 것들이 절대 아니다. 그렇지 않은가? 세상이 흘러가는 구조가 원래 우연과 운의 연속이다. 이를 과학적인 이론이나 철학, 종교의 관점에서도 설명할 수도 있겠지만, 옳고 그름을 따지고 들면 끝이 없으니까 결국 그냥 믿는 수밖에 없다. 설령 납득하기 어렵더라도, 모든 게 운이라는 사실을 인정하고 받아들이면, 그때부터 삶이 굉장히 단순해지고 편안해진다.

여기서 잠깐 내 이야기를 해볼까 한다. 어떻게 내가 '우연히' 인생에서 나름대로 큰 성과를 이뤄낼 수 있었는지, 그저 '운'에 맡겼을 때 어떤 놀라운 변화가 일어났는지 말이다. 몇 년 전 영어 강사로 활동했을 때 가끔 수업에 빠지는 수강생들이 있어서 강의를 녹음해서 보내드리곤 했다. 그런데 많은 분들이 그 녹음본을 굉장히 좋아하셨다. 참고로 그 녹음본은 영상도 아니고, 단순히 핸드폰으로 녹음한 오디오 파일이었다. 당시에는 '뭐, 도움이 좀 되나 보다' 하고 넘겼는데, 어느 날 예전에 그만뒀던 한 수강생에게 연락이 왔다.

"선생님, 제가 해외로 이민을 왔는데요. 혹시 그때 그 녹음본으로 수업을 진행할 수 있을까요?"

처음에는 당연히 안 된다고 거절했다. 왜냐하면 영상도 아닌, 고작 핸드폰으로 녹음한 파일을 강의 형태로 판매하라니, 민망하기도 하고 송구스러웠기 때문이다. 그런데 그분의 생각은 달랐다. "저는 마치 팟캐스트를 듣는 것 같아서 좋았거든요. 현장감도 느껴지고, 재미있고, 도움도 많이 됐어요."

그래서 실제 강의보다 저렴한 가격으로 오디오 파일을 제공했고, 이 사실을 다른 수강생분들에게 이야기했더니 "녹음본으로 수업 듣는 것도 정말 집중 잘 되고 좋아요!"라고 비슷한 이야기를 하셨다. 참 놀랍게도, 그 이후로 개인 사정으로 그만두었던 분들이 하나둘씩 이 녹음본으로 수업을 신청하기 시작했다. 그렇게 한 명이 다섯 명이 되고, 다섯 명이 열 명이 되고, 어느 순간 수십 명이 이 오디오 파일로 수업을 듣게 되었다. 나도 모르는 사이에 당시 유행하던 '온라인 강의'라는 게 만들어진 거다.

나는 이런 상황을 계획해본 적도, 심지어 조금도 상상해본 적도 없었다. 만약 이런 아이디어가 갑자기 떠올라서 치밀하게 기획하고 노력을 기울였다면 아마 높은 확률로 중간에 포기했을 것이다. 당시에 이미 수많은 유명 업체들이 삐까번쩍한 스튜디오에서 화려한 강사 라인업으로, 고화질 영상을 통해 온라인 강의를 제공하고 있었기 때문이다. 그러니 1인 강사로 활동하던 나에게는 감히 엄두도 낼 수 없는 일이었다. '에이, 이게 되겠어? 고작 휴대폰으로 녹음한 파일인데'라고 생각하며 계속 미뤘을 게 분명하다. 충분히 유명해지고 돈이 많아질 때까지 기다렸을 것이다. 하지만 그런 일은 일어나지 않았다. 아니, 일어날 필요가 없었다. 그 전에 이미 온라인 강의가 만들어지고 인기를 끌면서 아주 자연스럽게 영상도 제작하게 됐으니까. 그렇게 오랫동안 생각만 하고 차마 도전하지 못했던 유튜브도 하게 되었고, 참 운이 좋게도 아주 '우연하게' 유명 업체들로부터 제의가 들어오기 시작했다. 10년 후에나 가능할 줄 알았는데, 그 화려한 강사들처럼 나 역시 삐까번쩍한 스튜디오에서 메이크업을 받고 강의를 촬영하게 되었다.

이 이야기는 내 인생에서 우연과 운에 의해 성과를 냈던 수많은 에피소드 중 하나에 불과하다. 이 외에도 정말 많은 일들이 있었다. 세상에 존재하는 '영감 덩어리'들에 대해 내 멋대로 이것저것 이야기하는 〈영감수업〉이라는 유튜브 채널도 이렇게 만들어졌다. 처음엔 그냥 '내가 감명 깊게 읽은 책이나 영화를 소개해주면 재미있겠다' 하고 가볍게 영상을 올리기 시작했는데, 어느새 많은 분의 공감을 얻고, 강의도 하게 되고, 지금은 이렇게 책까지 쓰고 있다. 전부 다 내 예상 밖의 일들이었고 우연히 시작된 일들이다. 그리고 딱히 예전처럼 휴식과 잠을 포기해가며 치열하게 노력하지도 않았다. 그저 운에 맡기고 흘러가는 대로 여유롭게 일했을 뿐이다. 왜냐하면 이제는 확신하기 때문이다. 굳이 애쓰지 않아도 어차피 될 일은 되고, 아무리 애써도 안 될 일은 안 된다는 걸. 또 당장은 안 될 것 같아도 언젠가 될 일이라면 어느 순간 알아서 자연스럽게 이뤄진다는 걸 말이다.

마음 편히 놀면서 그저 운에만 맡기라는 말이 아니다. 세상 사라는 게 반드시 계획대로만 되지 않으며, 개인이 통제할 수 있는 범위를 넘어서는 경우도 많다는 걸 인정하자는 뜻이다. 예컨대, 주변의 동료나 이웃, 사랑하는 가족, 친구, 연인, 혹은 안면도 없는 누군가의 별 뜻 없는 친절이 당신이 아무리 고심하고 고심해도 도저히 풀리지 않던 문제를 단숨에 해결해줄 수도 있다. 아니, 오히려 그런 경우가 훨씬 더 많다. 무인도에서도 물과 불은 필요한 법이다. 혼자 지내는 자연인은 겉으로 보기엔 그 누구의 도움도 없이 자급자족하며 살아가는 것 같지만, 사실 자연이라는 든든한 백이 있다. 자연이 필요한 것을 적기에 맞게 알아서 제공해주기에 생존할 수 있는 것이다.

그러니까 '운'이란 건 이런 거다. 내가 할 수 있는 만큼의 행동을 하고 그 이후의 과정과 결과에는 큰 힘을 주지 않는 것.

일이 이렇게 될 수도 저렇게 될 수도 있으며, 그 결과가 당장은 내게 아무런 이득이 없어 보여도 어쩌면 예상보다 더 좋은 방향으로 흘러갈 수도 있다는 열린 마음으로 만사를 대하는 것. 운이 좋은 사람들은 이 진리를 누구보다 잘 알고 있다. 신을 믿든 안 믿든, 운명이나 우연에 큰 의미를 부여하든 아니든, 이들은 자신에게 일어난 일에 대해 '좋은 일' 혹은 '나쁜 일'이라고 함부로 단정짓지 않는다.

상황을 대하는 방식도 마찬가지다. '이럴 때는 무조건 이렇게 해야 해', '이 문제는 이런 식으로 해결해야 해'하고 자신만의 잣대로 성급히 결론지으면(우리는 항상 그렇게 한다) 우주라는 무한한 가능성의 세계가 한없이 좁게 펼쳐질 수밖에 없다. 비유하자면, 초등학생의 시선과 어른의 시선에서 경험하는 세상이 완전히 다른 것과 같다. 아이는 시험에서 0점을 맞으면 이를 인생의 큰 실패로 받아들이지만, 어른은 그것이 끝이 아님을 안다. 학창 시절에는 완벽한 첫사랑이 내 인생의 전부인 것 같았지만, 삼십 대가 되어 돌이켜보니 그저 풋내기 소꿉장난이었다. 면접에 떨어졌을 때, 회사를 그만뒀을 때, 나이 앞자리가 바뀌었을 때 '이제 내 인생은 끝났어'라는 생각이 들었겠지만, 결국 그렇지 않았잖아?

이 이야기를 터무니없는 소리로 받아들이고 살던 대로 사느냐, 아니면 나보다 더 큰 무언가, 즉 운의 흐름을 믿고 내맡기느냐는 당신의 선택이다. 무엇보다 우연과 운에 기대기 시작하면 마음이 정말 편안해진다. 억지로 내 뜻대로 하려고 떼쓸 필요가 없으니까 불필요한 긴장과 걱정을 하지 않게 된달까. 지금 당장 힘든 상황들이 닥쳐오더라도 어떤 우연과 운의 계기로 인해서 결과적으로는 다 잘될 거니까, 굳이 불안에 떨지 않게 된다. 이 말이 당장은 미심쩍고 의심스럽게 느껴진다면, 당신 삶에서 몸소 부딪치며 검증해보길 바란다. 운을 내 편으로 보고 조금씩 친해지기 시작하면, 언젠가 스스로 확신하게 될 날이 올 테니까.

만약 지독히도 운이 따라주지 않는다는 생각이 든다면, 한번 이렇게 생각해보자. 지금 나를 힘들게 하는 일도 시간이 지나 미래의 시점에서 되돌아봤을 때 쉽게 미화되고 가볍게 느껴지곤 한다. 그런 의미에서 당신이 겪고 있는 일을 '과거-현재-미래' 축이 아니라 정반대인 '미래-현재-과거' 순으로 사고해보는 것이다. 이 폭풍우 같은 슬픔의 시간도 미래에서 돌아보면 '참 별거 아니었구나', '이제 와서 보니 오히려 더 좋은 일이었네?'라는 생각이 들지도 모른다. '전화위복', '새옹지마'라는 말이 괜히 생긴 게 아니다. 영어에도 이와 비슷한 멋진 표현이 있다.

"A blessing in disguise(위장된 축복)."

겉보기엔 마땅히 불행해 보이는 일에 축복이 은밀히 숨겨져 있다는 뜻이다. 고통으로 가장한 기쁨을 얼마나 많이 경험했으면 우리 선조들은 이렇게 아름다운 문장을 만들었을까. 진부한 말일 수 있으나 시간의 축을 좀 더 길게 바라보고, 지금 겪는 일이 사실은 고통으로 위장한 축복임을 기억한다면 우리는 훨씬 더 유연하게 사고할 수 있다. '나는 지금 한없이 작고 축소된 시야에서 생각하고 행동하고 있구나', '뜯어보지도 않고 포장지만 보고 성급히 나쁜 일이라고 단정 지었구나' 하고 말이다. 이처럼 넓게 사고하는 건 나보다 더 큰 세상의 힘을 믿는 것이고, 그 운과 흐름에 과감히 나를 내맡기는 것이다. 운, 운명, 우연이 존재함을 믿어보는 것이다. 이는 무기력하고 나약한 태도가 아니라, 우리가 어떻게 해석하느냐에 따라 상황이 더 좋아질 수 있음을 가슴으로 이해하는 것이다.

영어 단어 'happy(행복)'의 어원은 고대 노르웨이어인 'happ'로, 이는 '우연'을 뜻한다. 어쩌면 모든 행복은 우연으로 점철된 것일지도 모른다. 이런 말도 있지 않은가.

"우연은 신이 익명을 유지하기 위한 방법이다."

우연에 관한 명언이 이토록 많은 것은 그만큼 많은 사람이

'운'의 힘을 얼마나 대단하고 경이롭게 보았는지를 방증하는 것이 아닐까. 마지막으로, 삶에서 우연히 일어나는 일들이 때로는 당신을 괴롭게 하더라도 그게 결코 전부가 아님을 기억하자. 어쩌면 그 일이 더 큰 행복과 축복으로 이어지는 발판이 될 수 있다. 부디 '우연히' 이 책을 집어 든 당신이 앞으로 일상에 위장된 축복을 더 많이 발견할 수 있기를 바란다.

나보다 더 큰
세상의 힘을 믿는다

'금수저'라는 말이 생긴 뒤로 한동안 '흙수저로 성공하는 법', '자수성가' 같은 말들이 유행하기 시작했다. 당장 유튜브, 인스타그램, 서점만 둘러봐도 여전히 인기 있는 주제 중 하나다. 처음부터 재력을 갖고 태어나지 못했다면 노력해야 하고, 그 노력의 방향과 방법을 알려주는 사업이 사람들의 마음을 사로잡곤 한다. 이러한 트렌드를 비판하려는 건 아니지만 '혼자 힘만으로 충분히 성공할 수 있다'고 하는 것만큼 잘못된 말은 없다고 생각한다. '나만 열심히 노력하면 흙수저에서 벗어날 수 있어!' 언뜻 보면 굉장히 멋진 말처럼 들린다. 사람들은 이런 성공 신화를 좋아하기에 이를 마케팅적인 요소로 활용해 광고하는 업체들도 많다. 그런데 사실 이 말은 되게 '멋없는 말'이다. 혼자 힘으로 모든 걸 이뤄낼 수 있다? 금수저 친구에게 이 말을 하면 뭐라고 대답할까? "왜 그렇게 해야 하는데?", "엄마, 아빠가 알아서 다 해주는데, 굳이?"라고 답하지 않을까.

내 주변에도 꽤 비싼 금수저를 물고 태어난 지인이 있었다. 그의 사고방식은 늘 이랬다. '세상은 내 편이다', '나는 뭘 하든 다 잘되게 되어 있다.' 이런 자신감이 참 부러웠다. 어떤 일을 하는 데 있어서 망설임이 없고 걱정조차 하지 않는다는 게. 그래서 미친 듯이 노력했던 것 같다. 나도 그렇게 살고 싶었으니까. 매일 밤을 새워가며 수백 권의 책을 읽고, 수천만 원을 들여 강의도 들었다. 정말 간절하게 자수성가를 하고 싶었다. 물론 이 과정에서 정말 많은 것을 이뤄내기도 했다. 대신, 잃은 것도 참 많았다. 꽤 긴 시간 동안 극심한 무기력증과 우울감을 겪어야 했고, 한때는 삶의 의미까지 잃어버리기도 했다. 그래서 정말 오랫동안 제대로 된 일상을 보내지 못했는데, 그때 정말 많은 생각을 했다. 그리고 깨달았다.

'아, 나는 내가 다 하려고 했구나.'

영화 〈터미네이터〉로 큰 인기를 끌었던 할리우드 배우 아널드 슈워제네거는 본인의 성공에 대해 이렇게 이야기했다. "나를 절대 자수성가한 사람이라고 부르지 마라. 나는 스스로의 힘으로 이뤄낸 것이 아니다. 그 누구도 혼자서 성공할 수는 없다." 잘 생각해보면 오로지 내 힘으로 할 수 있는 건 이 세상에 단 하나도 없다. 〈영감수업〉 채널에는 많은 분들이 도움이 되었다고 말하는 '8분 만에 잘 풀리는 인생 만들기'라는 영상이 있다. 거기서 이런 말을 했다.

> "나 말고 나보다 더 큰 이 세상을 믿자.
> 세상은 내 삶이 언제나 좋은 방향으로
> 펼쳐지도록 설계되어 있으니까."

이 말이 아직 크게 와닿지 않는다면 당신의 과거를 한번 돌이켜보자. 아무것도 할 줄 몰랐던 어린아이에게 부모를 비롯한 주변 사람들은 모든 것을 공짜로 내어주었다. 어른이 되어서도 마찬가지다. 돈이 없을 때는 경제적 또는 심적으로 도와준 사람들이 있었을 거다. 설령 주변에 그런 사람이 없었더라도, 문제가 정말 말도 안 되는 방식으로 해결된 경험이 있을 것이다. 힘들었을 때, 곤란한 상황에 부닥쳤을 때, 새로운 일을 시작했을 때, 외로웠을 때 우리는 모든 상황에서 도움을 받아왔다. 나 혼자서 해낸 일은 단 하나도 없다. "저는 열심히 노력해서 오직 제 힘으로 취업했는데요?"라고 말한다면, 그 합격은 누가 시켜줬을까? 정장과 메이크업은 스스로 해결했는가? 면접장까지 가는 버스는 누가 운전했는가? 직접 걸어갔다면 그때 신은 구두는 누가 만들었을까? 억지 논리라고 생각할 수 있지만, 우리 삶이 이렇게 긴밀하게 연결되어 있다는 건 부인할 수 없는 사실이다.

자, 그러면 이제 자수성가하지 않고도 금수저가 되는 방법에 대해서 다시 이야기해보자. 우선 '노력'이라는 개념을 재정립해볼 필요가 있다. 내가 말하고 싶은 건, 세상이 알아서 도와줄 테니 아무 노력도 하지 말자는 게 아니다. 당신이 어떤 목표를 가지고 있든, 그와 관련된 준비를 하고 일정 시간을 투자하는 노력은 필요하다. 하지만 그게 전부는 아니다. 아니, 그건 극히 일부에 불과하다. 인생의 목표와 성취에 있어서, 개인의 노력이 차지하는 비중보다 타인의 힘이 훨씬 큰 영향을 미친다. 우리는 이를 흔히 '운'이라고 말하기도 하고, 주변 사람의 '조력', '은혜', '베풂'이라고 말하기도 한다. 아무리 능력이 뛰어난 사람이라 해도 엔터테인먼트의 오디션, 헤드헌터의 스카우트, 지인의 알선, 업체의 소개, 매니저의 관리, 코치의 가르침 등이 없었다면 그들은 빛을 보지도 못하고 꿈을 포기해야 했을 거다.

눈치챘겠지만, 내가 말하는 금수저는 '부모의 재력'이 아니라 그것을 훨씬 뛰어넘는 '세상의 재력'을 누리는 사람이다. 단순히 '세상을 믿겠어!'라는 상투적인 자기 긍정과 합리화가 아니다. 이건 믿음의 문제가 아니라 '앎'의 문제다. 앞서 언급한 금수저 친구는 기본적으로 이런 사고방식을 갖고 있었다. '나는 다 잘될 거고 세상은 내 편이야.' 아무리 객관적으로 봐도, 이 친구와 평범한 환경에서 자란 나는 절대 동등한 조건이 아니다. 그리고 이 친구가 긍정적이고 자신감에 차 있을 수 있는 이유는 운 좋게 금수저로 태어났기 때문이다. 이는 부정할 수 없는 사실이다.

그래서 뭐? 남들이 나보다 우월한 위치에 있다고 해서 이를 피나는 노력으로만 따라잡아야 할까? 대부분은 그렇게 생각하겠지만, 애초에 못 갖고 태어난 것도 서러운데 그 사람은 여유를 한껏 누릴 때 나만 온갖 고생을 하는 게 억울하진 않은가? 부모의 도움을 받지 못했다면 이제 세상의 도움을 받으면 된다. 이 이치를 믿지 않으면, 아니 알지 못하면 평생 쫓기고 쫓는 삶의 굴레에서 절대 벗어나지 못한다. 장담할 수 있다.

《톰 소여의 모험》이라는 책에 나온 아주 유명한 이야기가 하나 있다. 주인공 톰은 잘못을 저질러서 이모에게 벌을 받게 되는데, 그 벌은 주말에 혼자서 울타리를 페인트칠하는 것이었다. 그때 친구 한 명이 찾아와 그를 놀려대자, 톰은 이렇게 말한다. "야, 이거 아무나 할 수 있는 일 아니야. 이모가 특별한 사람 아니면 못 한다고 했어. 그리고 엄청 재밌거든? 아우, 신나."

이 말을 들은 친구는 너무 부러운 나머지 자신도 페인트칠을 하게 해달라고 졸랐고, 그 누구보다 즐겁게 그 일을 대신해준다. 어느새 소문을 들은 다른 친구들까지 합세하여 다 같이 페인트칠을 하게 된다. 결과적으로, 톰은 벌로 주어진 일을 아주 쉽게 끝내버렸다. 이 이야기는 '톰 소여 효과'라고 불리면서 유명해졌다. 이 책의 저자인 마크 트웨인은 "손에 넣기 어렵게 만들면 모두가 탐내기 시작한다"라는 말을 하면서 이 에피소드의 메시지를 전달했다. 이는 오늘날 심리학, 마케팅, 경제학에서 '희소성의 법칙'을 설명할 때 자주 인용되며, 동기부여와 관련된 주제에서도 널리 활용된다. 어떤 일이든 그것을 즐겁다고 느끼게 해주면 더 큰 성과를 낼 수 있다는 교훈을 담고 있다.

하지만 나는 이 이야기에서 전혀 다른 배움을 얻었다. 바로 '타인'에 대한 깨달음이다. 톰은 힘든 페인트칠을 혼자 하지 않았다. 그에게는 친구들, 즉 조력자들이 있었다. 타인의 도움 덕분에 아주 쉽게 목표를 달성한 것이다. '톰 소여 효과'를 사례로 든 이유는 자발적으로 우리를 도와줄 사람은 세상에 널리고 널렸다는 것을 말해주기 위해서다. 근래에 비즈니스 분야에서 자주 언급되는 개념 중 하나로 '레버리지'가 있다. '지렛대 효과'라고 불리는 이 방법은 투자를 할 때 남의 자금(대출 등의 부채)을 활용하거나, 사업을 할 때 외부 자원(플랫폼 활용, 광고, 제휴 등)을 이용하는 방식을 뜻한다. 이렇게 우리는 알게 모르게 다양한 상황에서 타인의 힘을 빌리고 있다. 그런데도 혼자서 모든 걸 통제하고 해결하겠다는 건, 누군가가 건네는 도움의 손길을 매몰차게 거절하는 것과 같다. 세상이 아무 조건 없이 친절을 베푸는데, 굳이 마다할 필요가 있을까?

혹시 아무도 자신을 도와주지 않는다고 생각한다면, 과연 정말 그럴까? 당신은 아직 도움을 구하지 않았거나 도움받을 기회가 있는데 외면하고 있는 것일지도 모른다. 이십 대 후반, 처음 사업이란 걸 시작했을 때 주변에 조언을 구할만한 사람이 없었다. 대체 어디서부터 시작해야 하고 뭐부터 손을 봐야 하는지 막막하기만 했다. 하지만 이미 일은 벌여놨고, 돈 한 푼 없던 긴박한 상황이었기에 당장 누군가의 도움이 절실했다. 그래서 우선 인터넷 창을 열고 내 분야에 조금이라도 필요한 지식이나 노하우를 알려줄 수 있는 사람들을 적극적으로 찾아 다녔다. 체면이나 부끄럼 따위는 생각할 여유도 없었다. 사이 트에 번호가 있으면 아무 망설임 없이 전화부터 걸었고, 심지 어 비서분이 받으면 대표님 좀 바꿔 달라고 뻔뻔하게 요구하 기도 했다(지금 생각해보면 어떻게 그렇게 염치없이 굴 수 있었는지 신 기하기도 하고 그분들께 죄송하기도 하다. 역시 사람은 똥줄이 타봐야 '나 혼자 할 수 있다는 오만함'을 버릴 수 있다).

그런데 정말 놀라운 일이 일어났다. 서로 일면식도 없는 데 다 아무런 맥락 없이 다짜고짜 연락했는데도, 그들 대부분은 (업체 또는 대표, 해당 분야 담당자 등) 굳이 시간을 내어 나를 만나 주고 심지어 밥과 술을 사주면서까지 아낌없는 조언을 해주었 다. 때로는 아무 대가 없이 관련 업체를 소개해주기도 하고, 투 자자와 전문가분들을 연결해주기도 했다. 그들 입장에서 나는 아무런 전문성과 경력도 없는, 냉정하게 말해 자신의 비즈니스 에 하나도 도움이 되지 않는 '완벽한 타인'이었을 뿐인데 말이 다. 그분들 덕분에 나름 수월하게 사업을 이어 나갈 수 있었고, 향후 좋은 인연으로 발전되어 신생 스타트업의 일원으로 스카 우트 제의를 받기도 했다. 사실 이외에도 직간접적으로 도움을 받은 부분이 너무나도 많다. 한정된 지면에 다 담지 못해 아쉬 울 뿐이다. 이후 영어 강사 일을 시작했을 때도 마찬가지였다.

영어 강의를 처음 해보는 나에게, 자신을 실험 대상으로 삼으라며 수강료까지 내고 수업을 들어주는 지인들이 꽤 있었다. 이들의 배려 넘치는 지지 덕분에, 마음껏 강의 연습을 해볼 수 있었고, 자신감 있게 새로운 수강생들을 받을 수 있게 됐다. 물론, 이 역시 먼저 뻔뻔하게 부탁했기에 가능한 일이었다.

이 감사한 경험을 통해 꼭 하고 싶은 이야기는, 당신에게 도움의 손길을 줄 사람들은 분명히 존재한다는 것이다. 그리고 그들은 지인이 아니라 내 사례처럼 전혀 관련이 없는 '타인'이 될 수도 있다. '제 주변에는 그럴만한 사람들이 없는데요?'라고 반문한다면, 없는 게 아니라 찾아보지 않고 들이대지 않았기에 없는 것처럼 느껴질 뿐이다.

공기는 눈에 보이지 않아도 분명 '존재'한다. 바람을 표현할 순 없지만 '느낄' 수는 있다. 사랑은 설명하지 못해도 '경험'할 수 있다. 물질이든 마음이든, 세상엔 분명히 존재하지만 증명할 수 없는 것들이 참 많다. 분명히 있지만 눈에 보이지 않을 뿐이다. 그런 의미에서 타인의 힘, 당신을 금수저로 만들어줄 세상의 도움, 자수성가 따위는 필요없다는 믿음을 넘어선 앎. 이것이 있다고 생각하고, 당신의 삶에 적극 활용해보길 바란다. 그러면 더 이상 한계라는 것을 믿지 않게 되고 심지어 '나는 이미 금수저였구나'라는 단단하고 환상적인 깨달음을 얻게 될 테니까. 노력과 행동이 더 쉽고 가벼워지는 건 덤이다. 인생이라는 울타리를 세상의 재력(타인의 힘)으로 페인트칠하느냐, 아니면 혼자만의 힘으로 칠하느냐는 오롯이 당신에게 달려 있다.

언제나
'의미'보다 '음미'다

당신은 왜 행복해지고 싶은가? 또 행복은 무엇이라고 생각하는가? 사람마다 각기 정답은 다르겠지만, 아마 대부분은 원하는 일이 이루어지는 것을 행복이라고 정의하지 않을까 싶다. 그런데 바로 여기서부터 문제가 시작된다. 문제는 크게 세 가지다.

1. 원하는 일이 이루어지지 않을 수 있다.
2. 상황이 원하는 대로 흘러가지 않을 수 있다.
3. 원하는 것을 얻었지만 불행할 수 있다.

비관적이라고 생각할 수 있지만, 이건 회의적인 태도가 아니라 엄연한 현실이다. 그렇다고 낙심할 필요는 없다. 이처럼 냉정한 현실 속에서도 우리는 지혜롭게 대처할 수 있다. 그 방법은 다음의 문장을 가슴속 깊이 새기는 것이다.

우리는 아무것도 모른다.

우리는 아무것도 모른다는 걸 인정해야 한다. 왜 그래야 하는지는 앞서 언급한 세 가지 문제를 주의 깊게 살펴보면 이해가 된다. 첫째, 원하는 일이 이루어지지 않을 수 있다. 뭐 굳이 설명이 필요한가? 아무리 간절히 소원을 빌어도 내 뜻대로 되지 않는 일은 무조건 생긴다. 깨달음을 얻었다는 수많은 영적 스승도 병에 걸리고, 파산하고, 우울증에 시달리고, 불행을 겪었다. 이것이 그들이 바라던 일이었을까? 아니, 감히 그렇게 되리라고 예상은 했을까?

둘째, 상황이 원하는 대로 흘러가지 않을 수 있다. '원하는 것을 성취하는 법'에 대한 대표격으로 《시크릿》에서 말하는 끌어당김의 법칙이 있다. 쉽게 말해, 자신이 원하는 모습을 생생히 그리면 그 모습에 가까워진다는 것이다. 이 방법으로 목표를 이룬 사람들의 후기를 들어보면, 그 과정이 전혀 예상치 못한 방식으로 전개된 경우가 상당히 많다. 당신의 과거를 한번 돌이켜보자. 내 시나리오에는 존재하지 않던, 계획은커녕 예상 조차 하지 못했던 성취나 성공의 경험들이 생각보다 많지 않았던가. '이건 틀림없이 잘될 거야'라고 장담했던 일은 실패하고, '이건 절대 불가능할 거야'라고 단정했던 일이 오히려 아주 쉽게 성공하는 경우도 많다.

셋째, 원하는 것을 얻었지만 불행할 수 있다. 이 부분이 가장 중요하다. 마침내 간절히 바라던 꿈을 이루더라도 오히려 더 불행해질 수 있다. "차라리 예전으로 돌아가고 싶다"라고 말하는 사람들도 허다하다. 막상 성공하고 부자가 됐지만 '이건 내가 원하던 삶이 아닌데?'라며 허무해하는 경우도 있다. 나 역시 그랬다. 마침내 그토록 일하고 싶었던 회사와 함께 작업할 기회를 붙잡았지만, 막상 같이 일해보니 전혀 행복하지 않았다. 또한 완벽한 이상형이라고 확신했던 사람과의 만남은 내 인생 최악의 연애가 되었고, 한껏 기대에 부풀어 떠났던 여행이 실망만 가득한 기억으로 남기도 했다. 이렇듯, 인생은 한 치 앞도 예측할 수 없다. 우리에게 일어나는 일도, 그에 따른 만족감도 마찬가지다.

지금까지 이야기한 세 가지 경우를 통해 알 수 있는 건 '우리는 아무것도 모른다'는 사실이다. 정말 아무것도 알 수 없다.

이 사실이 뭔가 허탈하고, '나는 한낱 나약한 존재일 뿐이구나' 라는 무력감을 줄 수도 있다. 하지만 이를 똑바로 직시하고 인정하기 시작하면, 훨씬 더 자유롭고 행복해질 수 있다. 그 이유에 대해서는 후반부에서 자세히 설명하려고 한다.

그렇다면 '우리는 아무것도 모른다'는 인생의 원칙을 어떻게 활용할 수 있을까? 영화 〈포레스트 검프〉에서 그 힌트를 찾을 수 있다. 주인공 포레스트의 어머니는 숨을 거두기 전, 아들에게 다음과 같은 말을 남긴다.

"인생은 초콜릿 박스와 같단다. 어떤 걸 고를지 절대 알 수가 없거든."

이 문장은 다양한 해석이 가능하지만, 요지는 '모든 건 우연이니 그 안에서 최선을 다하라'인 듯하다. 그런데 다른 비유도 많은데, 왜 하필 초콜릿이었을까? 이에 대한 내 나름의 해석은 이렇다. 초콜릿은 달콤한 맛도 있고 쌉쌀한 맛도 있지 않은가. '마, 그기 인생인기라'라는 말을 하고 싶었던 게 아닐까. 자, 다시 '우리는 아무것도 모른다'는 이야기로 돌아와 보자. 비록 인생은 쉽게 예측할 수 없고, 내 마음대로 되지 않는 일들의 연속이지만, 이 모든 일들이 결국 하나의 초콜릿이라면?

아무리 긍정을 찬양하고 자칭 시크릿 전문가, 영적 지도자라고 말하는 사람이라 해도 부인할 수 없는 진실이 하나 있다.

세상에는 좋은 일만 일어나지 않는다는 것이다. 누구나 늘 행복하기를 바라고 원하는 결과만 얻고 싶겠지만, 나는 이쯤에서 그 기대를 처참하게 무너뜨리려고 한다. 하지만 기대가 무너질 때, 오히려 훨씬 더 행복해질 거라고 100퍼센트 확신할 수 있다.

앞서 언급했던, '끌어당김의 법칙'이라는 개념을 대중화시킨 장본인인《시크릿》의 저자 론다 번에 대해 좀 더 알아보자. 론다 번은 책과 다큐멘터리를 통해 "좋은 생각은 좋은 결과를 가져온다"라는 메시지를 설파해 왔다. 또한 실제로 본인도 시크릿을 통해 부자가 되었다고 말해왔다. 그런데 시간이 흐른 뒤, 딸이 아프고 여러 가지 불행이 잇따르면서 극심한 우울증과 불안을 겪게 된다. 일련의 일들을 겪으면서 그녀는 '아, 긍정이 전부가 아니구나'라는 깨달음을 얻는다. 그리고 약 15년 후,《위대한 시크릿》이라는 후속작이 나오는데, 이 책은 과거의《시크릿》이라는 책과는 사뭇 다른 내용이었다. 전작에서는 오직 긍정적인 생각만을 강조했다면, 이 책에서는 나쁜 것, 즉 부정적인 감정도 수용해야 한다고 단언한다. 15년 동안 그녀에겐 외적인 변화뿐만 아니라 내적으로도 많은 변화가 있었던 것 같다.

그런데《시크릿》이라는 책을 아는 사람은 많아도《위대한

시크릿》이라는 후속작을 아는 사람은 드물다. 정확한 통계를 알 수는 없지만, 강의할 때마다 사람들에게 《위대한 시크릿》을 아느냐고 물어보면 대부분은 몰랐다. 왜? 원하는 걸 얻을 수 있다는 말에는 흥미가 가지만, 슬픔, 실패, 불행도 받아들여야 한다는 말에는 눈길조차 주기 싫으니까. 솔직히 당신도 그렇지 않은가? 나 역시 그랬고, 지금도 그럴 때가 많다. 그래서 우리가 행복하지 않은 것이다. 인간은 행복, 기쁨, 기분 좋은 에너지, 웃음, 여유로움, 부, 건강 같은 긍정적인 것들만 좇고, 원하는 것을 얻을 수 있다는 이야기에만 관심을 기울인다. 마치 지니에게 소원을 빌듯이 말이다. 그래서 조금이라도 불쾌한 일들이 인생에 끼어들면 한순간에 무너진다. 하다못해 우리는 신호등의 초록불은 당연하게 여기면서, 빨간불이 켜지면 짜증 내고 지루해하고 초조해하지 않던가.

나는 세상의 지혜를 모두 터득한 성인도, 학자도 아니지만, 이거 하나는 확신할 수 있다. 인생이 초콜릿 박스와 같다면, 그 안에 든 초콜릿이 항상 달지만은 않다는 것이다. 우리는 1년 내내 맑은 하늘만 보며 살 수 없다. 더운 날이 있으면 추운 날이 있고, 화창한 날이 있는가 하면 비 오는 날도 있기 마련이다. 이렇게 날씨와 계절의 변화는 당연하게 받아들이면서, 인생은 긍정과 부정, 성공과 실패, 기쁨과 슬픔, 행복과 불행 사이를 오갈 수밖에 없다는 불변의 진리는 인정하려고 하지 않는다. 자신의 인생은 무조건 잘 풀려야 한다고 생각하기 때문이다. 애석하게도, 이런 우리의 바람과는 달리 수많은 성인은 "인생의 본질은 고통이다"라고 말한다.

긍정도 부정도 다 끌어안아야 할 존재, 즉 다 우리가 음미해야 할 초콜릿이다. 물론 공감이 안 되고 이런 생각이 들 수도 있다. '아니, 초콜릿은 무슨… 내 인생은 그냥 똥 맛인데 지금.'

이쯤에서 전 메이저리그 LA다저스의 최고의 야구 감독이었던 토미 라소다의 인터뷰를 들어보면 생각이 바뀔지도 모른다. 그는 월드시리즈에서 패배를 맛보고도 아주 환한 미소를 지었다. 당시 한 토크쇼의 MC였던 래리 킹이 어떻게 그런 상황에서도 웃을 수 있냐고 묻자, 그는 이렇게 대답했다.

"내 생애 최고의 날은 우리 팀이 이겼을 때고, 내 생애 두 번째 최고의 날은 우리 팀이 졌을 때죠."

이 말이야말로 최고의 팀에서 20년 동안이나 감독을 할 수 있었던 비결이 아닐까? 그는 피 튀기는 경쟁이 난무하고, 어찌 보면 커리어에 치명적인 오점을 남길 수도 있는 스포츠 경기조차도 그냥 '달콤 쌉싸름한 초콜릿 박스' 정도로 봤던 것 같다.

자, 이게 진짜 시크릿이다. 이게 진짜 행복이고 이게 진짜 인생이다. 쌉쌀한 맛(패배)이 꼭 나쁜 것만은 아니다. 쓴맛이 있기에 단맛이 더 크게 느껴지는 법이다. 여기에 희망적인 메시지를 하나 더 전하자면, 앞서 강조한 대로 인생에는 언제나 '반전'이 존재한다는 것이다. 앞으로 우리에게 어떤 일이 생길지는 아무도 모른다. 초콜릿 박스는 무작위로 찾아오지만, 그 일련의 우연 안에서 기적은 늘 일어난다. 한때 유행했던 랜덤 박스(또는 럭키 박스)도 그런 묘미로 사는 것 아니었던가. 실망할 일도 많고 실패 확률도 높지만, 예상치 못한 선물이 숨겨져 있기에 우리는 더 큰 행복감을 느낄 수 있다. 인생은 우연의 연속이므로 한 치 앞도 알 수 없지만, 그렇기에 오히려 더 설레고 흥미롭고 재미있을 수 있다.

'어차피 모든 게 우연이라면, 노력도 기대도 다 무의미한 것 아닌가?'라는 생각이 들 수도 있다. 하지만 당신이 꼭 기억해야 할 건, 비록 상자 속 초콜릿은 우리가 마음대로 선택할 수 없지만, 초콜릿을 맛보고 난 이후의 반응은 얼마든지 선택할 수 있다는 거다. 그 맛을 온전히 음미할지, 아니면 쓴맛을 중화시켜 줄 음료수를 마셔서 위기를 기회로 반전시킬지, 아니면 너무 써서 뱉어버린 다음에 교훈으로 삼을지, 선택지는 다양하며 해석은 각자의 몫이다.

물론 도저히 좋게 포장될 수 없는 상황들도 있다. 이를테면, 죽음, 질병, 가난이 그렇다. 우리가 신이 아닌 이상 이러한 불행이 어떤 의미를 지니는지 이해하기는 어렵지만, 불행도 인간으로서 겪는 일종의 체험으로 받아들인다면 버틸 수 있는 힘, 즉 희망을 가질 수 있는 여유가 생긴다.

확신하건대, 당신이 보다 행복해지기 위해 어떠한 공부를 하고, 무슨 경험을 하고, 그 과정에서 어떤 깨달음을 얻든 결론은 하나일 것이다. 그저 이 삶을 진하게 살아가는 것. 초콜릿 상자를 열고, 있는 힘껏 음미해나가는 것. '나는 아무것도 모른다'는 태도로 그것이 달콤하든 씁쓸하든, 즉 긍정이든 부정이든 다 안아주겠다는 자세로 살아가면 신기하게도 일이 더 잘 풀리는 경우가 많아진다. 인생의 어떤 심오한 의미를 알아내려고 하기보다는 매일 마주하는 일상을 음미하는 것이 인생을 훨씬 더 풍요롭게 만들어준다. 언제나 의미보다 '음미'다.

불확실함의
아름다움

심리학자들의 정의와 수많은 연구에 따르면, 우리가 불안감을 자주 느끼는 건 '불확실성에 대한 인내력 부족intolerance of uncertainty'에서 기인한다고 한다. 즉 내가 예측하고 기대한 대로 일이 흘러가지 않을까 봐 노심초사하는 마음, 어떻게 될지 가늠할 수 없어서 빨리 확실한 결말을 알고 싶어 하는 초조함이 우리를 불안하게 만든다는 것이다. 이러한 조급한 태도는 결국 지금 마주하고 있는 사람과 상황에 집중하지 못하게 하고, 그 과정에서 우리는 많은 것을 놓치게 된다. 그중 가장 안타까운 건, 현재를 온전히 즐기지 못하는 것이다.

그동안 혼자서 여행을 자주 다녔는데, 나름 여러 나라를 다녀 본 경험에 비추어 볼 때 한국인 친구들과 외국인 친구들의 여행 스타일은 극명하게 달랐다. 우리나라 여행객들은 대부분 여행 전부터 철저히 준비하고, 계획한 대로 움직이는 편이다. 여행책이나 블로그에서 얻은 정보를 빼곡히 정리해두고, 추천 명소와 맛집을 찾아다니며 '검증되고 안전한 여행'을 즐기는 듯하다. 그러다 보니 같은 유적지, 같은 식당, 같은 숙소 등 가는 곳마다 이전에 마주쳤던 한국인들을 또다시 만나는 일이 다반사다. 분명 처음 보는 사이인데도 마치 함께 여행 온 친구 같은 기분이 들기도 한다.

반면 미국이나 유럽 등지에서 온 외국인 친구들은 여행할 때 아무런 계획이 없는 것처럼 보였다. 물론 사람의 성향에 따라 천차만별이긴 하지만, 함께 어울렸던 외국인들 대다수가 그랬다. 어느 정도의 코스는 정해두었지만, 그날그날 자신의 컨디션이나 기분에 따라 끌리는 대로 발걸음을 옮기는 경우가 많았다. 나 또한 전형적인 한국인 여행 스타일을 갖고 있어서 꼭 들려야 하는 명소에 가야만 직성이 풀렸다. 그래서 처음엔 이들의 '검증되지 않고 안전하지 않은 돌발 여행'에 적응하기가 쉽지 않았다. 한번은 이탈리아에서 묵었던 한 호스텔에서 각지에서 모인 외국인 친구들과 인사를 나누자마자 함께 밥을 먹게 되었다. 미리 점 찍어둔 식당 같은 건 없었다. 그냥 숙소 바로 앞에 있는 아무 식당에 들어가서 스파게티를 먹었다. 그래서 어땠느냐고? 여행책에 나온 별 다섯 개짜리 식당보다 정확히 다섯 배는 더 맛있었다(게다가 가격은 절반이나 더 저렴했다).

물론, 이렇게 즉흥적이고 계획되지 않은 여행에서는 만족스럽지 못한 일들도 수없이 겪게 된다. 다음 날 혼자 바티칸 박물관 투어를 하고 있는데, 갑자기 페이스북 메시지가 떴다(TMI를 덧붙이자면, 오래전이라 당시에는 인스타그램이 없었다). 전날 처음 인사를 나누고 페이스북 친구가 되었는데, 하루 만에 바로 연락이 온 것이다.

"래릿. 어디야? 우리 콜로세움 갈 건데, 올 거면 와. 아니, 그냥 와. 기다릴게, 친구!"

음, 친구들아. 연락을 준 건 고마운데 나도 계획이라는 게 있거든? 콜로세움이 얼마나 큰데, 정확히 어디로 오라는 것인지, 몇 시에 보자는 것인지 정하지도 않은 채 무작정 오라는 말에 당황스러웠다. 하지만 하루 만에 이들의 성향을 파악한 나는 '뭐, 어떻게든 되겠지' 하는 마음으로 일단 출발했다. 어차피 메시지를 보내도 읽지 않을 게 뻔했으니까.

그렇게 콜로세움 근처에 도착했는데, 순간 내 눈을 의심했다. 그 유명한 유적지의 웅장한 모습은 온데간데없고 공사 중이라는 팻말만 달랑 놓여 있었다. 그렇게 낙심한 채로 이리저리 헤매며 친구들을 찾고 있는데, 저 멀리서 손을 세차게 흔들며 온갖 난리법석을 떠는 녀석들이 보였다. '아니, 지금 콜로세움은 구경도 못 하게 생겼는데 저렇게 좋을까?' 마냥 철없어 보이는 놈들의 모습을 한심하게 바라보는 내 표정은 보이지도 않는지, 녀석들은 해맑은 미소를 지으며 나를 향해 뛰어왔다. 그리고 그 찰나의 순간에 나는 깨달았던 것 같다. '아, 이런 게 여행이구나. 이 친구들은 관광이 아니라 진짜 여행을 하고 있구나.'

누군가는 그냥 별생각 없고 세심하지 못한 친구들의 성향을 자유로운 여행으로 포장하는 것 아니냐고 생각할 수도 있다. 하지만 당신도 아마 경험해본 적이 있을 것이다. 예상치 못한 변수와 우연이 가져다주는 의외성이 여행을 얼마나 흥미롭고 아름답게 만드는지를. 당시 주변에 사람이라곤 우리처럼 허탈한 표정을 짓고 있는 몇 명의 여행객을 제외하고는 아무도 없었다. 하지만 10년이 지난 지금도 사무치게 그리울 만큼, 그날의 기억은 소중한 추억으로 남아 있다. 잊으려야 잊을 수가 없는 게, '진짜 이래도 되는 거야?' 싶을 정도로 최악의 상황이었기 때문이다. 공사 중인 것도 모자라 갑자기 폭우가 내렸고, 다들 우산이 없어서 홀딱 젖은 채 뛰어다녀야 했다. 그러다 아무 건물이나 들어가서 비가 그칠 때까지 한참 수다를 떨다가, 근처 젤라토 가게에서 아이스크림을 사 먹었는데 다음 날 단체로 몸살감기에 걸리는 바람에 하루 종일 침대에서 요양해야만 했다. 하루를 통째로 날렸는데도, 그 비좁은 숙소에서 친구들과 이런저런 인생 이야기를 나눴던 그 순간이 가장 기억에 남는다.

우리는 꼼꼼하지도, 신중하지도 못했다. 모든 게 불확실했고 불안정했으며 낭비한 시간도 많았다. 하지만 그래서 더 의미 있고 가치 있는 시간이었다. 그날 콜로세움이 정상적으로 운영했더라면, 우린 서로에 대해 더 깊이 알아갈 시간을 갖지 못했을 것이다. 그날 갑자기 비가 오지 않았다면, 숨은 젤라토 맛집을 발견하지 못했을 것이다(그리고 비 오는 날 먹으니까 더 맛있었다. 가게 밖 풍경은 또 어찌나 예쁘던지). 몸살감기를 앓지 않았다면, 그 친구들은 내가 여행 중 먹으려고 챙겨온 신라면을 평생 맛보지 못했을 수도 있다. 이렇게 겉보기엔 엉망이고 틀어져 버린 듯한 여행에서도, 우리는 불확실함이 주는 의외의 즐거움을 발견할 수 있다. 그리고 이는 '삶'이라는 여행에도 고스란히 적용된다.

우리는 인생이 한 치의 오차 없이 내가 짜놓은 시나리오대로 완벽하게 흘러가기를 바란다. 기대했던 상황이 펼쳐지고,

계획한 대로 모든 일이 순조롭게 진행되어야 한다고 믿는다. 하지만 인생이 과연 그렇게만 흘러가던가. 산다는 건 결국 '나 자신을 계속 불안정하게 두는 일'이다. 확실한 일보다 불확실한 일들이 훨씬 더 많은 현실에서 오직 '검증된 엔딩'만 바라는 건 결국 일상의 행복한 순간들을 더 많이 앗아갈 뿐이다.

잔뜩 기대했던 영화의 결말을 스포일러 당한 적이 있는가? 나는 있다. 다시 생각해봐도 화난다. 아직 보지 않은 영화의 중요한 부분을 미리 알게 된다면, 당신은 어떨 것 같은가? 당연히 싫을 것이다. 그런데 왜 '인생'이라는 영화에서는 모두 다 스포일러를 원할까? 내 임의대로 정해놓은 결과만을 바라고, 목표를 이루는 과정도 오직 내가 예상한 범위 안에서만 흘러가기를 원한다. 그런데 모든 일이 그렇게 순탄하게만 흘러간다면 과연 행복할까? 그렇지 않을 것이다. 그런 삶이 무한한 기쁨을 줬다면, 과정과 결과를 함부로 예단할 수 없는 스포츠, 게임, 연애 프로그램에 그토록 열광하고 몰입하지 못할 것이다. 또 여행을 떠나기 전의 설렘도 결코 느낄 수 없을 것이다. 이게 바로 불확실함이 주는 즐거움이다.

그러니 이제부터라도 확실함에 대한 강박을 조금 내려놓고, 약간의 어긋남과 흐트러짐을 허용해 보는 건 어떨까? 틀어진 순간들조차 내 삶의 일부로 받아들이고 계획에서 벗어난 우연도 반겨보는 것. 예상 밖의 흐름에 마음을 열어두고 정해진 길이 아닌 샛길에도 발을 들여보는 것. 이 모든 불완전한 순간들이 오히려 역설적으로 당신의 삶을 더욱 깊고 완전하게 만들어줄 것이다.

그러니 부디 안정감만을 추구하느라 불확실함이 주는 아름다움을 놓치진 않았으면 한다. 스포일러만 가득한 미래를 꿈꾸느라 김새는 하루를 보내진 않았으면 좋겠다. 조금은 불안정해도 된다. 가끔은 불규칙하고 불확실해도 괜찮다. 갖가지 물건들로 뒤덮여 어질러진 방에서도 당신은 아주 쉽게 양말을 찾아내듯, 불안정한 두 사람이 만나 마침내 완벽한 사랑을 이뤄내듯, 그렇게 우리는 늘 우리만의 방식으로 방법을 찾고 답을 얻어낼 테니까.

인생은 낮잠처럼

"엄마, 나 잘 살고 있어."

평생 감히 입 밖으로 내뱉을 일은 결단코 없을 거라 생각했던 '죽고 싶다'는 말을, 그것도 타지에서 안절부절못하며 걱정하고 있는 엄마에게 아무렇지 않게 전했던 나. 정신과 한 번 간 거 가지고 내 인생이 송두리째 무너졌다고 굳건히 믿었던 나약했던 나는 이제 이따금 엄마와 통화할 때마다 이렇게 말하곤 한다.

"응, 그럼. 너무 잘 지내지."

그렇다. 분명 난 잘 지낸다. 아니, 잘 지낸다는 말로 부족할 정도로 너무너무 잘 지내고 있다. 이보다 더 좋을 수 없을 정도로. 하지만 여기서 말하는 '잘'은 보편적인 의미의 '잘'과는 사뭇 다른 의미를 지닌다. 하는 일마다 잘되고, 아무런 문제가 없고, 항상 웃음이 나고, 행복한 일들만 가득한 그런 이상적인 '잘'이 아니다. 오히려 하는 일마다 잘 안 풀리고, 때로는 불행한 사건과 사고뿐이고, 피곤하고 우울하고 지치는 순간들의 연속인 상황일지라도, 그것도 나름 괜찮다고 여기는 상태의 '잘'이랄까? 좋으면 좋은 대로 또 나쁘면 나쁜 대로 세상은 원래 그렇다는 걸 겸허하고 쿨하게 받아들이는 태도에 가깝다.

이렇게 굴곡진 여정조차도 마땅히 겪어야 하는 게 인생이라는 걸 인정하기까지 꽤 오랜 시간이 걸렸다. 하지만 그 과정에서 깨달은 사실이 하나 있다. 신은 절대 '단품'만을 주지 않는다는 것. 그는 무조건 세트로 주더라. 나는 분명 '행복'이라는 햄버거 하나를 시켰을 뿐인데 주문하지도 않은 '고난'이라는 감자튀김도 구성품으로 함께 줬다. 다만 햄버거 세트와 다른 게 하나 있다면, 내 마음대로 메뉴를 정할 수 없다는 것이다. 처음엔 '이게 뭐야?' 하며 어리둥절하고 억울해하기도 했지만 막상 먹어보니 그리 나쁘지 않았다. 아니, 오히려 내게 더 큰 이득이었다(오히려 좋아).

물론 고통은 감자튀김처럼 우리를 기분 좋게 만들어주는

감각은 아니지만, 당신이 부정도 세트의 일부로 받아들일 수 있다면, 아니 받아들이는 걸 넘어 인생의 다채로움을 더해줄 풍미로써 음미할 수 있다면, 그땐 괴로움도 조금은 다르게 다가오지 않을까?

1. 잘 살려고 하지 말고 쉽게 살자.
2. 흔들리는 건 흔한 일이다.
3. 나보다 더 큰 세상의 움직임에 기대자.

　이게 결국 내가 이 책을 통해 말하고자 하는 바였다. 더 자세히 요약하고 싶지만 나머지는 독자들의 자유로운 해석에 맡기고 싶다. 그래도 조금만 더 덧붙여보자면(참 말 많아) 굳이 힘을 잔뜩 주지 않아도 된다고, 약간은 물렁물렁하고 느슨하게 풀어진 채로 그렇게 살아가도 괜찮다고 진심으로 말해주고 싶었다. 그렇게 살지 못해 삶이 끔찍한 지옥 같았던 과거의 나에게, 그리고 어쩌면 지금 그때의 나와 비슷한 시간을 지나오고 있을지 모를, 누군가의 위로가 필요한 당신에게.

　한때 몇 년 동안 스스로 철저히 금지했던 것이 있다. 바로 '낮잠'이다. 그저 잠깐 눈을 붙이는 것뿐인데도 한없이 나태해지는 것 같은 내 모습이 꼴 보기 싫고 한심했다. 그렇게 온종일 경직된 마음으로 살아왔던 내게 이제 낮잠은 최고의 취미이자 친구가 되었다. 낮잠이 주는 그 특유의 나른한 느낌이 정말 좋다.

'우리네 인생도 낮잠처럼 살면 되지 않을까?'라는 생각을 해본다. 낮잠 한번 잔다고 당신의 삶이 크게 달라지지는 않는다. 그저 찰나의 짤막한 휴식일 뿐이다. 우리는 인생의 축소판인 여행에서는 꼭 휴게소에 들르면서, 왜 일상에서는 잠깐의 쉼조차 낭비라고 여기고 죄책감을 가질까. 잠깐의 멈춤이 오히려 생산성을 높여준다는 연구 결과도 있듯이, 느슨함은 느린 게 아니라 앞으로 더욱 힘을 낼 수 있는 원동력이 되어준다.

하루 종일 '잘'해내고 '잘' 살아야 한다는 강박으로 잔뜩 힘을 주며 긴장하고 있는 당신에게 이 책이 '이상적인 현실'이라는 악몽에서 벗어나 아주 잠깐이나마 편안해질 수 있는, '나른한 낮잠' 같은 역할을 했으면 좋겠다. 언제든 아프고 지칠 때 가볍게 꺼내볼 수 있는, 따뜻한 위로와 온기를 건네주는 포근한 베개와 폭신한 이불 같은 존재가 되어줬으면 한다.

당신은 너무잘 살려고 한다

1판 1쇄 **인쇄** 2025년 6월 5일
1판 1쇄 **발행** 2025년 6월 15일

지은이 래릿(손명재)

발행인 양원석 **편집장** 최두은 **책임편집** 이아람
디자인 조윤주, 김미선 **영업마케팅** 윤송, 김지현, 최현윤, 백승원, 유민경

펴낸 곳 ㈜알에이치코리아
주소 서울시 금천구 가산디지털2로 53, 20층 (가산동, 한라시그마밸리)
편집문의 02-6443-8855 **도서문의** 02-6443-8800
홈페이지 http://rhk.co.kr
등록 2004년 1월 15일 제2-3726호

ISBN 978-89-255-7356-4 (03190)